神のささやき

御声を聞きたいと切望する人のために

マーク・バターソン［著］
結城絵美子［訳］

WHISPER:
How to Hear the Voice of God
Mark Batterson

いのちのことば社

WHISPER:How to Hear the Voice of God **by Mark Batterson**

This edition published by arrangement with Multnomah,
an imprint of Random House, a division of Penguin Random
House LLC,through Japan UNI Agency, Inc., Tokyo

もくじ

プロローグ――トマティス効果

「主よ、お話しください。しもべは聞いております」（Iサムエル三・九）

今から半世紀以上も前のことだが、アルフレッド・トマティス医師は、彼の耳鼻咽喉科医としての五十年に及ぶキャリアの中でも、最も興味深い症例に直面していた。ある有名なオペラ歌手が、どういうわけだかいくつかの特定の音を外してしまうようになったのだ。それらの音は完全に彼の声域の範囲内に収まっているというのに。

オペラ歌手はほかの耳、鼻、喉の専門医のもとも訪れたが、その全員がこれは発声障害だと考えた。だが、トマティス医師の意見は違った。

トマティス医師が聴力計を用いて調べてみたところ、オペラ歌手の平均的な声のボリュームは、一メートルの距離で聞くと、一四〇デシベルにもなることがわかった。[1]これは軍用機が航空母艦から離陸する時の音よりわずかに小さいくらいの大きさだ。だが、自分の頭蓋骨の中ではそれよりもっと大きく聞こえるだろう。

この事実から、次のような診断が下された。「このオペラ歌手は自分の声によって聴力に障害を来《きた》し、特定の音が聞こえなくなったためにその音を正しく発声できなくなったのだ」。聞こえない音があるなら、その音を出すことはできない。トマティス医師によれば、「声は、耳が聞く音によってのみ生み出される」[2]のだ。フランス医学会はこれをトマティス効果と名づけた。

あなたも、私と同じようにそれなりの問題を抱えていらっしゃるのではないだろうか。そしてその問題を解決する方法は、私と同じように、それほどうまくいっていないかもしれない。だとしたらそれは、私たちが物事の表面的なことだけに対処しようとして、問題の根っこから目を背けているせいかもしれない。いわば、霊的なトマティス効果のようなものだ。私たちが、人間関係や感情の問題、あるいは霊的な問題だと思っていることが、実は神の声が聞こえなくなっている耳のせいだということはないだろうか？　そして、神の声が聞こえないなら自分の声も出せなくなり、道を見失ってしまうのだ。

この本を書き始めるにあたり、まず最初に大胆な宣言をさせていただきたい。

神の声を聞く方法を学ぶなら、何千もの問題を解決することができる！　さらに、自分の生きるべき道を発見し、潜在能力を発揮する鍵ともなる。

神の声は、愛だ。

神の声は、力だ。

神の声は、癒やしだ。

神の声は、知恵だ。

神の声は、喜びだ。

もし、あなたの人生の「音程」が狂っているのならそれは、否定的な独り言のせいで、あなたの耳が神のことばに対してふさがれているからかもしれない。あまりにも長い間、批判の声に耳を傾けすぎてきたために、それ以外のことばを信じられなくなっているのかもしれない。あるいは、あなたが本当はどんな存在であるかについて嘘をつき続ける敵の非難の声のせいかもしれない。

神の声をかき消そうとするそれらの声を黙らせないなら、しまいには、あなたの耳は聞こえなくなる。神の声を聞き取れないために、神の歌を歌えなくなってしまうのだ。

あなたの人生において、神の声が最も大きな声になっているだろうか？　それを考えなければならない。もしその答えが「ノー」なら、それが問題だ。

私たちは、誰もが自分の声に耳を傾けさせたがる社会に生きている。大して語るべきこともないというのに。そして私たちは、聞くことをしない。特に神の声を。だが、自分のことばを聞いてもらえるようになる最善の方法は、自分が神のことばを聞く者になることだ。そうすれば、聞くに値することを話せるようになるのだから。

結局のところ私たちはみな、自分の声を見つける必要がある。その声とは、神が私たちの人生を通して語ろうとしておられるユニークなメッセージのことだ。そして自分の声を探すには、まず神の声を聞くところから始めなければならない。

この本を読み始めるにあたり、大胆な祈りをささげる決心をしていただきたい。古代の祈りで、サムエルという名の預言者の人生を変えたように、あなたの人生の軌道をも変えることのできる祈りだ。

その祈りをささげる前に、私に一つ警告させてほしい。神が語ろうとしておられるすべてのことに耳を傾けるつもりがないのなら、神が語ろうとしておられることを何も聞くことはできない。神からの慰めのことばを聞きたいのなら、神からの叱責のことばも聞かなければならない。そしてしばしば、できるだけ聞きたくないことこそ、最も聞く必要のあることなのだ。

それでも、あなたは神が語ろうとしておられることを聞きたいと思うに違いない。

心の準備はできただろうか?

これがその、あなたの人生を変える祈りだ。


「主よ、お話しください。しもべは聞いております」（Ｉサムエル三・九）

この祈りは、間違いなく「言うは易《やす》し行うは難《かた》し」だ。だが、本気でこの祈りをささげるなら、あなたの人生はもう良い方向に変わり始めようとしている。

一部　ささやきの力

第一章　最も大胆な祈り

「火の後に、かすかな細い声があった」（Ⅰ列王一九・一二）

一八八三年八月二十七日の朝、オーストラリアのアリススプリングスにある複数の農場で、発砲音のような音が響き渡った。[1] ほかにも、地球の十三分の一に当たる範囲の五十か所から、この謎の音が聞こえたとの報告が寄せられた。オーストラリア人たちが聞いたこの音の正体は、なんと二千二百三十三マイル離れたインドネシアのクラカトアにある火山が噴火する音だった。

火山の噴火音は、これまで測定された音のうち恐らく最も大きな音で、三一〇デシベルの音波が地球を少なくとも四周した。その影響で九百メートル以上の波が発生し、岩石を五十五キロ飛ばし、四百八十キロ離れた所にある三十センチの厚さのコンクリートにひびを入れた。[2]

もしクラカトアから地球の真ん中を通って地面をまっすぐドリルで掘り下げていくと、反対側では南アメリカのコロンビアがある。コロンビアでは噴火音は聞こえなかったが、低周波音波が空気を張り詰めさせたため、測定可能なほどに気圧が上昇した。音は、それが聞こえなかった場所でも感知はされ、その影響は世界中に及んだ。ニューヨーク・タイムズのコラムニストでもある科学ジャーナリストのマギー・コース・ベイカーによると、「音というのは、聞こえないからといって存在しないわけではない」[3]

小さな音は聞こえない。

大きな音は無視できない。

一一〇デシベルを超える音を聞くと、私たちの血圧に変化が起きる。一四一デシベルの音を聞けば吐き気を催す。一四五デシベルなら眼球の振動により視界がかすむ。一九五デシベルなら鼓膜が破れる危険がある。二〇二デシベルの音は、人を殺しかねない。[4]

「聞く」という行為は、音波によって生じる鼓膜の振動を感知することであり、その強さはデシベルという単位で測定される。

地球上で最も大きな音を出せる生物はマッコウクジラで、彼らが音波を使って周囲を探知するために発するクリック音は二〇〇デシベルに達する。さらに驚くことには、クジラが歌う歌は水中で一万六千キロ先まで届くと研究者たちは考えているのだ。[5]

マッコウクジラの次に大きな音を出すのはジェット機（一五〇デシベル）、その次がエアホーン（一二九デシベル）、雷鳴（一二〇デシベル）、削岩機（一〇〇デシベル）である。[6]

では、最も小さな音とは何だろう？

それはささやき声で、たった一五デシベルだ。

人間が知覚できる最小の音は、理論上では〇デシベルで、鼓膜をわずか10^{-8}ミリメートル振動させるだけの〇・〇〇〇〇〇〇二パスカルという音波に相当する。これは、私たちを取り巻く空気の気圧の十億分の一以下であり、水素原子の直径よりも小さい。[7]

それを踏まえてこのみことばを読んでみてほしい。

「激しい大風が山々を裂き、岩々を砕いた。しかし、風の中に主はおられなかった。風の後に地震が起こったが、地震の中にも主はおられなかった。地震の後に火があったが、火の中にも主はおられなかった。しかし火の後に、かすかな細い声があった」（I列王一九・一一～一二）

ESV訳では「小さなささやき声」となっている。

NASB訳では「優しい風」となっている。

KJV訳では「静かな小さな声」となっている。

ささやき声が聞こえる前に起きた自然現象は、その中に主がおられなかったという理由で軽視されがちだが、エリヤはそれらにとても気を取られていたに違いない。神は物理的な声をお持ちで、それを用いることも躊躇《ちゅうちょ》されない。だが、あまりにも重要なことで聞き逃してほしくないことを言わなければならないとき、神はしばしばそれをぎりぎり聞こえるくらいのハさな声でささやかれる。

当然思うことは、なぜそうされるのだろうということだ。

そして、どうやって？

いつ、どこで？

本書はそれらの問いに答えていくことを目的としている。

サウンド・オブ・サイレンス

ヘブル語で「ささやき」を意味するdemamahは、「沈黙」、「静寂」、「静けさ」とも訳される。[8] サイモン&ガーファンクルの一九六四年のヒット曲に「サウンド・オブ・サイレンス」というものがあるが、それに近い。神が私たちを苦しみから救い出す方法を表現するのに、同じヘブル語が使われている。「主が嵐を鎮められると／波は穏やかになった」（詩篇一〇七・二九）。また、この詩篇は、イエスが短いことばで嵐を収めた出来事の予兆ともなっている。「黙れ、静まれ」（マルコ四・三九）

イエスのささやきは穏やかだったが、何にも増して力強かった。

辞書の定義によれば、ささやきとは「声の代わりに息を使い、そっと話すこと」となっている。この「声の代わりに息を使う」というところがとても重要だ。これは神がアダムを造った時の方法ではないか。神はちりに向かってささやき、それをアダムと名づけたのだ。

アダムはかつて、ささやきだった。

あなたもそうだ。

ほかのすべてのものもそうだ。

ささやきとは普通、秘密のことを話すときに使われる。これ以上親密なコミュニケーションはない。そして、神のお気に入りのコミュニケーション方法のようにも思われる(I列王一九・一一―一三参照)。ここでまた「なぜ?」という疑問がわいてくる。これ以上読者をじらせないことにしよう。

誰かがあなたにささやくとき、あなたはそれを聞くために相手に近寄らなくてはならない。あなたの耳を相手の口に近づけるほどに。相手のほうに身を傾ける。それこそ、神が望んでおられることなのだ。天の父なる神の声を聞く目的は、単にその声を聞くことだけではない。神と親密になることなのである。だから、神はささやく。神は、神として可能な限り、私たちの近くにいたいと願っておられる。それくらい私たちのことが大好きで、愛しておられるのだ。

子どもたちが小さかった頃、私は時々、こんなふざけ方をした。まずささやき声で話しかける。すると子どもたちがすぐ近くまで寄ってくる。そこを捕まえてハグするのだ。神も同じことをされる。私たちは神が何をおっしゃりたいのかを知ろうとする。だが神は、ご自分がどれほど私たちを愛しておられるかを知らせたいのだ。

オズワルド・チェンバーズは、「御霊の声は夏のそよ風のように優しく吹いて来るので、神との完全な交わりの中にあるのでなければ、決して聞こえることはない」[9]と言った。この神の優しさに感謝すべきではないだろうか？　全能者は大音声《だいおんじょう》で私たちを震え上がらせることもできる。それなのに、彼はささやき声で私たちに求愛してくださるのだ。そしてそのささやきこそ、私たちにいのちを与える息なのだ。

さらにチェンバーズはこう言う。「御霊の声に対する感受性が鈍ければ、うっかり無視してしまい、霊的生命に変調がもたらされかねない。御霊が何かを押しとどめる際も、『かすかな細い声』（I列王一九・一二）によることが常なので、神の聖徒でなければ気づかないほどである」[10]

それはかつて「ささやき」だった

私はこの二十年間、ワシントンDCのナショナル・コミュニティー・チャーチを牧会するという特権にあずかり、それを楽しんできた。ほかのどこにも行きたくないし、ほかの誰とも何かをやりたいとは思わない。私は夢を生きている。そしてこの夢はかつては「ささやき」だった。

この夢の始まりは、ミネソタ州アレクサンドリアの牧場で私が神の静かな小さな声を聞いたことだった。シカゴ大学の一年生を終えようとしていた私は、政治・経済・修辞学・法律を学ぶ学科に在籍し、ロースクールに行くことも将来の選択肢の一つだった。神に「ぼくに、どんな人生を歩んでほしいですか?」という危険な質問をするまでは。もちろん、この質問をすること自体は、危険でも何でもない。

振り返ってみれば、大学一年と二年の間のその夏休みは、私にとって「求道の夏」だった。私は生まれて初めて、朝早く起きて祈ることに真剣に取り組んだ。それは単なる宗教的行為ではなかった。神の声を聞きたいと、渇望していたのだ。そして恐らく、だからこそ私は神の声を聞けたのだと思う。

その夏の終わり、私の家族はミネソタ州アレクサンドリアのアイダ湖で休暇を過ごしていた。私はそこで未舗装の道を歩きながら長いプレイヤーウォークをしようと決めた。いくつかの理由から、歩きながら祈るというスタイルが私には合っていたのだ。歩きながらだと、神に向かって話すことにも聞くことにも集中しやすかった。ある場所で、私は道から外れて牧場の中に入っていった。牛の群れの周りを歩き回っている時、私は、耳で聞くことはできないが、間違いようもなく神の声だと思う声を聞いた。その瞬間、その場所で、私は神が私をフルタイムの伝道者として召しておられることを知ったのだ。それはことばというより感覚だった。

そのささやきに促され、私はシカゴ大学の返却不要の奨学金を放棄し、ミズーリ州スプリングフィールドにあるセントラル・バイブル・カレッジに転校した。この方向転換は、学問的キャリアの面からはまったく筋が通らず、私の人生に関わる少なからぬ人々から疑問を呈された。だが、神のささやきとはしばしば、このようなものだ。

「踊っている者の姿は、その音楽を聞いていない者の目には、どうかしているように映る」

この古いことわざは、神のドラムのリズムに合わせて歩む者についても完全に当てはまる。聖霊の促しに従うとき、人は、他人にはどうかしているとしか思えないことをする。それでいいのだ。神のささやきに従い、神がなさることを体験しよう。

この牧場でのプレイヤーウォークのあと、二十年以上、宣教の働きをしてきた。その間、ナショナル・コミュニティー・チャーチは八つの拠点を持つ教会にまで成長した。だが、その一つひとつの拠点は、かつては「ささやき」だったのだ。私はこの十年の間に十五冊の本を書いたが、その一冊一冊も、かつては「ささやき」だった。

私が語る一つひとつの説教も、私が書いた一冊一冊の本も、かつては何もない田舎の牧場の真ん中で聞いた一つのささやきのこだまなのである。

神のささやきほどに、あなたの人生を変える可能性を秘めたものはない。神の静かな小さな声を聞く能力ほど、あなたの運命を左右するものはない。

それによってあなたは、神が良しとされること、喜ばれること、そしてその完全な御心を見極めることができる。そして、それによってあなたは、神に与えられた使命を知り、理解することができるのだ。

神のサイズの夢は、こうして生まれる。奇跡は、こうして起こる。

最も大胆な祈り

毎日続く日々を、その日を境に変えてしまう日というものがある。私にとって二〇一六年一月二日はそんな一日だった。結婚した日、子どもたちが生まれた日、私が死にかけた日に次ぐ聖なる日となった。実際、私は今でも、今日でその日から何日経ったか、正確に言うことができる。

私はちょうど、「山を動かす」というタイトルで連続する説教を始めたところであり、教会員たちに、できる限り大胆な祈りをささげるように促していた。この場合の大胆な祈りとは、神がそれを実現してくださるとはほとんど信じられないほどに、不可能に思えることについての祈りだ。それは百回祈っても答えられなかった祈りかもしれない。そういうことは、よくある。だが、それでもとにかくもう一回祈るのだ。

私にとっての大胆な祈りは、喘息《ぜんそく》を治してほしいという祈りだった。その祈りがどうして大胆なのかというと、喘息は私が物心ついて以来ずっと患ってきた病気だからだ。

私の子ども時代の最初の記憶は、真夜中に喘息の発作を起こし、死にそうな思いで救急外来に駆けつけ、エピネフリンの注射を打ってもらったことだ。このパターンはその後も、数えきれないくらい繰り返された。アルブテロールという喘息の吸入薬を使わなくてすんだ日は、それまでの四十年間で四十日に満たない。どこへ行くにもこの薬を持っていった。絶対にだ。

だが私は大胆な祈りをささげ、その日から今日まで、一回たりとも吸入薬を使っていない。それが、私がその日から何日経ったかを正確に言える理由だ。一日一日が奇跡の続く長さを更新しているのだから。

四十年の間、私は喘息を癒やしてくださいと、何百回も祈らなければならなかった。だが、神だけがご存じの理由により、その祈りは答えられなかった。

それなのになぜ、私は祈り続けたのだろうか？

端的にいえば、それは一つのささやきのためだ。

高校一年生になる直前、私は喘息の激しい発作のために入院し、集中治療室に入れられた。それは、私の子ども時代に何十回もあった入院のうちの一つにすぎなかった。一週間後、エドワーズ・ホスピタルを退院すると、イリノイ州ネーパーヴィルのカルバリー・チャペルから、ポール・マクギャベイ牧師と祈りのチームが我が家にやって来て、私の上に手を置いて、喘息を癒やしてくださいと神に祈った。

神はその癒やしを求める祈りに答えてくださったが、その方法は私が期待したとおりではなかった。

翌朝起きると、私は依然として喘息患者だったが、不思議なことに私の足にあったいぼが全部すっかりなくなっていたのだ。冗談を言っているのではない！　最初は、神が間違ったのかと思った。多分、地上と天の間で混線したのだ。どこかの誰かが今、やけに呼吸がしやすくなっているが、足のいぼは治っていないことに気づいているのではないかと思わずにはいられなかった。

だが、その時だった。混乱していた私は、静かな小さな声を聞いたのだ。それは耳に聞こえる声ではなく、魂から魂に響く声だった。その大きな、はっきりした声はこう言った。

「マーク、わたしにはできると知ってほしかったんだよ」

何十年経った今でも、その時のことを思い出すと背筋がぞくぞくする。私は十四歳だった。そして、それが初めて聞く神のささやきだった。願ったとおりの方法で神が祈りに答えてくださらなかったことに、私はがっかりしただろうか？　もちろん、がっかりした。だが、その後三十年間、胸の中に響き続けていることばがある。「わたしには、できる」。そして、神は、ただ「できる」だけでなく、「私たちのうちに働く御力によって、私たちが願うところ、思うところのすべてをはるかに超えて行う」（エペソ三・二〇）ことができるのだ。

つまり、こういうことだ。

神のそのささやきを聞かなければ、私はこの大胆な祈りをささげられたとは思えない。そしてもし私が祈らなかったなら、神はどうして答えられるだろうか？　結局のところ、祈られなかった祈りは百パーセント、答えられないのだ！　みなさんにももうおわかりだろう。私の見た奇跡は、最初は「ささやき」だった。これはどの奇跡においても言えることだ。自分の人生を振り返って思うことは、すべての祝福の始まり、すべての突破口は神のささやきだったということだ。すべては静かな小さな神の御声から始まったのだ。

私たちの教会が運営する、キャピトル・ヒルにあるエベニーザーズ・コーヒーハウスがその良い例だ。人々がエベニーザーズの前を歩く時、目にするものはただのコーヒーハウスだろう。だが私はその前を歩く時、ささやきを聞く。

もう二十年前のことだ。それはドアフレームにコンクリートブロックが使われた落書きだらけのビルだった。ある日、そのビルの前を通りかかった時、聖霊に与えられたインスピレーションが私の脳内で火花を散らした。「コカイン密売所になっているこのビルは、立派なコーヒーハウスになるぞ」

どこからともなく湧いたアイディアが、超自然的な何かを指し示すことがある。私はそれを「神のアイディア」と呼んでいる。そして、私は千のグッド・アイディアより、むしろ一つのゴッド・アイディアが欲しい。神のアイディアはどれもいいアイディアだが、歴史の道筋を変えてしまう。

神のアイディアが大胆な祈りを生み、大胆な祈りがコーヒーハウスを生み、そのコーヒーハウスは「ワシントンDCでいちばん人気のコーヒーハウス」に一度ならず選ばれている。十年前にオープンして以来、このカフェの利益から神の王国のためにささげてきた金額は百万ドルを超える。だが、ここで淹《い》れられるエスプレッソの一杯一杯、私たちがささげる一ドル一ドルは、かつては「ささやき」だったのだ。

魂のシンクタンク

三十年以上前に、音響生態学者のゴードン・ヘンプトンは、彼が言うところの「最後に残された偉大なる静寂な場所のリスト」を作成した。そこには、昼間に最低十五分間静寂が保たれる場所が記されている。彼が最後に調べた時、アメリカ全体の中で、そういう場所は十二か所しかなかった[11]。それでいて我々は、どうして魂が飢え渇くのだろうと不思議がるのだ。ヘンプトンは、「静寂は魂のシンクタンクだ」と言う。[12] 端的に言えば、神はしばしば、私たちが静まっている時ほど、大きな声で語られる。十七世紀のフランスの哲学者ブレーズ・パスカルは、「人を不幸にする原因はすべて、部屋で静かにしていられないことにある」[13]と言った。

これは見事な格言だ。決して大げさなことを言っているのではない。もし、私たちの問題が聴覚によるもの——霊的なトマティス効果——ならば、その問題を解決できる処方箋は、詩篇と同じくらい古いものになる。これは、私たちの霊の活力のために非常に重要な処方箋で、その一言一句を一つずつ思い巡らす価値があるものだ。

「やめよ。
静まれ。
静まって、知れ。
静まって、知れ。わたしこそ神」（詩篇四六・一〇／原書より和訳）

あなたは、騒々しい部屋の人たちを静かにさせようとしたことがあるだろうか。騒いでいる人たちに向かって怒鳴ってみても、あまり役に立たないはずだ。むしろ、「しーっ！」と言って黙らせるほうがずっと効果がある。神が選ばれたのもその方法だ。神のささやきは私たちを黙らせ、落ち着かせ、静かにさせる。

ホワイトノイズというものは、人が聞くことのできるあらゆる周波数を含んだ音だ[14]。すべての周波数が含まれているから、どの周波数をも聞くことが難しい。静かな小さな神の声については、特にそうだ。だから、慢性的な雑音というものが恐らく、私たちの霊的成長にとっていちばんの妨害となる。そして、それによって損なわれるのは霊性だけではない。

心理学者のアーリン・ブロンザフトがマンハッタンの小学校で児童を対象に行った実験がある。それによると、高架線路に面した教室を割り当てられた生徒たちは、そこより静かな教室を割り当てられた生徒たちに比べて学習面で十一か月も遅れをとっていることがわかった。そして、ニューヨーク市都市交通局が線路に騒音軽減装置を導入したあとに追加調査をすると、二つのグループの間に差は見られなくなった[15]。

すべての周波数が雑音で満たされ、生活が騒々しくなると、私たちは自分の本質を感じ取れなくなってしまう。人として「在る」ことを、「やる」ことに変えてしまうリスクを冒しているのだ。スケジュールが立て込んでくると、内なる耳の役割を果たすバランス感覚を失ってしまう。

敢えて言わせていただきたい。

あなたの生活は騒々しすぎる。

あなたのスケジュールは詰め込まれすぎている。

それが、私たちがどのように、あるいは、なぜ、どんな時に、神が神であることを忘れてしまうのかという問いに対する答えだ。そして私たちは、ほんのささいなことであっという間に気を散らされてしまう。イギリスの詩人ジョン・ダンは「私はハエの飛ぶ音で、神と御使いを放り出す[16]」と言った。何がその問題を解決してくれるのだろうか？　静けさだ。もっと正確に言うなら、神の静かな小さな御声だ。

沈黙とは、受け身で待つことでは決してない。むしろ、積極的に聞くことだ。著名な著述家であり大学教授でもあるヘンリ・ナウエンは、沈黙とは自分の内でせめぎ合う声との戦いだと考えていた。この戦いに勝つことは容易ではない。なぜなら、これは毎日起こる戦いだからだ。だが、私たちの生活の中で神の声は一日ごとに大きくなっていき、ついにはそれしか聞こえなくなる。ナウエンはこう言っている。「あなたを愛していると呼びかける声に、つねに注意深く耳を傾けるなら、あなたの心の内に、その声をさらに長く、さらに深く聴きたいという願いがあることに気づくでしょう[17]」

救いの歌

この十年間で私は、ブラッド・スマイリーというすばらしいサウンド・エンジニアと共に十二冊のオーディオブックを作ってきた。最後の録音をした時に、ブラッドは私に映画や音楽業界におけるサウンド・ミキサーの標準的な手順について話してくれた。それによると、彼らはスタジオに入る前に、絶対的な静けさの中で耳を休ませ、再調整するそうだ。そうして初めて、本当に聞く準備ができるというのだ。音響生態学者はその過程を「イヤークリーニング」と呼ぶ。

この世界でいちばん静かな部屋は、ミネアポリスにあるオーフィールド・ラボラトリーの無響室だ。ここでは、三十センチの厚さのコンクリートの壁と、一メートルの厚さの繊維ガラスが、九九・九九パーセントの音を吸収してしまう。部屋に残る音の大きさは九・四デシベル。[18]この部屋で聞こえる音といえば、自分自身の心臓の鼓動音、血が血管を巡る音、肺が息をする音だけだ。これが静寂の音であり、「私たちが生き、動き、存在する」（使徒一七・二八参照）のは神の中であることを思い出させてくれる音でもある。

あなたがもし神の御声を聞きたいなら、静けさが鍵となる。

あなたがもし、神の霊に満たしていただきたいなら、静まることだ。

詩篇の記者たちは無響室に引きこもることはできなかったから、神のもとに引きこもった。彼らは神のことを、「避け所」、「砦《とりで》」、そして、「必要なときにいつもそこにある助け」と呼んでいる。また、「いと高き方の隠れ場」、「全能者の陰」とも言っているが（詩篇四六・一、九一・一―二参照）、私が最も好きな表現は「隠れ場」かもしれない。

「あなたは私の隠れ場。
あなたは苦しみから私を守り
救いの歓声で　私を囲んでくださいます」（詩篇三二・七）

神があなたを取り囲み、いつでも救いの歌を歌っておられることを、あなたはご存じだろうか？　それはあなたの聴力が及ぶ範囲を超えているのであなたには聞こえないが、あなたはいつもその音の盾で囲まれているのだ。そしてこの救いの歌は、どんな束縛も振りほどくほどに、どんな依存症も乗り越えさせるほどに、どんな問題も解決するほどに力強い。この歌のおかげで、あなたを攻めるためのどんな武器も用をなさなくなる（イザヤ五四・一七参照）。

声というものは、自分の耳が聞くことのできる音のみを再生できるのだということを忘れないでほしい。あなたが今解決を必要としている問題や事柄がどんなものなのか、私は知らない。だが、あなたが神の御声を聞き分けることができるように祈っている。そうすれば、神の救いの歌があなたを自由にするからだ！

神から隠れようとするのはやめよう。
神のもとに隠れよう。

八分休符

クラシック音楽の中で最もよく聞かれている作品の一つは、ベートーヴェンの交響曲第五番ハ短調だろう。西洋音楽の中でいちばん有名と言っていいあの象徴的な最初の四音を聞くだけで、すぐにその曲とわかる。だが、実は、この曲の本当の始まりは静寂だということをご存じだろうか？　ベートーヴェンは、最初の音の前に八分休符を入れているのだ。[19]

ベートーヴェンの第五と言えば、私たちにとってあまりにもなじみが深く、一八〇八年の十二月二十二日にウィーンのアン・デア・ウィーン劇場で初めて演奏された時のインパクトを再現することは難しいかもしれない。だからベートーヴェンがそこに込めた意図もなかなか汲《く》み取れないかもしれないが、八分休符には音をためる役割があった。

コンサートが始まる時、周囲にはざわめきがある。観客たちの会話、席を探す者たちの声、プログラムをめくる音。だから、交響曲の冒頭に置かれた静寂は、それがたとえ八分休符であってもイヤークリーニングになるのだ。その静寂が交響曲を構成する。同じことが、私たちの生活においても言えるのだ。

私たちは生活の中で、もっと多くの八分休符を必要としているのではないだろうか？　自分の人生をもって神の恵みの交響曲を奏でたいと思っているのなら、特に。私がお勧めしたいのは、一日の始まりと終わりに八分休符を置くことだ。ほんの少し時間を取って、自分の心に集中し、祝福を数え、祈る。また、週に一日は休息の日が必要だ。休息を取ることはとても重要だからこそ、神は十戒の中で安息日を定めておられる。そしてもし可能なら、一年に一度、二日間の沈黙のリトリートをお勧めする。そうしないわけにはいかないのではないかと、私は思う。家族には、どこにどれだけ滞在するかだけをきちんと告げてから、その二日間は完全に連絡を遮断し、神と神のみことばだけを思って過ごすのだ。そして、沈黙のリトリートにおいて祈りは重要な要素だが、自分が話すことより聞くことを心がけよう。

自分自身の声に耳をふさがれるエピソードを思い出してほしい。声を追い出したり断ち切ったりすることは難しい。自分の頭の中にある声なのだから、なおさらだ。だが、それができるならその恩恵は計り知れない。「あなたの大庭にいる一日は／千日にまさります」（詩篇八四・一〇）とあるとおりだ。

むやみやたらに動くことをやめて、意味あることを成したいのなら、神の御前に出る必要がある。それこそが最も効率的であり、千倍も有効な時間の使い方だと言える。そして、その際に鍵となるのが静けさだ。神の御声と歌を聞くことを助けるのは、静寂なのだ。

沈黙は、外に向く視線と内に向く視線の違いだ。

沈黙は、楽しみと喜びの違いだ。

沈黙は、恐れと信仰の違いだ。

「中断」について研究している学者によると、私たちは三分ごとに何かに中断されているという。[20] そもそも「中断」について専門的に研究する科学分野があるという事実自体が、それがいかに有害なものであるかを証明している。

平安と静けさを得るためには、私たちはある程度境界線を引く必要がある。たとえば、朝九時前と夜九時以降はメールをチェックしないなどの境界線だ。さらに、それらの境界線のほかに、スマートフォンからいくつかのアプリを消すとか、定期購読を少し減らすとか、たまにはソーシャルメディアから距離を取るといったことなども必要になるかもしれない。

数年前、私は『サークル・メーカー』(佐藤是伸・結城絵美子共訳、いのちのことば社、二〇二二年)という本を書いた。これは祈りの力についての本だったが、出版以降、数えきれないくらいの人たちが、そこに書かれていることは本当だったと証言してくれた。

祈りは、私たちにできる最善と、神がおできになる最善の違いだ。だが、神に語ることよりさらにもっと重要で、もっと力になることがある。それは何だろうか？　神に聞くことだ。そうすれば、独り言は会話になる。それこそが神が望んでおられることなのだ。

私には、人に会う際にこうしようと決めているルールがある。それは、しゃべるより聞こう、ということだ。相手が言うべきことを聞きたいと思えば思うほど、私の口数は減る。これは神の御前に出るときにも有効なルールだ。

神のささやきに身を乗り出して耳を傾けよう。

そして、大胆な祈りをささげよう！

第二章　声

「神は仰せられた。『光、あれ。』」（創世一・三）

あなたには今、自分が動いているという感覚はないかもしれない。だが、それは奇跡的な度合いの錯覚である。現実的には、時速約千七百キロの速度で回転する惑星の上にいるのだから。それなのにあなたは、目が回ることさえない。しかも、地球という惑星は時速約十万七千キロの速さで宇宙空間を疾走しているのだ。

といぅことは、「今日は特に何もできなかった」と思ぅ日でさえ、実はあなたは約二十六億キロも移動していることになるのだ。

ここでちょっと考えていただきたい。あなたが「私を軌道上に保ってくださってありがとぅございます」と最後に祈ったのはいつのことだろうか。恐らく、そんなふぅに祈ったことは一度もないのではないだろうか。なぜなら、神がしてくださるあまりにもすばらしいことを、私たちは当然のことだと思っているからである。だから決してひざまずいて「主よ、今日も無事に地球が自転できるか心配でしたが、あなたは今日もそうさせてくださいました」

などと祈ったりはしない。

「私は一度も奇跡を体験したことがない」と言う人たちがいる。あなたもその一人かもしれない。だが、失礼ながら、私はそうは思わない。私たちは毎日、天文学的な規模の奇跡を体験している。皮肉なことに私たちは、軌道上に保たれるというような大きな奇跡については、すでに神を信頼している。それなら次に私たちがすべきことは、ほかのすべての小さな奇跡について神を信頼することである。

神の声の力について充分に理解するには、いちばん最初までさかのぼらなければならない。神はたった一言で、宇宙を存在させた。

「神は仰せられた。『光、あれ。』」(創世一・三)

言い換えればこういうことである。

「毎秒約三十万キロで飛んでいく波長の異なる電磁波よ、あれ。電波よ、マイクロ波よ、X線よ、あれ。光合成作用よ、光ファイバーよ、あれ。レーシック手術よ、サテライト通信よ、日焼けよ、あれ。ああ、そして、大雨のあとの虹よ、あれ」

「光、あれ」
これが、最初に記録された神の最初のことばである。
最初に記録された神の奇跡なのである。

光は視覚の源である。光がなければ私たちは何も見ることができない。光はまた、科学技術の鍵でもある。光が一秒に地球を七周半も回れるおかげで、私たちは地球の向こう側にいる誰かと、一秒の遅れもなしに話すことができる。[1] 光は食物連鎖のいちばん最初に必要なものである。光合成がなければ食物はできない。光はまた、健康の基《もとい》でもある。光がなければ、ビタミンD欠乏症からうつ病まで、あらゆる健康被害が起きる。

光はエネルギーの源である。アインシュタインの方程式によると、エネルギーは質量×光速の二乗である。光の速さは一定なので、時空を測る物差しになる。一メートルという長さは、光が真空の空間で一秒の二九九、七九二、四五八分の一に進む距離と定義される。

光は、すべてのものにとってアルファでありオメガである。それはあなたにとっても例外ではない（Iヨハネ一・五参照）。

胎生学者が最近、蛍光顕微鏡検査法を用いて受胎の瞬間をとらえることに成功したのをご存じだろうか？　彼らはその方法で、精子が卵子を貫通し、卵子が数十億の亜鉛原子を放出して光を放つ瞬間をとらえたのだ。[2] 文字どおり、火花が散った！　受胎という奇跡は、神の最初の一言を反映する小宇宙だ。

たった一言

一九二五年一月一日、エドウィン・ハッブルは米国天文学会にて宇宙論におけるパラダイムシフトとなる事実を発表した。[3] 当時は、天の川銀河が宇宙のすべてではないかという学説が主流だったが、銀河系外天文学のパイオニアであるハッブルは異論を唱えたのだ。その鍵となる根拠は、遠方の星からの光に観測される赤方偏移の度合いが、地球からの距離に比例して大きくなっていることだった。この発見により、宇宙のサイズは今まで考えられていたものの十万倍の大きさだということがわかった。

そしてさらに重要なのは、宇宙は今も広がり続けているという端的な事実である。約一世紀後、ハッブル望遠鏡は二千億個の銀河を見出したが、最近の研究によると、その数は実際の十分の一にすぎないかもしれないという。[4]

この発見が物語っている重要な事実とは、神が最初に放った一言が、今でも宇宙の端に銀河を造り続けているということだ。たった一言が！　その一言が少なくとも直径九百三十億光年の宇宙を、今でも押し広げ続けているのだ。[5]

神が一言でこれだけのことをおできになるなら、私たちは何を心配する必要があるだろうか？

神はいちばん初めに、ご自身を創造主として現わされた。その創造の荘厳さに圧倒されて、神がどのように何をなさったかということを見過ごしてしまいがちになる。だが私にとっては、創造のメカニズムは創造のわざそれ自体と同じくらい驚嘆すべきものだ。

神はどのようにして宇宙を創造されたのだろうか？　御声によってだ！　宇宙とは、神が「わたしが一言で何ができるか見てごらん」とおっしゃる見本なのである。宇宙を存在させたその同じ声は、紅海を二つに分け、太陽の動きを止めた。神の御声はまた、萎えた手を癒やし、実を結ばないいちじくの木を枯らすことができる。神の御声は水をワインに変え、目が見えない男の脳の中で視神経と視覚野のシナプスをつなぎ、死んで四日になる男をよみがえらせることができる。[6]

神には言えないことばはなく、神のことばができないこともない。率直に言って、神はどんなふうにでもお好きなようにできるのである。神は、燃える柴《しば》や、バラムのロバや、ベツレヘムの星を通して語ることができる。神の御声は宮殿の壁に字を書くこともできれば、ライオンの口を封じることもできる。燃え盛るかまどの火を消すこともできれば、ガリラヤ湖の嵐を静めることもできる。[7]

神の御声にできないことはないが、それは話の半分にすぎない。神の御声はまた、愛に満ちているのだ。本書はこれから、神の七つの言語について学んでいく。第一言語は聖書であり、これこそが鍵である。残りの六つは第二言語であり、願い、ドア、夢、人々、促し、そして痛みだ。これらはすべて、愛の言語である。なぜなら、「神は愛」（Ｉヨハネ四・一六）だからだ。

甘美なことば

私たちが神に対して耳をふさいでしまう理由の一つは、神に何を言われるかということを恐れるからだ。だが、そのような恐れを感じるのは、私たちに向けられている神の御心を知らないからである。あなたは神が言おうとしていることを聞きたいはずだ。信じてほしい。雅歌いわく、神の御口は「甘美そのもの」（雅歌五・一六）だ。ラビの伝承によれば、イスラエルの民はシナイ山で神に語りかけられる時、魂が抜けてしまうのではないかと非常に恐れたという。[8] 神が耳に聞こえる声を用いられると、そういうことが起こるのだ。そこで神はどうされただろうか？　彼らの魂が彼らのもとに戻れるように、ことばを甘く、柔らかいものにされたのだ。[9] これは単にラビに伝わる伝説にすぎないかもしれないが、神のご性質とは確かにそういうものだ。私たちに悔い改めを求めるとき、神はどうなさるだろうか？

私たちを脅したり、しつこく責めたり、叫んだりはなさらない。代わりに、いつくしみ深さを示してくださる（ローマ二・四参照）。それでも人が悔い改めないなら、どうされるだろうか？　さらなるいつくしみ深さを示される。

ザック・ジュリーは十八か月の間、ＦＢＩ本部で働きながらナショナル・コミュニティー・チャーチに通っていた。ザックは、誰もが思い描くようなタイプのエージェントだ。タフで頭がいい。だが、人は誰でも繊細な部分を持っていて、神はしばしばその部分を通して語りかけてくる。

ザックはこのように語ってくれた。「私は、神が私をただありのままで愛してくださるということを、本当の意味で理解したことも受け入れたこともなかったんです。でも、あの日、それが変わりました。ナショナル・コミュニティー・チャーチの礼拝の最後に、私はリンカーンシアターのＪ列一一番の席で立ち上がりました。その時、静かな小さな声が何度も何度も繰り返し私に向かってこう言ったんです。『愛してる、愛してる、愛してる、愛してる、愛してる、愛してる』。神はそのことばを少なくとも百回はささやいてくれたと思います。私は滂沱《ぼうだ》の涙で顔をぬらしながら、神の愛というものを今まで味わったことのない、体に染みわたるような感覚で知ることができたんです。リンカーン・シアターは私にとってとても特別な場所になりました。主が私を愛していらっしゃるということをまぎれもなく実際に聞いて、信じた場所として永遠に忘れられません」

あなたも注意深く耳を傾けるなら、同じことばを聞くだろうと私は確信している。

多くの人にとって、神が愛してくださる方だと信じることが難しい時があることは承知している。それは、しばしば神について不正確な事実を聞くからだ。だが、私は次のことを請け合う。天の父なる神は、イエスがバプテスマを受けた時に言われたのと同じ、「これはわたしの愛する子。わたしはこれを喜ぶ」（マタイ三・一七）ということばを、私たちにもかけてくださる。あなたは神の愛する者であり、神は特別にあなたを愛している。あなたはただ、神に愛されるべきなのだ。

これはあなたが聞きたいことばではないだろうか？

妻のローラと私は交際期間中に一学期だけ、別々の大学に通っていた。前述したように、私はシカゴ大学からセントラル・バイブル・カレッジに転校したのだが、その理由は献身への召命を感じたことだけではなかった。ローラとの電話代が、大学の授業料を上回りそうだったからでもある。引っ越すほうが安かったのだ。

離れて暮らしていた期間、私たちはどうして電話での会話に何時間も費やしていたのだろうか？　それは、愛する人がいるとき、相手の声を聞きたいと思うからだ。彼や彼女の声を聞きたいと切望する。それは神との関係においても同じことなのだ。

神は歌われた

著名な作曲家であり指揮者であるレナード・バーンスタインは、創世記一章の「神は仰せられた」という部分は、「神は歌われた」と訳すのが最もふさわしいと考えていた。[10] これは音楽家による独特の意見かもしれないが、私は彼の解釈がかなり好きだ。創造は神が奏でる交響曲であり、科学はそれを裏づける多くの証拠を示している。

炭素原子の電子殻が、グレゴリオ聖歌と同じ和声音階を生み出していることをあなたはご存じだろうか。[11] 思わずうなり声が出るような事実ではないだろうか？

生体音響学によると、何百万もの歌が常に歌われているという。そしてもちろん、その大半が低周波音や超音波だ。医者であり研究者であるルイス・トーマスは、「もし人間の聴力がもっと優れていて、海鳥のデスカント（訳注・主旋律より高い音域で歌う歌）や軟体動物の群れが奏でるリズミカルなティンパニの音や、日差しの降り注ぐ草原の草に止まる小さな虫たちのハーモニーが遠くから聞こえてくるのを聞き分けることができるなら、それらの音のコンビネーションは、私たちの足を地面から舞い上がらせてしまうかもしれない[12]」と言っている。

次のみことばと比較してみよう。

「また私は、天と地と地の下と海にいるすべての造られたもの、それらの中にあるすべてのものがこう言うのを聞いた。『御座に着いておられる方と子羊に、賛美と誉れと栄光と力が世々限りなくあるように。』」（黙示録五・一三）

これは未来形の預言ではない。現在形の事実である。私たちが時空を超えて、聖書が「天」と呼ぶ領域に入る時、私たちは栄光のからだを得る。私は、栄光の腹筋も含めてその新しいからだの各パーツを楽しみにしているが、いちばんわくわくするのは、栄光の感覚について想像することだ。それが与えられる時には御使いの声を聞けるだろうし、彼らのコーラスにはからだが宙に浮く思いがするだろう。その日まではバッハやボノやジャスティン・ビーバーで満足するとしよう。

ここで一つ付け加えたい。前述したアルフレッド・トマティス博士は「耳は、純粋な音には反応が鈍い」と言った。「耳は複雑さを好むのだ」と。どんな複雑さだろうか？「耳が明白な反応をするためには、最低でも三つの周波数が同時に生じなければならない」のだそうだ。[13]

三つの周波数？　なんという偶然、いや、むしろ神の摂理と言うべきだろう！

創造は、父なる神、子なる神、聖霊という三者が織りなすハーモニーである。三位一体の神がすべての原子に向かって歌い、存在させ、すべての原子はそれぞれその固有の音を神に向かって響かせる。創造とは、呼びかけと応答なのだ。

聖書が「山は歌声を上げ、木々は手を打ち鳴らす」と記すとき（イザヤ五五・一二参照）、それはただの比喩ではない。人間の耳が聞くことのできる範囲がもう少し広ければ、しずくの一滴に、草の葉に、砂の一粒に、神の声を聞くだろう。

聞こえない音の力

「言う」という単語を見ると私たちは音響学的なことを思い浮かべるが、「言う」の主語が神ならば、物理学的なことをイメージするべきだ。結局のところ、音というものは何よりもまずエネルギーの一つのかたちなのだ。人間の声は、ことばによるコミュニケーションに大きく貢献している。だから神の声についても同じように考えがちだが、神の声は、人間の会話で使われる耳に聞こえることばとはわけが違う。神は話すためにも声を使うが、癒やしや啓示や罪の宣告や創造や導きや恵みのためにも用いられる。

神の声について充分に理解するためには、人間の声と比べて考えてみる必要がある。

科学的見地から言うならば、人間の声は毎秒約三百四十メートルの速さで空間を伝わる音波でできている。平均的な男性の声は百ヘルツ、平均的な女性の声はそれよりも高く百五十ヘルツくらいである。バリー・ホワイトやセリーヌ・ディオンのように音域の限界を押し広げようとする人たちもいるが、人間の音域は五十五〜八百八十ヘルツの間だ。

人間の耳が聞き取れる音域というものもあって、それは二十〜二万ヘルツの音波となる。二十ヘルツ以下は超低周波音、二万ヘルツ以上は超音波という。[14] そして、人間が聞き取れる音域の外にこそ、奇跡の音というものがある。

人の可聴域より低い低周波音には、頭痛や地震を引き起こす力がある。動物学者によると、象は低周波音によって天気の変化を予測するらしい。渡り鳥は低周波音をナビゲーションにしているそうだ。低周波音はまた、地下の石油を探り当てるためにも、火山の噴火を予測するためにも用いることができる。

人の可聴域より高い超音波には、虫を殺したり、潜水艦を追跡したり、非侵襲的手術を可能にしたり、ビルを倒壊させたり、宝石を洗浄したり、化学反応の触媒をしたり、損傷した組織を治癒させたり、牛乳を低温殺菌したり、腎臓結石を砕いたり、鋼鉄に穴を開けたり、超音波写真を通して胎児の姿を垣間見せたりする力がある。

神は耳に聞こえる声で話されるだろうか？　もちろんだ！　だがそれは神の声域からすれば、ほんの一部分でしかない。神が話す能力は、私たちの聞く能力をはるかに超えている。一度も奇跡を体験したことがないと主張する人々がいるように、一度も神の声を聞いたことがないと主張する人々もいる。私はそれに異論を唱えたい。

確かに神の声を聞くには私たちの可聴域は小さいかもしれないが、私たちが目にするすべてのものは、神の声によって造られたものなのだ。
私たちが今目にしているものは、かつて神が口にされたことばだ。
私たちはいつでも、神の声に取り囲まれている。

すべての大いなるものに勝って

神の創造が表している事実があるとすれば、それは、神はすべての大いなるものに勝って大いなる方だということだ。神学用語ではそれを「超越」という。神が超越者であることは、宇宙規模で証明されている。

地球は、火星よりも、水星よりも、月よりも大きい。だが、天王星、海王星、土星、木星よりは圧倒的に小さい。木星は地球より千三百二十一倍大きいが、太陽は木星より十倍大きい。太陽は比較的小さな黄色矮星《わいせい》である。オレンジ色の巨星アルクツールスは、太陽の二十六倍の大きさで、二百倍のエネルギーを放出している。赤い超巨星のアンタレスは、太陽より一万倍明るい。だがこれもまだ、天の川銀河の内だけの話だ！

私たちにとって地球は巨大に思えるが、実はそうでもない。

これは、私たちがとんでもなく小さいということを思い出すための話ではない。神がとんでもなく大きいということを思い出すための話だ。神は、ご自身が創造した時間や空間の中に閉じ込められる方ではないので、そういった次元の限界を神にあてはめようとしてはならない。「主の御前では、一日は千年のようであり、千年は一日のよう」（Ⅱペテロ三・八）なのだから。これは、時間という概念の中に生きる者には意味が通らないが、時間という枠組みの外にいるなら完璧に意味を成すことばだ。神について考えるとき、人間にとってなじみのある「時間」や「空間」を抜きにして考えることは難しい。私たちは自分を神に似た者に造り変えていただくことを受け入れるよりむしろ、神を自分の姿に合わせて造り変えようとしてしまうのだ。その結果、私たちの「神」は、だいぶ人間に似た感じで歩いたり話したりする「神」になってしまう。

G・K・チェスタトンは、「君のこんな小さな宇宙なぞ、より高い神の鉄槌が粉々に打ち砕いて下さればいいのだ。……その時はじめて君は大きな幸福に満たされる」[15]と言った。
神はすべての大いなるものに勝って大いなる方だ。これだけ聞くと少し威圧されるように感じるかもしれない。だが、いい知らせがある。神学的に、この神の偉大さと釣り合うとされているものがあるのだ。それは、「神の内在」と呼ばれている。神は、どんなに近しい者にも増して近しい方でもあられるということだ。

神の愛は空を覆い
彼の誠実さは　宇宙にまで及ぶ
彼の御心は巨大で
彼のさばきは海のよう
それでも神の偉大さは
何も失わない（詩篇三六・五―六／ＭＳＧ〈The Message〉より和訳）

神が偉大なのは、神にとって大きすぎるものがないからだけではなく、神にとって小さすぎるものがないからでもあるのだ。神はあなたの名前を知っているだけではない。あなた独自の新しい名前も備えておられる（黙示録二・一七参照）。そして、あなたのためのことばで語りかけてくださるのだ。

一人ひとりにぴったりのことば

詩篇二九篇は、力強く、かつ詩的に神の肉声について語っている。嵐が来ると、私はよくこの詩篇のことを思い出す。ここでは神の声が雷鳴と稲妻の光として描かれているからだ。

そして、控えめな表現ともとれる次のようなことばがある。

「主の声は力強い」（詩篇二九・四参照）

この箇所を「主の声は力にふさわしい」と訳した人もいる。[16] 言い換えれば、一人ひとりの独自の力にぴったりと合っている、ということで、「神はあなたのことばで語りかける」という意味だ。

組織開発論の中に、「真価の探求」という理論があるのだが、私は指導者の立場としても、親の立場としても、この理論に賛同している。その理論とは、悪い点にのみ焦点を当ててそれを直そうとするのではなく、良い点を見極め、そういう部分を増やしていくということである。「真価の探求」は、人の強さを生かす。正しいことをしている人々を見出し、奨励したい部分を徹底的にほめ、その人たちをこっそり自慢するのだ。

私は決して、神は罪を罪だと宣告しないなどと言おうとしているのではない。神は罪を宣告される。お望みならそれを「罪の探求」と言ってもいいだろう。だが、神は「真価の探求」を通して、私たちから潜在的な良いものを引き出してくださる。なぜなら神こそその良いものを最初にくださった方だからだ。どのようにして？　私たちの力に語りかけることによって、だ。

本書の第二部では、神の七つの愛の言語について学んでいくが、神の言語はそれですべてではない。そこに「自然」という言語さえ含まれていないことは怠慢の罪だと言われるかもしれない。実際には、神は莫大な数の方言を語られるし、その中にはあなたの方言もあるのだ。

私は最近、私たちの教会に出席しているインド人の小児科医に会った。彼女はヒンズー教の家族の中で育ったのだが、『私はヒンズー教徒だろうか』[17]という本を読んでいる時に、イエス・キリストに対する信仰を持つに至ったと話してくれた。こんなふうにしてイエスに出会った人が、地球上にほかにいるだろうか？　これが、一人ひとりにその人独自のことばで語りかけてくださる神についての証言である。

伝わらないことば

ダイアン・アッカーマンは、彼女の名著『感覚の博物誌』（岩崎徹・原田大介訳　河出書房新社、一九九六年）という本の中で、たとえ同じ言語を使っていたとしても、人がお互いを分かり合うことがいかに難しいかがわかったある出来事をユーモラスに紹介している。

イリノイ州ウォキーガン出身のダイアンは、アーカンソー州のフェイエットビルを訪ねた際、滞在先の主人に、この街にスパ（温泉）はあるかと尋ねた。彼女は有名な温泉があることを知っていたので、そこに行くことができれば午後の時間を楽しく過ごせると思ったのだ。だが、相手の怪訝そうな顔を見て、自分が尋ねたことの意味が正しく伝わっていないことにすぐに気づいた。「『スパだって？』彼は強いアーカンソーなまりで言った。『ロシアのスパイのことかね[18]』」

人間の耳は必ずしも、ことばを言われたとおりに聞き取れない。なぜならば、人はすべてのことを自分の過去や性格、民族性、神学などのフィルターを通して聞くからである。

国が違うと、聞き取る音も実際に変わってくることをご存じだろうか？　基本周波数帯というものがあるのだ。たとえば、フランス人には千ヘルツから二千ヘルツの音が最も聞き取りやすい。イギリス人の帯域はもう少し広くて二千から一万二千ヘルツくらいだ。アメリカ人なら七百五十から三千ヘルツである。[19]

非常に実際的な意味で、フランス人の耳、イギリス人の耳、アメリカ人の耳というものがあるのだ。私は、それに加えてカトリックの耳とプロテスタントの耳、共和党の耳と民主党の耳、男性の耳と女性の耳というものもあるのではないかと付け加えたい。同じことばを話しているからと言って、同じことを聞き取っているとは限らない。スパをスパイと間違えるほど、方言によって違いが生じてくるのだ。

言語学的に正しいこの事実は、霊的にも同じことが言える。私は絶対的な真理を完全に信じているが、その真理に対する私の理解は完全ではない。客観的ですらないと言えるだろう。だが幸いなことに、神は、私たち一人ひとりが理解できる言語を話せる偉大な方なのだ。

神の大きさに不足なし

ブランドン・ハットメイカーは彼の著書『*A Mile Wide*』の中で、仕事のため、初めてエチオピアに行った時の話を紹介している。彼は友人でありエデン・プロジェクトの創始者でもあるスティーブ・フィッチと共にそこを訪れた。エチオピアのある地域は、何世代にも渡る森林伐採によって荒廃し、土地は丸裸になっていた。エデン・プロジェクトは、一億本の木を植えるというビジョンを掲げて森林再生に取り組んでいる。

だが、飛行機に乗る頃には、ブランドンはこの旅について考え直し始めていた。彼は飛行機で空を飛ぶのが怖かったし、家族を残してきていたし、自分のやることにどれほどの意味があるだろうかと思い始めていた。同時に、自分のそんな姿勢に嫌気がさした彼は、目を閉じて祈り始めた。「神様、赦してください。努力はしましたが、無理みたいなんです。この飛行機から降りたいんです。ただ時間とお金を無駄にするだけのように思えて。でももしこれがあなたにとって重要なことなら、ぼくの無知と疑いとくもった目を取り除いてくださいますか？　点と点をつなげて、ぼくが見えなくなっているものを見せてくださいますか？　アーメン[20]」

ブランドンが目を開けたとたん、隣に座っていた三十代のエチオピア人の男性が、なぜエチオピアに行くのかと尋ねてきた。地域開発のためだとか、キリスト教のミニストリーのためだとか、ブランドンにはいくつかの答え方があったはずだが、どういうわけか彼はとてもシンプルに「木を植えに行くんです」と答えた。すると、そのエチオピア人の隣に座っていた年配の女性がアムハラ語（訳注・エチオピアの公用語）で、彼に何か尋ねた。エチオピア人の男性がアムハラ語で答えると、彼女は声を出して泣き始めた。それればかりか、立ち上がって何かをとても心配するかのように、両手を振り回し始めたのだ。

「どうしたんですか？」ブランドンは尋ねた。

「私の母が、あなたはどうしてエチオピアに行くのかと聞いてきたんです」男性は答えた。

「何て答えたんです？」

「木を植えにいくそうだ、って」

「で、お母さんは何ておっしゃっているんですか？」

するとその男性は、自分の母親は三十八年間、土地から木を剥ぎ取り続ける人たちを赦してくださいと神に祈り続けていたのだと説明してくれた。さらに彼女は、誰か木を植える人を送ってくださいとも祈っていたのだという。ブランドンがまだ事情をのみ込めないでいるうちに、彼女はブランドンの頭に手を置き、喜びの涙を流しながら祈り始めた。

とてもシンプルな真理を述べさせていただきたい。あなたは誰かの祈りの答えなのだ。この例で言えば、ブランドンが生まれる前から、この女性は祈っていた。私はこれを「大胆な祈り」と呼びたい。

当然のことながら、ブランドンはエチオピアに行く目的意識を新たにした。そして、この経験から「ぼくの福音は小さすぎた[21]」という洞察を得て、次のステップに進んだ。もしかしたら、小さすぎるのは福音だけではないのかもしれない。神の声に対する私たちの理解も小さすぎるのではないだろうか。

私には根本的な確信がある。神の大きさに不足はない。神は、惑星をその軌道上に保つことができるほどに偉大な方だ。神は、エルサレムから数千キロも離れたバビロンに住む占星術師にご自身を現わすことができるほどに偉大な方だ。神は、ヒンズー教徒の小児科医やエチオピアの老女たちにご自身を現わすことができるほどに偉大な方だ。そして、個人的なことを付け加えるなら、神は、マーク・バターソンという五歳の少年に「隠れ場[22]」というビリー・グラハムの映画を通してご自身を現わすことができるほどに偉大な方だ。

神の大きさに不足はない。

神は、数々のドアや夢や人々を通して語りかけてくださるほどに偉大な方だ。

そして、願いや、促しや、痛みを通して語りかけてくださるほどに近い方でもある。

何よりも近く

聖霊は、私たちを満たしたり、心を掻き立てたり、賜物を下さったり、罪を示したり、確定したり、啓示したり、思い出させたりするようになるよりずっと昔、大水の上を動いていた（創世一・二参照）。そして今も、その時と同じように私たちの生活の上を動いておられる。

聖霊は今も、闇の中に光あれと語られる。

聖霊は今も、無秩序の中に秩序をもたらされる。

聖霊は今も、灰の中から美しいものを作り出される。

神の近しさを表すヘブル語は paniym といって、多次元の意味を持つ。時間に関して言えば、paniym は、一瞬前と一瞬後をつなぐ合間を意味する。空間に関して言えば、すぐ前とすぐ後ろの間を意味する。

神は、あらゆる意味で私たちと共におられる方なのだ。兄弟よりももっと近しくあなたにくっついておられる友なのである！

A・W・トウザーは paniym についてこう説明している。「神は上におられる。だが、押し上げられているのではない。神は下におられる。だが、押し下げられているのではない。神は外におられる。だが、締め出されているのではない。神は内におられる。だが、閉じ込められているのではない。神はすべてのものの上にあって治め、すべてのものの下にあって支え、すべてのものの外にあって取り囲み、すべてのものの中にあって満たしてくださるのだ[23]」

聖霊は、動いておられる。聖霊は、ささやいておられる。聖霊は、アダムと名づけられたちりのかたまりに吹き込まれたのと同じ息をあなたにも吹き込んでおられるのだ。

私が祈った最も大胆な祈りのことを覚えておられるだろうか？　最初の数週間、私は自分の喘息が本当に癒やされたのかどうか、確信が持てなかった。そこで神に、どうにかしてそれを確かめさせてほしいと頼んだ。具体的には、そのことについて神のことばを聞かせてほしいと頼んだのだ。すると神はそのとおりにしてくださった。だが、それがアラム語のその一言だとは予想できなかった。神は「エパタ！」と言われたのだ。これは「開け」という意味で、イエスが口のきけない男性を癒やす時に使われたことばだ（マルコ七・三四参照）。

聖書には、その男性の耳が開かれた時、彼の舌のもつれが解け、はっきりと話せるようになった、とある。この連続性に注目したい。

話せないのは聞こえないからだと、イエスは、アルフレッド・トマティス博士が登場するずっと前から知っておられたのではないだろうか？　実はトマティス博士本人が、「口は、聞こえる音だけを発音できる」という研究結果を支持するものとして、イエスのこの奇跡の記事を引用しているのだ。[24]

この章は、神の声の力に焦点を当ててきた。神は、たった一言で銀河を創造された！　さらに、耳の聞こえない人の耳をたった一言で聞こえるようにされた。そして、この男性の耳を一言で開かれたのと同じように、イエスは私の肺をも開かれたのだ。こうしてこの一言は、私の大好きなことばの一つになった。

私の癒やしについて確証を与えてほしいと神に願うのと同時に、自分でも呼吸についてありとあらゆる調査を始めた。神学校で三つの学位を取得するまでの間、どうやってこの理論を知らずにいられたのか定かではないが、この学びは、私が一日にする二万三千回の呼吸についての考え方を永遠に変えてしまった。[25]ヘブル語学者の中には、神の名前であるヤハウェ(Yahweh)――あるいは母音を抜いてYHWH――は、息をする音だと考えている人たちもいる。この名前があまりにも神聖で発音できないという事実がある一方で、この音は私たちが呼吸をするごとにささやかれる音だというのだ。これはつまり、人間が出す最初の音であり、最後に出す音であり、その間に発するすべての音なのだ。

神は、私たちが呼吸する息のように近い。

カトリックの司祭であるデジデリウス・エラスムスはラテン語で「vocatus atque non vocatus, Deus aderit」ということわざを作った。「禁じられようが、禁じられまいが、神はここにおられる」。スイスの精神分析家カール・ユングは、このことばを彼の家のドアに彫った。[26]ユダヤ人が玄関の側柱にシェマ（訳注・ユダヤ教徒の典礼の祈り）の祈りのことばを彫る習慣と同じように、それは、偏在される神を常に思い起こすために彫られたことばだった。

聖書は神を、時間という概念の外におられる方として描いている。神は過去におられ、現在おられ、これから現れる方なのだ。また、聖書は神を、空間という概念の外におられる方として描いている。神はここにおられ、あそこにおられ、どこにでもおられる方なのだ。だが、一つだけ、神が外にいるご自分をご覧になっている場所がある。それは、あなたの心のドアの前だ。もし神の声を聞きたいと思うなら、あなたは神のノックに応じなければならない。

招き入れられたときにだけ

一八五三年、イギリスの芸術家ウィリアム・ホルマン・ハントは、ドアの外に立ってノックするイエスの肖像画を描いた。彼はその絵に「世の光」というタイトルをつけたが、それは黙示録三章二〇節の「わたしは戸の外に立ってたたいている。だれでも、わたしの声を聞いて戸を開けるなら、わたしはその人のところに入って彼とともに食事をし、彼もわたしとともに食事をする」ということばを視覚化したものだった。

五十年後、ハントは、あれはただの絵ではなかった、と語った。それを描くようにという促しと、神からの命令があったというのだ。[27] この絵における興味をそそられる特徴は、ドアの外側に取っ手がついていないことだ。意図的に描かれていないのである。なぜか？　それは、心の中に入るドアは、内側からしか開けられないからだ。神は、招き入れられて初めて、その中にお入りになる。そしてこれはイエスにだけ言えることではなく、聖霊についても言えることなのだ。

私は最近、イギリスでのカンファレンスでスピーチをする機会があった。大西洋の向こう側にいる同胞に話をするのは初めてのことだったので、どんな具合になるのか予想がつかなかった。恐らく無意識のうちに、「ダウントン・アビー」（訳注・イギリス貴族についてのテレビドラマ）の影響を受けていて、イギリスとはフォーマルで堅苦しいところだと思っていたのだろう。

だが実際にそこで出会ったものは人生にとても益となることで、ここでの経験を瓶に詰めて持ち帰り、自分が牧会する教会でぶちまけたいと思うようなものだった。

中でも深い感銘を受けたのは、英国国教会の伝統の中で大切にされている実践で、「聖霊よ、来てください」というシンプルな祈りの朗誦だった。ラテン語で「Veni Creator

Spiritus」というこの一節は、九世紀にベネディクト修道院の修道士であるラバヌス・マウルスによって書かれた賛美歌に起源があるとも言われている。十六世紀にイギリス宗教改革があったため五十以上の翻訳があるが、一六六二年に改訂された公式祈祷文に収められている祈りは次のとおりである。

聖霊よ、来てください。私たちのたましいに触れてください。
天の炎で照らしてください。
油注がれる聖霊よ
あなたの七つの賜物を授けてください。

この祈りは一六二五年、国王チャールズ一世の時に祈られるようになって以来、イギリスのすべての王の治世にわたって祈られている。即位式で聖歌隊によって「使徒信条」が歌われたあと、王か女王が即位の椅子に座る時に、この祈りのことばが歌われるのだ。そしてその直後に、油注ぎの儀式が行われる。[28]

私たちは聖霊に対して、いつ、どこで、どのように、と指示をすることはできないが、どうぞおいでくださいと招待をするべきだ。この祈りは「アブラカダブラ」というような呪文ではない。繰り返し祈られる定型の祈りの危険性は、空疎なかたちだけのものになってしまうことだ。だが、この祈りをその意味のとおりに心を込めて祈るなら、聖霊が思いがけない神秘的な方法で現れ、ご自身の力をあなたに見せつけても、驚くには値しない。

そして心に留めておいてほしいのは、神が今以上に大きな声で語ることはない、ということだ。むしろあなたが、もう少し近くで、もう少し注意深く聞くべきなのだ。

ひょっとすると、これがあなたの大胆な祈りになるのではないだろうか？

第三章　ささやきスポット

「そのように、わたしの口から出るわたしのことばも、わたしのところに、空しく帰って来ることはない」（イザヤ五五・一一）

一七九二年三月、アメリカの国務長官トーマス・ジェファーソンは、合衆国国会議事堂（以下、議事堂）について、「最も良しとされる計画」を提案した人に五百ドルと市有地を与えると発表した。それに応じて十七の計画案が提出されたが、どれも承認されなかった。計画案の募集が締め切られたあと、スコットランドで医師になる訓練を受け、英領西インド諸島に住んでいたウィリアム・ソーントンが計画案の提出を願い求め、最終的に、彼の案が採用された。こうしてアマチュア建築士だったウィリアム・ソーントンは、「最高の建築士」として知られるようになり、それから十年後には米国特許庁の初代長官となった。[1]

ソーントンが議事堂に関する計画案を提出した翌年、ジョージ・ワシントン大統領はジェンキンス・ヒル（現在のキャピトル・ヒル）までパレードを行った。音楽が演奏され、ドラムが鳴り響き、国旗が翻り、群衆が祝う中、一七九三年九月十八日、議事堂の礎石が据えられた。
議事堂はトウモロコシ、ワイン、オイルと共に献堂された。そしてこの定礎式の最後には二百キロ以上の牛が屠殺《とさつ》され、この時以来、バーベキューがアメリカの最も聖なる儀式の一つとも言えるようになった。[2]
二百二十五年の歴史を持つ議事堂は、恐らく、アメリカの中で最も逸話に富む建物だろう。この神聖な建物の中で下された決断、実行されたこと、交わされた会話は、歴史の流れを幾度となく変えてきた。もし議事堂の壁が話せるなら、公聴会や私的な会話や、議会での討論、委員会での投票などがこの国を形づくってきたことを証言するだろう。
一八四四年五月二十四日に、サミュエル・モールスが初めての長距離電報で「神のなしたもうわざ」というメッセージを送ったのもこの場所だった。モールスが作った電報の原型は、議事堂の上院と下院の間で送られた。だがその電気信号は六十キロ以上先のメリーランド州ボルティモアの列車車庫まで伸びる電信線を伝わってきたものだった。これは、電話の発明や、Eメール、インターネットの出現まで、凌駕《りょうが》されることのないコミュニケーション革命だった。[3]
一八六五年三月三日、エイブラハム・リンカーンが大統領執務室で会期末法案に署名している時に、南軍に降伏する意思があることを初めて知ったのもこの場所だった。その翌日、リンカーンは第二期大統領就任演説を行い、イーストポーチで「誰に対しても悪意を抱かず、すべての人に慈悲の心を持ち」と語ったのである。[4]

それから六週間後、この第十六代アメリカ大統領は、ジョン・ウィルクス・ブースが放った四十四口径の弾丸の犠牲となり、議事堂のロタンダ（訳注・議事堂の中心にある円形広間で、国葬などの重要な式典に使われる）に横たえられていた。

一九四一年十二月八日にフランクリン・デラノ・ルーズベルトが「恥辱の日と呼ばれることになる日」の翌日に、悲嘆にくれる国民を奮い立たせたのもこの場所だった。[5] ルーズベルトが議会の上下両院合同会議でその演説を行った後、アメリカは、パールハーバーを予告なしに一方的に攻撃した日本に対して宣戦布告し、第二次世界大戦へと突入していった。

私はこの二十年というもの、議事堂からちょうど一マイル（一・六キロ）のところに住んできた。我が家からは鋳鉄製のドームの上に立つ「自由の像」が見える。夏にはそこでピクニックをし、冬にはそり遊びをする。また、そのそばを毎日のように車で通りすぎたり、ランニングしたりしているにもかかわらず、私にとって議事堂が新鮮味を失うことはない。実際、飛行機に乗り降りするためにレーガン空港を訪れるたびに今でも写真を撮りまくっている私は、よくいる観光客に見えているに違いない。初めて見た時から、私にとってこの美しさは変わらないのだ。

これまでの年月の間に、私は議事堂の中にいくつかのお気に入りの場所を見つけた。たとえば上院のチャプレン・オフィスからの眺め――ナショナル・モール（訳注・ワシントンＤＣの中心部にある国立公園）とそこに立つモニュメントの数々を窓越しに見ていると、ミレニアム・ファルコン（訳注・映画「スター・ウォーズ」シリーズに出てくる宇宙船）のコックピットの窓からの景色に思えてくる――。

議事堂のロタンダを取り囲んでいる八枚の大絵画の真ん中に立つと、畏敬の念を覚える。そして、これらの大絵画が、メイフラワー号での聖書研究会、ポカホンタスの洗礼、新世界・アメリカ大陸で恐らく初めての祈祷会の場面を描いていることは注目に値する。[6]

だが、一万六千平方メートル以上の広さに及ぶ五百四十もの部屋の中で、私が最も心打たれるのはスタチュアリー・ホールだ。これは、オールド・ホールにある二階建ての半円形の部屋で、一八〇〇年十一月十七日に下院が初めて招集された場所でもある。入り口には歴史の女神であるクリオがここで起こった出来事を本に記している姿の彫像が立っている。[7]

一八六四年、アメリカ連邦議会は各州に対して、議事堂にその銅像を永久に展示するため、傑出した市民二人を推薦するように要請した。現在、百体ある銅像のうち、三十八体がスタチュアリー・ホールで見張り番に立っている。その中にはテレビを発明したユタ州のフィロ・T・ファーンズワース、千九十三件の米国特許を持つオハイオ州のトーマス・エジソン、人種差別、障害者差別の壁を壊したアラバマ州のローザ・パークスとヘレン・ケラー、ミシシッピー川を地図に記したイエズス会の修道士であるウィスコンシン州のジャック・マルケット、ショーショーニー族の女性でルイスとクラーク遠征隊がルイジアナ購入（訳注・

アメリカがフランスから、ルイジアナ州周辺の広大な土地を購入したという出来事）をするのを助けたノースダコタ州のサカガウィアなどがいる。

スタチュアリー・ホールに足を踏み入れると、多くの証人に取り囲まれながらアメリカの歴史に残る名士録の中を歩き回っているような気がしてくる。だがここでは、私のお気に入りの部屋の中にあるお気に入りの場所、「ささやきスポット」について話したい。

思いがけない場所で聞くささやき

もう二十年以上も前に私が初めて議事堂ツアーに参加した時、ガイドがある秘密を教えてくれた。と言っても、それは本当の秘密ではなくて、「ささやきスポット」についての事実だった。そのガイドはスタチュアリー・ホールで、ツアー客たちとは反対の壁際に立ち、ささやき声で話し始めた。ところが、なんということだろう、そのささやき声は反響し、私たちは不思議なことに、そして奇跡のように、ずっと向こうにいる彼がまるで数センチ先にいるかのように、その声を聞くことができた。

議事堂ができてからの長い年月の間には、例えば、ジョン・クインシー・アダムスが寝たふりをしながら政敵の話を盗み聞きしていた、というような眉つばものの話もいくつか生まれた。それらの話の真偽を確かめることはできないが、物理的に証明できる事実もある。スタチュアリー・ホールの円形の壁とドーム型の天井は、ささやき声の音波が通常とは異なる方法で部屋の周囲を伝わるようにしているのだ。

ウィリアム・ソーントン博士がそのような音響効果をねらっていたのかどうかはわからない。また、当時とは部屋の配置が変わっているため、音が響く場所は、そこが本会議場だった頃とは違っている。だが、もしあなたがその部屋の適切な場所に立つなら、部屋のいちばん向こう側で発せられる小さなささやき声が聞こえるということは確かだ。たとえ、部屋が騒がしかったとしても。たとえ、全米の八年生（訳注・日本の中学二年生にあたる）が修学旅行で首都を訪れる五月であったとしても。

私は聖書を読むと、いたるところにささやきスポットがあったことに気づく。

アブラハムにとっては、それはマムレの樫《かし》の木だった。

イサクにとっては、それはナホルの町の外の井戸だった。

ヤコブにとっては、それはベテルだった。

モーセにとっては、それは燃える柴だった。

ヨシュアにとっては、それはギルガルだった。

ギデオンにとっては、それはオフラの樫の木だった。

サムエルにとっては、それはシロの天幕だった。

ダビデにとっては、それはアドラムの洞穴だった。
エリヤにとっては、それはカルメル山だった。
モルデカイにとっては、それはスサの城の王の門だった。
エゼキエルにとっては、それはケバル川だった。
ダニエルにとっては、それは屋上の部屋のエルサレムに面した窓だった。
ヨナにとっては、それは大魚の腹の中だった。[8]

ここで一つ、はっきりさせておきたいことがある。神はどこにでも、いつでも、どのようにでも、現れることができる。だからこそ、モーセに対してもあのような方法で現れたのだろう。もし私が聖書の著者だったら、神が登場する場面にピラミッドでも選んだだろう。だが、神は荒野の後方にある燃える柴を選ばれた。なぜそんな場所を? ラビの教えによれば、それは、神の臨在がない場所などどこにもないことを示すためだ。

そう、神の臨在は贖いの日、至聖所に置かれた契約の箱を覆うケルビムの翼の間に独自の方法で現れたのだ。神が時間や場所に制限される方だと考えているなら、あなたは神を箱の中に閉じ込めようとしている。――たとえその箱が契約の箱だとしても。聖書を、神を閉じ込める箱のようにしてはいけない。

私は、神は聖書を通してのみ語ると信じている人たちがいるのを知っている。これは、聖書に重きを置く人々(私もその一人だ)が、聖書を尊重する思いのゆえに陥りがちな誤りである。

私は、聖書が神の霊感によることばであることと、聖書の正典とは何かを付け加えたり省いたりすることのできないものであることを断固として信じている。だが、神が今でも、聖書に記されているのと同じ方法で私たちに語りかけることができると信じないのであれば、私たちは聖書の権威をおとしめていることになる。

聖書を読んでいくと、神は奇妙な場所に、奇妙な時に、奇妙な方法で現れていることがわかる。それは今でも同じことだと、私は思う。神はご自分の性質に矛盾するようなことは決してなさらないが、予測できない方であることは予測どおりなのだ。

神は今でも、人の使命を神からの使命に変える。神は今でも、人に願いを与え、ドアを開き、夢を呼び覚ます。神は今でも、促しや、周囲の人々や、痛みを通してあなたに語りかける。そして、モーセにしてくださったのと同じように、どんな地面でもそれを聖なる地に変えてくださるのだ。

ひざの跡

一九四〇年、J・エドウィン・オアは、ウィートン大学の学生たちを連れて、学びのためにイギリスに渡った。彼らの滞在先にはエプワース牧師館も含まれていた。この牧師館は現在ではメソジスト博物館になっているが、もともとは信仰覚醒運動の創始者であるジョン・ウェスレーの家だった。

寝室の一つには、ジョン・ウェスレーがいつもひざまずいて祈っていた跡とされる二つのくぼみがある。見学を終えた学生たちはバスに戻ったが、オア博士は一人の学生が見当たらないことに気づき、二階に戻った。するとそこで若きビリー・グラハムがウェスレーのひざの跡のくぼみにひざまずき、「ああ、主よ！　私にもみわざを見せてください」と祈っていたのだ。[9]

私は、シンプルな原則を信じて生きている。もし私が聖書の登場人物と同じことをすれば、神も同じことをしてくださるという原則だ。神は今も救ってくださる。神は今もささやいてくださる。そして、ビリー・グラハムが祈ったように「みわざを見せる」こと以上に神が願っておられることはない。何度でも何度でも何度でも「みわざを見せ」たいのだ。私たちはもちろん、ジョン・ウェスレーやビリー・グラハムの姿勢にならい、同じようにするべきだ。

このあとすぐ、「願い」という言語について記すつもりだし、先走りたくはないのだが、ジョン・ウェスレーがどのようにしてキリストへの信仰を持つに至ったかご存じだろうか？　彼は、アルダースゲートという場所で、自分の心が「不思議なように温められた」と語っている。[10] これはとても主観的な感覚ではないだろうか？　だが、この神に触れられるような感覚こそ、神が私たちに、感情レベルで語りかけてくださる証拠であり、聖書にもそのような例が記されている。

イエスが十字架にかけられたあと、エルサレムからエマオに向かって歩いていた弟子たちの話を思い出してほしい。イエスは彼らと一緒に歩き、彼らと話していた。それなのに、弟子たちはそれがイエスだとはわからなかったのである。そんなことがあるだろうかと思われるかもしれないが、彼らの頭の中には「よみがえり」という文字はなかったのだ。加えて、彼らの顔はその時、下を向いていた。感情的に落ち込んでいるとき、私たちは目の前にあるものを見落としがちだ（ルカ二四・一七参照）。

パンを取り、感謝をささげてそれを裂くという、イエスが以前そうなさったのを見たことがある同じ行為をなさるまで、彼らにはその方がイエスだとわからなかったのである。

この出来事のあと、弟子たちはお互いに何と言い合っただろうか？

「道々お話しくださる間、私たちに聖書を説き明かしてくださる間、私たちの心は内で燃えていたではないか」（ルカ二四・三二）

聖書に記されていないという理由だけで、それが非聖書的だとは言えない。この場合の

「非聖書的」(unbiblical)とは、聖書に反する教えということだ。それとは別に、abiblicalというものがあり、これはまったく別の意味になる。この場合は単に、聖書にはそういう記事は記されていない、ということだ。それは聖書的ではないということだろうか？　必ずしもそうとは言えない。聖書には説教壇についても、賛美歌集についても、ディボーションについても、記述はない。だが、その方法が正統的な神学に反するものでない限り、問題ないといえる。むしろ聖なる方法を見出したといえるかもしれない。

私たちは感情だけに基づいて何かを決定するべきではないが、感情を無視するべきでもない。事実、それが神の御心かどうかを見分ける良い方法の一つは、あなたの心がキリストの平和によって満たされているかどうかだ(コロサイ三・一五参照)。そのためには感情的な知性が必要になる。神は、理解を超える平安や言い表せない喜びといった、ことばにすることのできない感情を通しても語りかけてくださるのだ(ピリピ四・七、Ⅰペテロ一・八参照)。

刺し貫かれた耳

「耳のある者は聞きなさい」(マタイ一一・一五)。福音書で六回、黙示録で八回、イエスはこのことばを繰り返しておられる。とても単純な呼びかけだが、そこに含まれる意味は非常に深い。

イエスが「耳のある者は聞きなさい」とおっしゃった時、ユダヤ人たちは詩篇四〇篇の「あなたは私の耳を開いてくださいました」（六節）ということばを思い出したかもしれない。ここで使われている「開く」というヘブル語は考古学用語で、「掘り起こす」とか「密度の高い物質を掘り進む」という意味になる。私たちがそうするとしたら、それは内なる耳をもって聞くことだと、私は思っている。

だが、この「開く」というヘブル語はまた、「刺し貫く」とも訳される。そのため多くの聖書学者が、ダビデはシナイ山で指示された古代のある儀式を念頭に置いてこう書いたのだと信じている。

ヘブル人の奴隷は、六年働いたあと、七年めには自由の身とされた（出エジプト二一・二参照）。しかし、もし奴隷が自分の主人を慕っていて、奴隷として仕えることをやめたくないというのなら、彼には、主人に対して生涯の忠誠を誓うという選択肢が与えられた。どのようにして？　耳を刺し貫くという聖なる儀式を通して、である。「主人は彼を……戸または門柱のところに連れて行き、きりで彼の耳を刺し通す。彼はいつまでも主人に仕えることができる」（出エジプト二一・六）

あなたの霊の耳は刺し貫かれているだろうか？

あなたの内なる耳はキリストのために聖別されているだろうか？

静かな小さな御声が、あなたの人生において最も大きな声になっているだろうか？

ラテン語の「従う」ということばはobedireといって、「耳を貸す」という意味だ。[11] 従順は、耳を刺し貫かれることから始まる。それは神の周波数にダイヤルを合わせ、ボリュームを上げることだ。そして、たとえ何千もの人々が何か違うことを叫んでいたとしても、神のささやきに従うことだ。

スペインの哲学者ホセ・オルテガ・イ・ガセットは「あなたがどんなものに注意を払うか言ってくれれば、あなたがどんな人かを当ててみせよう」と言った。[12] 最終的には、あなたはあなたの人生の中で最も大きな声――あなたが最もよく耳を傾ける声――によって形づくられる。

誠実に聞くというのは結局のところ、服従の行為なのである。もしあなたが既婚者で、配偶者と「活発な議論」を交わしている人であれば、私の言っていることがおわかりになるだろう。そういった議論の中では声を荒げることが自然な反応ではないだろうか？　だが、それで問題が解決することはほとんどない。いや、実を言えば、決してない。解決策は、口を閉じて耳を開くことなのだ。私たちはお互いに、相手のことばに誠実に、思慮深く、忍耐強く、そして注意深く耳を傾けることによって、従う。それは、神との関係においても同じことなのである。

内耳で聞く

問題の解決は「聞くこと」だというのは、想像しにくいことかもしれない。だが、「聞くこと」はリトマス試験だ。その重要性を充分に理解するためには、耳の構造について少し知っておく必要がある。

音波というものは、ちょうど波が浜辺に打ち寄せるように、耳に飛び込んでくる。そして、作家のダイアン・アッカーマンが「凝りに凝ったミニチュア版ゴルフコースといった感じで、渦巻き、枝分かれ、迂回路、中継地点、レバー、水圧機、フィードバック機構と込みいっている」[13]と記すような迷路を通りながら伝わっていく。

外耳はじょうごのような役割を果たし、音を集めて受け取る。外耳道を通り、鼓膜にぶつかった音波の振動は、そのあと、体の中でも最も小さな三つの骨であるツチ骨、キヌタ骨、アブミ骨に当たる。そして、蝸牛《かぎゅう》と呼ばれるカタツムリのような形をしたらせん状の管を通っていくのだが、この管の中には何千もの微小な有毛細胞があり、これが音を増幅させる。そこから第八脳神経が、モールス信号のようなインパルスを聴覚皮質に伝え、音の高さ、ボリューム、トーン、距離、方向、意味などを、実用的な情報に変えるのだ。

繰り返しになるが、「私は奇跡を体験したことはない」などと言わないでいただきたい。音が神秘的な方法であなたの外耳、中耳、内耳を通っていくたびに、あなたは奇跡を体験しているのだ。

人間の耳の機能で不思議なものの一つは、ある音は聞き取るのに、別の音は聞き取らないということだ。大学時代にバスケットボールをしていた時、私はいくらたくさんの観客が叫ぼうともわめこうとも、その中から父の声だけを聞き分けることができた。「そんな芸当ができるのは、私たちが実は二回音を聞いているからだ」[14]とアッカーマンは言う。

聴覚学的に言うと、音波が外耳に入ってから内耳に届くまで、短い時間差がある。それで、一度しか聞かない場合もあれば、二度聞くこともあるのだ。

イエスが「耳のある者は聞きなさい」とおっしゃった時、それは一度ではなく二度聞きなさい、という勧めだったのだと私は思う。聖霊の促しを聞き取るのは、一度めの「聞いた」と二度めの「聞いた」の間なのである。

神のことばを外耳だけで聞いてはならない。それは、片方の耳から入って別の耳から出ていく聞き方である。神のことばは、内耳で二度めを聞かなければならない。そうすれば真理があなたの頭から心の中心に入っていく。そしてもしかしたら、ひょっとしたら、それが外庭から内庭――神がご自身を現わされる聖なる場所――に入っていく方法かもしれない。

逆二乗の法則

アメリカの合衆国国会議事堂の中にある「ささやきスポット」はいちばん有名な「ささやきの部屋」かもしれないが、これが唯一のものではない。ささやきが遠くまで聞こえるこのような現象は、一八七八年、ロンドンのセント・ポール大聖堂でレーリー卿によって発見されたのが最初のものだ。レーリーは一九〇四年、原子番号一八のアルゴンの発見により、ノーベル賞を受賞している。だが、彼が本当に情熱を傾け、生涯にわたって惹きつけられていたのは、音だった。実際、彼の名前にちなんだ低周波音波があるほどなのだ。それはレーリー波といって、人の耳には聞こえないが、鳥や虫やほかの動物たちがコミュニケーションを取るときに使う超低周波である。

英国国教会の敬虔な信徒であるレーリー卿は、セント・ポール大聖堂でささやき声が遠くまで伝わる不思議について、見事な工夫をこらした音響実験を通して説明した。その実験によると、一つのささやきが四つ、五つ、時には六つのエコーを生み出していたのである。逆二乗の法則によれば、音は、距離に反比例して弱くなる。[15] 長い距離を進むにつれ分散していくので、私たちのことばは二倍の距離を行けばエネルギーは半分になると仮定できるのだ。だが、ささやきスポットはこの法則が当てはまらない例外的な場所である。セント・ポール大聖堂でささやかれた声は、曲線を描く天井と壁のおかげで、遠く離れた場所でも大きくはっきりと聞こえるのである。

この話がどこに向かっているか、読者のみなさんはもう想像がついているのではないだろうか？　物理的な領域でささやきスポットがあるならば、霊的な領域にもささやきスポットはあるのだ。だから私は、あなたがあなた自身のささやきスポットを発見するお手伝いをしたいと思う。それはあなたが神のささやきを聞き取れる場所であり、神の声が最も大きく、長く響く場所であり、神が癒やしと、啓示と、確信と、創造を通して語ってくださる場所だ。

神の声は逆二乗の法則や、ほかのどんな自然の法則にもとらわれない。空間や時間によって神の声が小さくなることはないのだ。いちばん最初に物理の法則を定めた神は、その法則を破る力もお持ちだ。太陽を造られた神は、その太陽の動きを止めることもできる。神が物理の法則を破った時に私たちがそれを「奇跡だ」というのは、大きな皮肉である。もちろん、それは奇跡だ。だが、それは一連の流れの中で言えば第二の奇跡なのだから。

太陽の動きを止めるのは奇跡的なことだが、地球をその軌道に保つこともまた奇跡だ。第二の奇跡を喜び祝うのはいいことだが、第一の奇跡を忘れてはならない。これは二重の奇跡なのだ。

要するに、私が言いたいのはこういうことだ。「神のことばは距離によって小さくなることはない」

預言者イザヤはこのことを次のように言っている。

「そのように、わたしの口から出るわたしのことばも、わたしのところに、空しく帰って来ることはない」（イザヤ五五・一一）

神の最初の一言は、今でも宇宙のいちばん端で鳴り響いており、進みながら銀河を生み出していることを忘れないでほしい。そしてこの最初の一言の真実は、神のすべてのささやきにおいても真実なのだ。

私のこれまでの人生を振り返ってみると、すべての祝福、すべての突破口はみな本当に、神のささやきがこだましたものだとわかる。そしてまた、ある特定の場所や姿勢が、私にとって神の声をよりはっきり聞くうえでの助けになっていることにも気づいた。

会見の天幕

大学時代、聖書の中のある一節が、ほかのどの箇所にも勝って私に影響を与えた。こういうと奇妙に聞こえるかもしれないが、それが私に初めて示されたささやきスポットだったのだ。それは、イスラエルの民が荒野をさまよっている時に、モーセが宿営の外に建てた会見の天幕についての箇所だった。

その箇所を読んで私が思ったのは、モーセはその会見の天幕を宿営の外に建てたので、雑音から遠ざかることができたのだ、ということだった。彼は、イスラエルの民の絶え間ない文句や不平、つぶやきに疲れ果てており、静かな場所――ささやきスポット――を切実に必要としていたのだ。

この物語の主人公はモーセだが、この話にはいちばん最後におまけのシーンがある。

「モーセが宿営に帰るとき、彼の従者でヌンの子ヨシュアという若者が天幕から離れないでいた」(出エジプト三三・一一)

あなたは、神はなぜヨシュアをモーセの後継者に選んだのだろうと考えたことはあるだろうか？　なんといってもまず彼は、イスラエルがカナンを偵察した時、肯定的な結果報告をした二人のスパイのうちの一人だった(民数一三章参照)。ほかの十人のスパイたちは声高に否定的な結果報告をしたのだ。そして人々はその間違った声に耳を傾け、そのために荒野での四十年という結果を身に招いた。

だが、神がモーセの後継者としてヨシュアを選んだのには、もう一つの理由がある。神は神を最もよく知る人々を信頼なさるが、神を最もよく知る人々とは、神と最も多くの時間を共に過ごす人々なのである。ヨシュアは会見の天幕から離れなかったとあるから、彼が選ばれた理由は明白である。

大学生の頃、私はヨシュアになりたかった。聖壇から招きがあるたびに、私はそれに応じた。なぜなら、神がその聖壇で私に与えたいと思っておられる贈り物を、何一つ逃したくなかったからである。そんなリスクは冒したくなかった。私はまた、「会見の天幕」を作り、それが私の最初のささやきスポットとなった。

昼食のあと、ほとんど毎日、私はチャペルに忍び込んだ。チャペルの電気は消えており、たまに警備員が見回りに来るほかは、誰もいなかった。私は階段を上ってバルコニーに上がり、そこを行ったり来たり歩きながら祈った。当時はフィットビット（訳注・運動量や健康状態などを確認できるスマートウォッチ）などなかったが、大学四年生の時、祈りながら百五十キロ以上は歩いたと思う。その時に私は、神の声の聞き分け方や、それを通して、悪い状況に陥らないように自分の霊を見守るすべを学んだ（これについては「ドア」という言語の章で詳しく述べる）。

神学校時代の私のささやきスポットは、イリノイ州ディアフィールドにあるトリニティー・インターナショナル大学のキャンパス内に、妻と私が借りた四十平方メートルに満たないアパートだった。私が授業を受けている間、ローラは働いていたので、私はほとんど毎日アパートの部屋を一人で使えた。教会開拓に失敗した私を、神が拾い上げてほこりを払ってくだったのがその場所だった。

最も長く私のささやきスポットであり続けている場所の一つは、ワシントンＤＣにあるユニオン・ステーションの前に立っている大理石の柱だ。ナショナル・コミュニティー・チャーチは十三年にわたってこの場所で集会を開いてきた。土曜の夜、私はこの柱に寄りかかって、神に語り、聞いたものだった。

現在のささやきスポットであり、常に私のお気に入りの場所となっているのは、エベニーザーズ・コーヒーハウスの屋上だ。そこでは神の声に対する私の受信状態がとても良くなる！　神がすでに行ってくださった奇跡の上で祈るなら、どうして信仰を持たずにいられるだろうか（訳注・著者が神の奇跡によってエベニーザーズ・コーヒーハウスを獲得した経緯については前著『サークル・メーカー』に詳述されている）。このコーヒーハウスもかつては神のささやきだった。そして神は今もそこで私にささやき続けているのだ。

チャペルのバルコニーにしろ、エベニーザーズの屋上にしろ、祈り始めた頃はそこはただの「場所」だった。だが、時間とともにささやきスポットになっていったのだ。ささやきスポットは特殊な場所である必要はない。その正反対だ。ただのクローゼットが祈りのクローゼットに変わるように、それはしばしば平凡な場所である。鍵となるのは場所ではなく、継続性なのだ。

あなたがそこに行くなら、神もそこにおられる！

リスニングポイント

一九五六年、環境保護主義者のシガード・オルソンは、ミネソタ州北部にあるバーントサイド湖の岸に小さな小屋を建てた。湖の家に名前をつけることは一般的な慣習で、特に一万個も湖がある州ではなおさら、そうだ。そういった名前のほとんどはありきたりのものだが、オルソンは少し違って意図的な命名をした。彼がその小屋を建てた目的は「聞く価値のあるものをすべて聞く」[16]ことだったので、そこをリスニングポイントと名づけたのだ。

「聞く」ということは、意図せずにできる行為ではない。意図してやっとできるのだ。だから宿営の外に出て会見の天幕を建てなければならない。一人になれる場所を求め、静けさを求めなければならない。気を散らすものはためらわず取り除かなければならない。そしてまた、いくつかの声のボリュームを落とすか、完全に消すかしなければならない。それはたとえばラジオからの無害な話し声や、これもまた無害なソーシャルメディアだったりするかもしれない。

通勤中にラジオを消して、神に語りかけてみてはどうだろうか。あるいは、一定期間ソーシャルメディアから離れることにしてみてはどうだろうか。または、沈黙のリトリートを行ってみては?

ささやきスポットの重要性を過度に霊的なものとして捉えたくはないが、それが霊的なものであることを過小評価したくもない。霊的なことは抜きにしても、人間には平安と静けさを得るための空間と場所が必要だ。例えば私のように街中に住んでいると、それは簡単なことではない。また、もしあなたが小さな子どもの親であるならば、子どもが昼寝をしている間の十分間がそれにあたるかもしれない。いずれにしろ、そういう時間と場所を作ることを決心し、決意しなければならない。

スザンナ・ウェスレーは小さな家の中で十七人の子どもを育てていたので、一人になることは非常に難しかった。そんな彼女のささやきスポットは、部屋の中央に置かれたロッキングチェアだった。そこで毛布をかぶると、それが彼女の会見の天幕になった。[17]恐らく、彼女のそういう姿が息子のジョンに、ベッドの横にひざまずくことを教えたのではないだろうか。

トーマス・エジソンは「考える椅子」を持っていた。[18]

アレクサンダー・グラハム・ベルはグランド川を見下ろせるところに「夢見る場所」を持っていた。[19]

ヘンリー・デイビッド・ソローはウォールデン湖で水切り遊びをした。

そして、ルートヴィヒ・ヴァン・ベートーヴェンは夜明けに起きて一杯のコーヒーを飲むことから一日を始める人だったが、そのコーヒーの淹れ方にはこだわりがあり、一杯につき六十粒のコーヒー豆を数えていた。[20]それから昼過ぎまで机に向かうと、気分転換のために散歩に出た。その際、鉛筆と数枚の五線紙をポケットに入れて持っていき、曲についてのアイディアが浮かぶと書き留めていた。[21]

あなたのささやきスポットは、あなた自身の存在と同様に独自のものであるはずだ。あなたはあなたのささやきスポットとなる時間と場所を見出さなければならない。

ばかげた質問だと思うが、あなたは時間や場所を決めないで誰かと会おうとしたことはあるだろうか？　いつ会おうかと相談した時、相手が「いつだっていいさ」と答えたり、どこで会おうかと聞いた時、「どこだっていいさ」と答えたらどうなるだろう。幸運を祈るしかない！　柔軟性は結構だが、そんなふうでは、偶然出くわさない限り会うことはできないのだ。

決定的な決断

一人になることが神の声を聞くうえで一つの鍵となることは間違いないが、それに釣り合うような別のことも必要だ。神の声を聞くということは、個人戦ではなく団体戦だからだ。神の声を聞く最も良い方法の一つは、神の声を聞いている人々とつきあうことだ。あなたの周りに、あなたよりもっと頻繁に、もっとはっきり神の声を聞いている人はいないだろうか？　そういう人がいるなら、できるだけ近づいてみるといい。神の声が聞こえる、あるいは、もれ聞こえてくるかもしれない。

ディック・イーストマンは私にとってそんな人の一人だった。彼が私のオフィスに座って、彼の人生を決定づけた瞬間について語ってくれた時のことを、私は忘れられない。誰かが彼に「ザ・ホーリー・アワー」という番組を録音したカセットテープをくれて、その中でフルトン・J・シーン大司教が修道女たちに向かって説教をしているのを聞いた。録音状態は非常に悪く、何が語られているのかかろうじて聞き取れるくらいのものだったが、ディックはそこに神の大きなはっきりとした声を聞いた。そのカセットテープは彼の人生の流れを変えた。というのも、それを聞いたあと、彼は決定的な決断を下したからだ。

その八十歳の大司教は修道女たちに向かって、当時のアメリカで、教皇を別にすれば恐らくいちばん影響力のあるカトリック教徒となった成功の秘訣を明かしていた。この箇所だけを読むと、少し尊大な物言いに聞こえるかもしれないが、年を重ねるほどに率直になることもある。ぐずぐずしている時間などないのだから。シーンはこう言った。

「あなた方修道女は私よりずっと知性がある。ではなぜ、私はあなたがたに話そうとしているのか？　その理由はこうだ」自問自答するように、大司教は続けた。「それは、私のことばには力があるからだ」。彼はなぜ、自分のことばには力があると信じていたのだろうか？「五十五年の間、私は一年三百六十五日、神の臨在のもとで時間を過ごしてきた。だから私のことばには力がある」

音の割れたカセットテープを聞くうちに、ディックは強い確信に導かれた。彼が私にこの話をしてくれたのはその出来事から四十年以上経ってからだったが、それを語る彼の目に涙があふれた。「マーク、ぼくは一週間についてだって、そんなふうには言えないと思ったよ」と彼は言った。その日、何かがディックの霊をわしづかみにしたのだ。彼は、毎日一時間、神の前で過ごすという決定的な決断をした。そしてこの日々の聖なるルーティーンを、今や大司教と同じくらい長く続けている。

ディック・イーストマンはその宣教生活の大半をＥＨＣ（Every Home for Christ　全国家庭文書伝道協会）の国際総裁として過ごしている。ＥＨＣは、一億九千百万人の人々を信仰に導き、三十二万四千以上の教会でキリストのグループと呼ばれる交わりを始めた団体である。この事実に何か不思議な点があるだろうか？　何か秘密でもあるだろうか？　神はあなたを通して同じことをしたいと願っておられるのだ。

ささやきスポットを見つけるには、時間と忍耐が必要だ。

ささやきスポットを見つけるには、努力と意思が必要だ。

とはいえ、いつとか、どこでとか、どのようにということを決めるのは、必ずしも私たちだとは限らない。私たちがささやきスポットを見出すこともあるが、ささやきスポットに見出されることもある。

たとえば、パウロとシラスが牢獄に入れられた時のように、危機に瀕してひざまずく時、そういうことが起こるのだ（使徒一六・一六―四〇参照）。私の経験から言うと、つらいことの起こっている場所が、しばしばささやきスポットに変わる。私は、グランドキャニオンやアンデス山脈のように極めて魅力的な場所でも神の声を聞いた。だがそれは、ワシントン病院の集中治療室で二日間人工呼吸器をつけられたあとに意識を取り戻し始めた時ほどには、はっきりとした声ではなかった。明け方のその病室は、私にとってささやきスポットとなった。

それは時として、神の箱をエルサレムに運んできたダビデ王が主の前で踊ったように、喜び祝うことである（Ⅱサムエル六・一四―一五参照）。あなたが最後に、ダビデのように、我を忘れて力の限り神を礼拝したのはいつのことだろうか？

決定的な瞬間

一日のうち一時間は神にささげると決心してから数年後、ディック・イーストマンは、ほかには何もせず、ただ神を礼拝して丸一日を過ごすように導かれている気がした。どのようにすればいいのかよくわからなかったが、彼は、ワシントンＤＣへの旅行中にそれを実行することにした。約束も予定もない日が一日あったからである。

その日ディックは、ホテルの部屋で目覚めた時から神をほめたたえ始めた。チェックアウトして、朝食を食べている間もそれを続けた。それから高速道路に囲まれたエリアの外で公園を探すことにした。そうすればそこで木々の間を歩きながら気を散らされることなく礼拝することができる。やがて木立の中にぽっかり空間が空いている場所にたどり着いた。その時彼は、今までやったことがないようなやり方で神を礼拝したいと思った。彼はちょうど、ダビデが主の前で踊ったことが記されている聖書箇所を読んだところだった。彼は正直なところを打ち明けてくれた。「マーク、ぼくは、ダンスなんかすることのない教会で育ったんだ。踊り方なんて知らなかったし、どうすればいいかわからなかった。でも、試してみるべきだと感じたんだよ」

　誰も見ていないことを念入りに確かめたあと、ディックはその空き地の真ん中で踊り始めた。その踊りたるやひどいものだったので、彼は大声で笑い始めた。踊り終わると、こんなことで神が喜んでくださったのだろうかと疑わしくなり、おずおずと、「主よ、あんなので大丈夫だったでしょうか？」と聞いてみた。すると主はささやき声でこう答えてくださったのだ。「わたしがどれほど楽しませてもらったか、おまえには想像もつかないだろうね！」

　私はオズワルド・チェンバーズの「あなたの場合もそうであったように、神は他の人に対しても、全く新しい方法で働かれる」[22]という格言を座右の銘にしている。だからあなたに、木立の中に空き地を見つけたら主の前で踊ってみなさいと勧めているわけではない。実は説教の中でディックの話をした日の夜、家族でレストランに行ったのだが、その時に私はある理由から、突然躍るような仕草をしてしまった。その時、末の息子ジョサイアがぴしゃりとこう言った。「パパ、ここは森の空き地じゃないよ！」

ディック・イーストマンであれ、あなたの別の霊的なヒーローであれ、ただそのまねをすればいいというものではない。それは霊的に浅はかな行動だ。霊的なものまねは長続きしない。神の声の聞き方を学び、神に教えられたとおりに行おう。それは今までやったことのないことかもしれない。あるいは今までやってきたこととまったく同じだが、違う姿勢でやるということかもしれない。いずれにしろ、神を自分の型にはめようとするのをやめよう。

私には一つの公式がある。それについてはすでに何冊かの本に書いてきたので、ここでまた詳しく述べることはしない。だが、繰り返す価値はあることなので記しておこう。「気分を変える＋場所を変える＝視点が変わる」という公式だ。

時には、目にする風景が少し変わるということが、神の声を新たな気持ちで聞くうえで大きな助けになる場合もある。同様に、一度もしたことがないことをやってみるというのも、助けになるかもしれない。

神に新しいことをしていただきたいなら、あなたもなじみのある古いことにだけしがみついているわけにはいかない。敢えて違ったことをしてみよう。そこには、新しい方法で聞く、ということも含まれる。

次章からは、神の七つの愛の言語を通して、それについて学んでいく。さあ、準備はいいだろうか？

二部　神の七つの愛の言語

第四章　御心を伝える言語

「神は昔、預言者たちによって、多くの部分に分け、多くの方法で先祖たちに語られました……」（ヘブル一・一）

一八七四年八月十日、二十七歳のアレクサンダー・グラハム・ベルは、カナダのオンタリオ州にあるグランド川を見下ろす崖の上に毛布を敷いて座っていた。彼はそこを「夢見る場所」と呼んでいた。

彼は午前の時間をそこで、フォノトグラフという人間の聞く能力を模した装置をいじって過ごしていた。そして聾者《ろうしゃ》の教育に情熱を傾けていた彼はその日、天才的なひらめきで、電流によって疑似的な音波を作り電気的に音声を伝えることはできないだろうかと考え始めた。[1]

「その日はそこまで来ています」と、ベルは父親への手紙の中で述べている。「水やガスのように、電信線が各家庭に設置され、人々が家にいながらにして友人たちと会話する日が[2]」

それは、輝かしい新世界についての大胆なビジョンだった。

一八七六年三月、ベルと彼の助手であるトーマス・ワトソンは夜遅くまで、伝達する音を明瞭なものにしようと試みていた。
ワトソンが、歴史に残ることばを聞いたのはその時だった。
「ワトソン君、ちょっと来てください。きみに来てもらいたいんだ」。皮肉なことに、ベルのそのことばは緊急のものだった。彼はその時、バッテリーの中の酸をこぼしてかぶってしまっていたのである。つまりこの電話は、世界初の緊急通報電話だったと言えるかもしれない。[3]

それから数か月後、フィラデルフィア市主催の万国博覧会が開かれた。二万二千七百四十二に及ぶ展示品の内容は、ミシン、缶詰、バナナ、ルートビアなどだった。博覧会はブラジルの皇帝ペドロ二世を賓客として招いたユリシーズ・S・グラント大統領のスピーチで始まった。その二週間前、ペドロ二世はたまたまボストンを訪れており、そこでたまたまアレクサンダー・グラハム・ベルと出会っていた。後に、この出会いこそ摂理であったことがわかる。

その年の六月二十五日、電気装置の優秀賞を選ぶ委員会が、博覧会参加者の中から受賞者を選ぶことになっていた。そしてそのゲスト審査員が、ほかならぬペドロ二世だったのである。炎暑のために、コンテストが早めに終わりそうになっていたその時、皇帝がベルに目を留めた。

審査員団の中のある者たちは肌着を脱ぎ、早く終わりにしたがっていたが、ペドロ二世はベルの展示品をよく見たいと主張した。皇帝が受話器を耳に当て、ベルがだいぶ離れた所から送話口に向かって話すと、皇帝の顔に正真正銘の驚愕の表情が浮かび、こう叫んだ。「この機械はしゃべる！」[4]

スミソニアン研究所の初代会長であり、その日の審査員の一人でもあったジョゼフ・ヘンリー博士は、「電信がこれまでに達成してきた業績の中で最大の驚異」と評した。[5] また、ニューヨーク・ヘラルド紙は「ほとんど超自然現象」と報じた。[6]

ベルが電気装置部門で金賞を獲得したのは言うまでもない。ブラジルの皇帝ペドロ二世のおかげで、歴史に名を残すことになったのである。

さまざまな方法で語る神

聖書の中に控えめな表現というものがあるとすれば、「神は……多くの部分に分け、多くの方法で先祖たちに語られました」（ヘブル一・一）という箇所がそれにあたる。神が思いがけない神秘的な方法で語りかけてくださるその能力は、驚異的としか言いようがない。

神はモーセに燃える柴の中から語りかけられた。ファラオには十のしるしと不思議をもって語られた。ヒゼキヤには病を通して語りかけ、バビロンの占星術師には星を通して語られた。ベルシャツァルには手が現れて宮殿の壁に「メネ、メネ、テケル、ウ・パルシン」（ダニエル五・二五）と文字を書く出来事を通して語られた。そして私が個人的に気に入っているのは、バラムにロバを通して語られた話である！

その時のバラムの表情は、ペドロ二世の驚愕の表情と似ていたに違いないと思う。そして同じように「この動物はしゃべる！」と言っていたとしても少しも驚かない。この話にはどんな意味があるだろうか？　もし神がバラムのロバを通して語ることができるなら（民数二二章参照）、何を通してでも語れるということだ！

ここで一つ、はっきりさせておきたいことがある。

神がさまざまな方法で語られることを強調したあと、ヘブル人への手紙の著者は、神の最大の啓示に焦点を当てる。それがイエス・キリストだ。彼こそが、完全にして最終的な神の啓示なのである。イエス・キリストは人の子であり、神の子である。万物の創造者であり、万物の相続人である。「道であり、真理であり、いのちである」（ヨハネ一四・六参照）。イエスの名によって、すべてのものがひざをかがめ、すべての舌が告白する（ピリピ二・一〇―一一参照）。

神は今でも「さまざまな方法」によって語られるだろうか。語られる、と私は信じている。聖書の時代と同じ方法で語られると信じているが、私たちには今、大きな利点がある。それは、聖書が相談役になってくれるということだ。

だが、神はただ聖書を通してしか語らないと信じることは、聖書が私たちに示す神を制限しようとすることなのだ。聖書はもちろん、私たちに判断する基準とバランスを提供してくれる。そして神は聖書に示されているご自身の善なる性質、喜びとされること、完全な御心に反するようなことは決して言われない。だが、神はさまざまな方法で語られるのだ。そこでこれから、神が用いられる七つの言語について見ていこうと思う。

八つの知能

今から三十年以上前、ハーバード大学の教授であるハワード・ガードナー博士が『*Frames of Mind*』という画期的な本を書いた。ガードナー博士は多重知能理論を世に広めた人物で、簡単に言うとこれは、人はそれぞれ違った種類の知能を持っているという理論である。彼はその知能を、言語知能、数学的知能、空間的知能、運動感覚的知能、音楽的知能、対人的知能、内省的知能、自然知能の八つに分類した。[7]

いくつか例を挙げてみよう。

ヴォルフガング・アマデウス・モーツァルトは少年の頃、ローマのシスティーン・チャペルを訪れ、そこでグレゴリオ・アレグリの音楽を聞いて魅せられてしまった。彼はその曲の楽譜を求めたが、システィーン・チャペルには、その曲ミゼレーレはシスティーン・チャペル内でのみ演奏されるもので、いかなる場合にもそれを楽譜に起こしてはいけないという掟があった。
するとモーツァルトはもう一度その演奏を聞いて、音楽的記憶力を発揮し、その記憶だけで曲全体を楽譜に起こしてしまったのである！　モーツァルトに運動感覚的知能や数学的知能があったかどうかはわからないが、音楽的知能があったことだけは確かだ。[8]
また、電子計算機が発明される百年前、ヨハン・マルティン・ザカリアス・ダーゼは二か月もかからずに、円周率を正確に二百の位まで計算した。彼は、八桁の数字同士を五十四秒で、四十桁同士の数字を四分で、二百桁同士の数字を八時間三十四分で掛け合わせることができた。彼はまた、何週間もぶっ通しで計算し続けることができた。寝る時に計算をやめてすべてを記憶に収め、翌朝起きると中断したところからその続きを計算し始めるのだ。さらに彼は、羊の群れを一目見ただけで、そこにいる羊の数を言い当てることもできた。ダーゼに音楽的知能や対人的知能があったかどうかはわからないが、数学的知能があったといって間違いない。[9]
バート・コナーは子どもの頃、足で歩くのとほとんど同じように手でも歩けるという才能を見せた。彼はその特技をいろいろなパーティーでしょっちゅう披露していた。手で階段を上り降りすることさえできるようになった。手で歩くという特技は、市場価値のある技術ではないかもしれないが、それが体操選手なら話は別だ。アメリカで最も多くのメダルを獲得したこの男子体操選手に空間的知能や自然知能があったかどうかはわからないが、運動感覚的知能は絶対にあった。[10]

私たちにはそれぞれ違った才能があり、それは私たちを造られた神を証ししている。私たちはまた、それぞれ違った方法で神とつながっており、それは神がどんな人にも、どこにいても、その声が聞こえるほどに大きな方であるということの証しである。

これから、「願い」という言語がどのように私たちの人格に染みとおっていくかについて見ていくが、思考型の人と、感覚型の人とでは、神とのつながり方も違う。内向的な人と外交的な人とでも違う。そしてこれは、マイヤーズ・ブリッグスの十六のタイプ指標（訳注・その人がどのように世界を認識し、物事を決定するかについての心理学的傾向を示す十六の性格類型）、九つのエニアグラム（訳注・人間の性格を九種類に分類し、自分と他者の違いを理解することを目標とした人間学の一種）、ＤＩＳＣ理論（訳注・人間の性格や行動パターンを四つのタイプに分類し、それぞれに合ったコミュニケーション方法を提唱する理論）の四つのタイプのすべてについても同じことが言える。

これらのタイプの違いと、神の声を聞くことにどういう関係があるのだろうか？　まず、私たちはみな、それぞれに少し違う方法で神の声を聞く、ということだ。

これこそ、私たちが謙虚になるべき理由である。私たちは自分の性格や偏見に基づいて多かれ少なかれ主観的であることを認められるだろうか？　あるいは、間違った思い込みや、正しくない動機があることを認められるだろうか？

私たちはたいてい、自分の聞きたいことを聞き、それ以外のことは耳に入らなくなってしまうものだ。だが本書の冒頭で、神のことばを聞くなら全部聞かなければならないと警告したことを覚えておられるだろうか？　神が私たちに言うべきことをすべて聞くのでなければ、私たちは結局、何も聞けずに終わってしまう。そして恐らく私たちは、最も聞きたくないことを、最も聞く必要があるのだ。だが私には、これだけは確かだと言えることがある。それは、神の声にはいつも愛が宿っているということだ。時にそれは叱責や訓練の厳しい愛かもしれない。それでも、それは愛だ。実際、より一層の愛なのだ（ヘブル一二・五―一一参照）。

次に、神はさまざまな言語を通して語られるということが言える。

神は、それぞれ違う人格の人々に、それぞれ違った方法で語りかけられる。イエスも弟子たちと関わる中で、ペテロ、ヤコブ、ヨハネとはそれぞれ違う関わり方をなさった。神は一人ひとりに合わせて違うことばを語ることができるほどに偉大な方なのだ。第二部では、七つの愛の言語に焦点を当てて学ぶ。まずは、最初にして最後のことば、聖書から学び、その次に、願い、ドア、夢、人々、促し、痛みという六つの言語について学んでいく。

沈黙のメッセージ

ヘレン・ケラーは生後九か月の時に髄膜炎にかかり、その後視覚と聴覚を失った。そして、聞く能力を失ったために、話す能力も失った。つまり、彼女は視覚障害者であり、聴覚障害者であり、口のきけない人となったのである。

ケラー自身は、この三つの障害のうち、耳が聞こえないことを最大の障害だと考えていた。「耳が聞こえないということは、目が見えないことより重大とは言わないまでも、より深刻で複雑だ。……かけがえのない刺激である人間の声――言語をもたらし、思考のきっかけとなり、人間同士の知的なつきあいを可能にする声――が伝わってこないからだ[11]」と彼女は言っている。

ヘレン・ケラーの有名なことばに、「盲目になるよりも悪い唯一のことは、視力があってもビジョンがないことだ」というものがある。恐らく、聴覚があっても本当の意味で聞くことのできない人にも同じことが言えるだろう。

自分の外の世界から完全に孤立していたヘレン・ケラーは、人生をあきらめてもおかしくなかった。だが、そうする代わりに彼女は、違う方法で聞くことを学んだ。ラジオの上に実際に手を置くことによって音楽を「聞く」すべを学んだのだ。彼女の触覚はとても鋭く研ぎ澄まされていたので、指先の感覚で管楽器と弦楽器の違いを聞き分けることができた[12]。

彼女はまた、人の唇、顔、喉に触れることによって聞くこともできた。彼女がそうやって「聞いた」人の中には、彼女の人生にアニー・サリヴァンの次に大きな影響を与えたアレクサンダー・グラハム・ベルも含まれている。

私たちは、ただ耳だけで聞くのではない。

私たちは目で聞くこともできるし、心で聞くこともできる。

それが促しや、人々や、苦痛を通して聞く方法だ。

私たちは、ただ聖書だけを読むのではない。

私たちは願いや、ドアや、夢をも読む。

これらの六つの言語について考えるうえで助けとなる話がある。

一九七一年、心理学者のアルバート・メラビアンが、『*Silent Messages*』という本を出版した。そこには非言語コミュニケーションについての彼の先駆的な調査結果が記されている。

メラビアンの調査によると、私たちが相手の言うことを信頼できるかどうかについて判断材料とするのは、相手の仕草が五十五パーセント、声の調子が三十八パーセント、実際に言われたことばそのものが七パーセントだという。[13]

聖書は実際のことばで書かれており、そこには七パーセントをはるかに超える神の啓示がある。そして「教えと戒めと矯正と義の訓練のために有益」である（Ⅱテモテ三・一六）。

だが神は、ボディ・ランゲージを通しても語られる。彼のボディ、つまりからだとは、教会のことだ。だから私はこれを「人々という言語」と呼んでいる。また、神は声のトーンを変えて語られることもある。そこには願いという言語、痛みという言語も含まれる。このようなボディ・ランゲージや声のトーンを聞き取るには、私たちは識別力という賜物を切実に必要とする。
閉じたドアと開いたドアを見分けるには、識別力がいる。
その夢が神に与えられたものだと知るには、識別力がいる。
どの願いが神から来たものなのかを判断するには、識別力がいる。
促しに従うには、識別力がいる。
痛みを広い視野から受け止めるには、識別力がいる。
人々を「読む」には、識別力がいる。

「生まれながらの人間は、神の御霊に属することを受け入れません。それらはその人には愚かなことであり、理解することができないのです。御霊に属することは御霊によって判断するものだからです」（Ⅰコリント二・一四）

「識別する」を意味する英語（discern）はギリシア語のepignosisが語源で、その意味は「直接の交流を通して得た知識」である。これはつまり経験に基づくもので、言い換えれば本で得る知識ではなく、街で得る知識ということだ。そして、この知識は時の流れとともに微調整されていく。

だが、新しい言語を習得するのに最も手っ取り早い方法をご存じだろうか？　教室に座って勉強することや本を読むことではない。全面的にそれに浸りきることだ。そのことばしか聞こえない、そのことばしか話せないという環境に身を置くことなのである。

これから学ぶ七つの言語にも同じことが言える。あなたは深みに飛び込んで、泳ぎ始めなければならない。

サインを聖書と照らし合わせる

ナショナル・コミュニティー・チャーチのキャピトル・ヒル・キャンパスは、世界で初めて聾者への高等教育を提供したギャローデット大学からわずか数ブロックのところにある。これほど近い場所にあるため、ナショナル・コミュニティー・チャーチには初日からたくさんの聴覚障害者が出席している。そして私は、私がことばを用いて語る説教を手話で伝えてくれる通訳者をありがたく思うようになった。

神は耳に聞こえる声で語れるだろうか？　もちろんだ！　だが、神はしばしばサインランゲージ（訳注・手話および身ぶりや手ぶりで話すこと）で語られる。こう言うと、戸惑う方たちがいることも承知しているし、その理由も理解している。サインというものは主観的になる可能性がある。私たちはむしろ「聖書のみ」を信頼したいと思う。だがそのように限定する場合問題になることは、聖書の中で、神がサインランゲージを用いて語っておられるという事実だ。それが聖書に見られる先例であり、これこそ聖霊に導かれて生きるということの本質なのだ。

もし私たちが神が送ってくださったサインを無視するなら、神の奇跡を受け取りそこなうことになる。あるいはもっと悪いことに、妻の夢を通して与えられた神のサインを無視したピラトのように（マタイ二七・一九参照）、知らないうちに敵の悪だくみに加担することになるかもしれない。

サインを通して語る神の能力には限界がない。燃える柴のように明白かもしれないし、バラムのロバのように奇想天外かもしれないし、ささやきのように繊細なものかもしれない。だが通常、神はご自身の選びとタイミングを通して語られる。私はそれを超自然的な同時性と呼んでいる。

偶然と神の摂理を見分けることは簡単ではないが、私は神が、ふさわしい場所にふさわしい時にふさわしい人々を戦略的に配置する働きに携わっておられると信じている。私は神の御心にかなった約束を待ち望み、その約束に依って立つ。

神は良い行いをあらかじめ備えてくださっている（エペソ二・一〇参照）。

神は私たちの歩みを整えてくださる（箴言一六・九参照）。

神は神を愛する者たちのためにすべてのことをともに働かせ、益としてくださる（ローマ八・二八参照)。

サインは、間違った解釈をしてしまいやすいものなので、それを防ぐための重要なアドバイスがある。それは、そのサインに対するあなたの解釈を、聖書と照らし合わせてみることだ。私は、誘惑をチャンスと勘違いして、罪深い行為を、神の主権のもとに起こったことだと言い訳する人をたくさん知っている。罪の誘惑が正面切ってやってきたからといって、神がそれにゴーサインを出していることにはならない。その行為を選ぶためにあなたが誠実さを犠牲にしなければならないなら、それは「チャンス」などではない。

もしヤコブの息子のヨセフが、その間違った論理を用いたなら、彼はポティファルの妻と寝ただろう(創世三九章参照)。そうすれば、無実の罪のために投獄されることもなかった。だがそうなれば牢獄で出会うように神が定めた人と出会うこともなく、その結果、ファラオのもとで働くことになるという神の任命も実現せず、二つの民族が飢饉《ききん》のために地の面から消し去られたはずだ。つまり私が言いたいのは、神の主権とは、私たちの思いや能力をはるかに超えているということである。だから、未来がどうなるかを探り当てることにエネルギーを費やすより、今できる正しいことを正しい場所で行うことに焦点を当てるべきなのだ。

神は私たちを、ご自身の善なる性質、喜び、聖書に啓示されている完璧な御心に反するようなことには絶対に導かれない。だが一方で、聖書には出来事がどのように進行していくかについての具体的な計画も書かれていない。それを教えてくださるのは聖霊の役割である。

こちらに行くべきか、それともあちらに行くべきかということについては聖書には書かれていない。また、これをすべきか、あれをすべきか、それとも別の何かをすべきかということについても書かれていない。また、聖書に記されている真理は時を超越しているが、何かのタイミングが今か、後か、ということについては記されていない。

聖書は私たちに指針を与えてくれるが、具体的な導きを与えてくれるのは聖霊なのである。

新しい言語

本書の冒頭に登場したアルフレッド・トマティス医師のことを覚えておられるだろうか？聴力に問題があったために音を外すようになったオペラ歌手の診療をした耳鼻咽喉科の医者だ。彼はその後それとよく似たケースにも出会っていた。ヴェネツィアのオペラ歌手たちは、舌の先でRを発音することができなかったのである。[14] その話を聞いて、スペイン語を四年習ってもまだ巻き舌でRを発音できない私はホッとした。スペイン語のperro（犬）も私が発音すると、まるで情けない音になるのだ。

この問題はヴェネツィアのオペラ歌手たちにとっては特に厄介なものだった。というのも、イタリアの歌劇の台本はRの音で満ちていたからだ。Rを発音する代わりに、彼らはその部分をLで間に合わせた。それは私のスペイン語もどきと同じくらい滑稽に聞こえた。なぜ彼らはRを発音できなかったのだろうか？　それはヴェネツィアの方言にはない音だったからである。それは彼らにとって聞き慣れない音だったから、歌うことができなかったのだ。

　この症状に対処するため、トマティス医師は、良い教師なら誰でも取るような手段を取った。古き良き反復練習という方法を採用したのである。忍耐強く訓練を重ね、オペラ歌手たちはRの音を聞き取るすべを学んだ。そして一度それを聞き取れるようになると、歌うこともできるようになった。

　哲学者ノーム・チョムスキーの流れをくむ言語学者たちは、言語とは単に古代から自然にあったものではなく、「特別な贈り物」だと考えている。[15]私もその考えに賛成だ。犬は吠《ほ》え、牛は鳴き、ツグミはさえずる。だが、人間が話すことと聞くことによって言語を習得していく能力は、神の創造の中でも独創的なものだ。これは神のかたちに造られたということの一つの側面ではないかと私は思っている。だから、神の似姿として成長することは、話すことにおいても聞くことにおいてもことばをよく管理することなのだ。だが、まず聞くことが先にくるべきだ。そしてもしかすると聞くことは話すことの二倍、重要かもしれない。神は私たちに二つの耳と一つの喉を与えられたのだから。

　七つの愛の言語は霊的な言語だが、れっきとした言語である。英語やアラビア語に比べて簡単に手っ取り早く習得できるだろうとは考えないでいただきたい。ローマは一日にして成らず、イタリア語も一晩で覚えられるものではない。

赤ん坊は、親と同じことばを発音できるようになるまで、それを何千回も繰り返し聞く必要がある。意味のあることばを最初に口にするまでには、九～十二か月かかる。最初の誕生日を迎える頃の彼らのボキャブラリーは、平均してたった五つだ。[16] だが、それを境に、ことばは爆発的に増えていく。六歳までには、彼らが使える単語の数は平均で一万四千になる。[17]

新しい言語を覚えるということは、最初の頃は少しストレスを覚えるものだし、少々ばかげた発音や言い間違いを覚悟しなければならない。だが、その言語を聞き続けるなら、ついには爆発的に進歩する瞬間がやってくる。

それが簡単に起こるとは保証できないが、その過程を楽しんでいただきたいと思う。学習の鍵となるのはその学習への愛だからだ。神の声を聞くことについても同じことが言える。それは、御声を聞きたいという切望、聞き入りたいという願いから始まる。

たいていの人はある時点で、人を通して神の声を聞く霊性に落ち着いてしまう。だが、神の声を聞く人のことばを聞くことは、自分自身で神を求めることの代わりにはならないのだ。もし、神の霊感を得るために人に依存するようになってしまっているなら、それは霊的共依存と言える。

神は、あなたに話しかけたいのだ。

そう、あなたに！

あなたの霊的背景によっては、七つの言語のうちいくつかは外国語のように思えるかもしれない。だとすれば、習得するまでに少し余分に時間が必要かもしれない。だが、往々にしてそういう場合こそ、すばらしい発見があるものだ。

私は、レント（訳注・四旬節とも言い、イースターより前の四十六日間を指す）を重視しない教会で育った。実際、私は灰の水曜日とは何なのかをまったく知らないまま、何とか神学校の二年生になることができたのだった。そしてそれが何かを、授業ではなくオプラ・ウィンフリー・ショーのスタジオ観覧をしている時に知ったのだ。ショーが始まる前に、プロデューサーが観客に事前説明をするためにやって来た時、私はローラに向かってささやいた。「彼、額に泥がついてるよ」。笑いをこらえるのが大変だった。テレビのプロデューサーが額に泥をつけてそれに気づかずにいるなんて、想像もできなかったから。ロックバンドのクイーンが言うところの「顔に泥をぬりやがって、恥ずかしいやつだ[18]」と思ったのだ。これが灰の水曜日を知らなかった神学生に関するジョークである（訳注・灰の水曜日とはイースター四十六日前の水曜日のことで、カトリックの行事ではその日、額に灰で十字のしるしを描く）。

私がレントを有意義なかたちで過ごすようになったのは三十代になる少し前のことだ。時を経るにつれ、レントは一年を通した霊的なリズムの中で大切な要素になっていったが、もともとは私にとってなじみのある「方言」ではなかった。だからそのボキャブラリーを習得する必要があったが、いったん習得すると、好きな言語になったのである。

これからあとの章を読み進んでいく中で、あなたが神のことばを聞き分ける新たな方法を習得されることを祈っている。

神はご自身のことばで話される。この事実が私たちのスタート地点である。神は、ドア、夢、願いを通して私たちにささやかれる。また、促し、苦痛、他の人々を通して深い会話をされる。これらの言語のうちいくつかは、ほかの言語よりもっとあなたにとって自然に感じられるだろう。だが、七つの言語すべてについて、ボキャブラリーを増やし、流暢《りゅうちょう》に話せるようになる方法があることを、私が保証する。

第五章　鍵の鍵——第一の言語・聖書

「聖書はすべて神の霊感による……」（Ⅱテモテ三・一六）

一七五五年四月十四日、エドワード・ブラドック将軍（訳注・イギリス軍の将軍で独立前のアメリカでの戦いに参戦した）は、川岸にある静かな小さな町ジョージタウンを目指してポトマック川をさかのぼっていた。イギリス軍は、ジョージ・ワシントンという名前の二十三歳のヴァージニアの入植者を新兵として迎え入れるまでの間、停泊していた。ワシントンは敗北に終わったモノンガヒラの戦いの間、ブラドックの副官を務めていたが、彼がその戦いを生き延びたのは奇跡だった。彼の乗っていた馬が二頭撃たれ、四発のマスケット弾が彼のコートを貫通した。

ワシントンはマスケット弾がかすめていく音のほかに、小さなささやき声を聞いた。彼は兄弟に宛てた手紙にこう書いている。「死は、私の前後左右にいた仲間たちを打ち倒していった。だが、私は力強い神の摂理によって守られていた[1]」

ブラドックが船を停泊させていたところまで話を戻そう。ワシントンにちなんでその名をつけられたこの街には、コンスティテューション通りがセオドア・ルーズベルト橋にぶつかるところを通り過ぎた場所に何の変哲もない石造りの井戸があり、その横に小さな由緒ある市場がある。

井戸の上部はマンホールのふたで覆われており、中には梯子《はしご》がある。地表から約五メートル下には岩がある。ブラドックの岩である。これはブラドック将軍が初めて上陸した場所を記念する岩であり、この国の首都でいちばん古い歴史的記念碑である。

伝説によれば、この岩のいくつかはホワイトハウスの礎石として使われたそうである。だが、この岩について本当に重要なことは、ワシントンＤＣの初めての調査を始める際の出発点となったことである。古い地図にはここが「鍵の鍵」と記されている。これはブラドックの岩につけられた名前である。そこが、町全体の座標系を確立した場所だったからである。すべての主経線と基線はここを起点として測られた。

自覚があろうとなかろうと、私たちはみな、鍵の鍵となるものを持っている。

認識論は、哲学の一分野で、知識の性質に関する学問である。認識論は「私たちは知っているとなぜわかるのか？」と問う。意識的にかどうかは別として、私たちはみな、人生のすべてについて考えていくうえでの認識論的出発地点を持っている。モラルの基準となり、善悪の区別をつけるものだ。この基準が、最新の流行のように激しく変動する人もいる。一方では、科学的手法のように変わらない人もいる。私にとっては、それは聖書の信頼性に基づくものである。このことについて弁解することはない。聖書は私にとってスタート地点であるだけでなく、信仰と教義に関して言えば最終的な権威である。私は、聖書は神の霊感によることばであり、神の真理だと信じている。

問題は、私たちが今、真理よりも許容を優先する文化に生きていることである。この文化の中では、何かについて「間違っている」と言うことは間違っているとされる。それこそ間違ったことだと私は思う。私は絶対に、自分が何に反対しているかということによってより、何を支持しているかということによって自分を知ってもらいたいと願っているし、真理は武器として使われるべきではない。だが、「誰もがみな正しく、間違っている人は誰もいない」と考えることは、「誰もがみな勝者で、負けた人は誰もいない」というふりをするのと同じくらいばかげている。ティーボールだってスコアをつけることはあなたもご存じのはずだ！　たとえリトルリーグでワンシーズンだけスコアをつけずにいることがうまくいく方法だとしても、現実の世界ではそれは通用しない。

何かを許容するために真理を犠牲にするなら、それは、全員を勝者にすることのように見えるかもしれないが、実際には全員を敗者にしているのだ。神は私たちを、許容よりも高い規範に招いておられる。それが真理であり、真理はいつも恵みと共にある（ヨハネ一・一四参照）。

恵みが意味するところは「私は何があってもあなたを愛する」であり、真理が意味するところは「私は何があってもあなたに対して正直である」ということだ。

これが私の主経線である。

話を少し戻そう。

とっておきの聖書

私には二十五年前から熱中していることがある。それは大学時代にアルバート・アインシュタインの八百ページに及ぶ伝記を読んだ時から始まった。[2] 私はこの本に夢中になり、それ以来手に入る本は何でも読むようになった。

学ぶことに夢中になった理由の一つは、アインシュタインがその本の中で「聖なる好奇心を決して失うな」[3]と勧めていたからだ。そして残りの理由は、純粋にそれが必要だったからだ。

ナショナル・コミュニティー・チャーチの牧会を始めた頃、私には伝道者としての経験も、人生の経験も不足していた。伝道者としての経歴といえば、ひと夏のインターンシップと一つの教会の開拓失敗。それで全部だ。人生経験のほうは、まだ太陽の周りを二十五周しただけに過ぎず、それもかなり手厚く守られてきた人生だった。だからできるだけたくさんの経験をかき集めなければならず、私は本を通してそうしたのだった。

その頃、本を書く人たちは自分の著書に平均して二年分の人生経験をつぎ込むという話を聞いた。ということは、一冊読むごとに二年分の人生経験を得ることができるのだと私は考えた。二十代の頃、私は平均して年間二百冊以上の本を読んだ。つまり、毎年四百年分の人生経験を得ていたのである！　現在までに、私は少なくとも三千五百冊の本を読んできた。だから本の中では七千歳以上なのだ！

単純に言えば、私は本が大好きである。だが一冊だけ、ほかとは比較にならない本がある。それが聖書だ。少なくとも二つの理由で、聖書はほかの本とまったく違う独自の存在となっている。まず第一に、聖書は「生きて働いている」（ヘブル四・一二参照）。私たちが聖書を読むだけではない。聖書も私たちを読むのである。古代の著者たちに聖書を書くための霊感を与えた聖霊は、現代の読者がそれを読む時に霊感を与えてくださるのと同じ聖霊である。方程式を出す側にも、解く側にも、聖霊はいらっしゃる。使徒パウロは聖書を、「神の霊感によるもの」と書いた（Ⅱテモテ三・一六参照）。聖書を読む時私たちは、聖霊が数千年前に吐いた息を吸い込んでいるのだ。神がささやく息の音を聞いているのである。

第二の理由として、私たちは決して、聖書を底の底まで理解することはできない。ラビの伝承によれば、聖書に出てくる一つひとつのことばには、それぞれ七十の側面と六十万の意味がある。[4]言い換えれば万華鏡のような本なのである。何回読もうとも、聖書が古びることは決してない。時に制限されることがなく、時にかなった本だからである。

聖書は、四十人以上の著者と、十五世紀以上の時と、三つの大陸の三つの言語をもって書かれた本である。著者たちの身分は、農夫、漁師、王、詩人、預言者、戦争の捕虜、と幅広く、書かれている内容も、法律、歴史、詩、預言、宇宙論、神学と、日の下で起こることほとんどすべてを扱っている。それでいて、議論を呼びそうな何百ものトピックに触れながら、それぞれが矛盾することのない書物だ。[5]実際、最初から最後まで一冊の本のように読める。それというのも、この書物には聖霊なる神という一人の著者がいるからなのである。

私たちは聖書の存在をあたりまえのことだと思っている。それは、何種類もの違った翻訳の聖書を、いろいろなデザインや好きな色のカバーで買えるからではないかと私は思っている。だが、古代の写字生たちが聖なる文書一そろいを書き写すのに全生涯をかけたことや、ジョン・ウィクリフやウィリアム・ティンダルのような翻訳者たちが私たちにその翻訳を提供するために命をささげたという事実を忘れないようにしよう。

私がこの地上で最も大切にしている物は、私の祖父エルマー・ジョンソンが使っていた古びてぼろぼろになった聖書である。一九三四年のトンプソン・チェーン付き聖書の第三改訂版のページは読み古されて擦り切れ、祖父はテープでつなぎ合わせていた。私は祖父が傍線を引いた箇所や、余白に書いたメモを読むのが大好きだ。こう言うと神秘主義者のように思われるかもしれないが、この聖書は私を、ことばにならないような方法で祖父と結びつけてくれるのだ。

そして、このとことん読み込まれた聖書は、祖父が生き抜いたすばらしい人生の証しだ。この聖書を見るとチャールズ・スポルジョンの「バラバラになった聖書は普通、バラバラにならなかった人の所有物である」[6]ということばを思い出す。

聖書崇拝という偶像

聖書を最初から最後まで読むことは最も優れた霊的な訓練であり、神の声を聞き分けるのにこれ以上の方法はない。神学者のJ・I・パッカーは、「すべてのクリスチャンは毎年、聖書を最初から最後まで読むべきだ」[7]とまで言った。私たちのほとんどは、そこまですることはできないが、このことばに反論はできないのではないだろうか。とはいえ、聖書通読を完遂することが目的なのではなく、自分自身が聖書に貫かれることが目的なのだ。

聖書崇拝と呼ばれる、非常に判別しにくい偶像礼拝がある。それは、聖書が意味するところを自分のものにすることを目標にするのではなく、聖書そのものを目標にしてしまうことである。聖書の知識を得ることの目的は、単に聖書の知識を得ることではない。結局のところ、「知識は人を高ぶらせ」るだけだ（Iコリント八・一）。本当の目的は、天の父の声を聞き分け、応答するすべを学ぶことによって、神との親密さを育むことなのだ。

ただし、間違ってはならない。聖書は誤用することも悪用することもできる。聖書を用いてイエスを誘惑しようとした悪魔のことを思い出してほしい。「あなたが神の子なら、この石に、パンになるように命じなさい」（ルカ四・三）。イエスが四十日間断食していたことを考えるなら、これは卑劣な攻撃である。だが、誰かを攻撃するために真理を利用するとき、私たちは同じことをしているのだ。

聖書は私たちの剣である。私たちの最良の攻撃力であり、防御力である。だが、その真理を取り違える時、私たちは聖書を悪用することになる。イエスは悪魔に何と答えられただろうか？　みことばを正しく分類することによってである。「人はパンだけで生きるのではない」（申命八・三参照）

パウロの勧めを心に留めよう。「務めにふさわしいと認められる人として、すなわち、真理のみことばをまっすぐに説き明かす、恥じることのない働き人として、自分を神に献げるように最善を尽くしなさい」（Ⅱテモテ二・一五）。私たちがもし神のことばをまっすぐに説き明かすことをしないなら、キリストのからだを分裂させることになる。それは「欠けがないこと」を意味する神聖さとは逆のものである。

私はよく、こんな公式を紹介している。「聖霊＋カフェイン＝最高」。コーヒーハウスを経営している教会の牧師として、これは冗談で言っているのではない。私のオフィスはコーヒーハウスの真上にあるのだ！　だが、こんなふうに喜ばしくはない公式もある。「聖書ー聖霊＝聖書崇拝」というものだ。公式から聖霊を引いてしまうと、私たちは律法と共に取り残されてしまう。律法はいのちを与えるものではない。この公式にしたがうと、私たちはパリサイ人のように律法を振りかざす人となり、いのちのない宗教は律法主義と呼ばれることになる。

聖霊の役割の一つは生き返らせることであり、それが聖書から情報を得ることと聖書によって変容を遂げることの違いとなる。「生き返らせる」ということばは肉体的な蘇生の場合にも使われることばである（ローマ八・一一参照）。同じように、聖霊は神のことばをもって私たちの霊の細動を止めるので、私たちは神のことばを読むたびに小さなよみがえりを経験しているのだ。

聖霊は人生に夢を取り戻してくださる。
聖霊は信仰、希望、愛に活力を与えてくださる。
聖霊は私たちがあきらめていた約束を守ってくださる。

あなたの名が記された約束

一九九六年八月十六日の朝、私はちょうど、ヨシュア記のみことばを三節読んだところだった。その時、聖書のページから飛び出してきた一つの約束に神が息吹を与え、それが私の霊に入ってきた。

「わたしがモーセに約束したとおり、あなたがたが足の裏で踏む場所はことごとく、すでにあなたがたに与えている」(ヨシュア一・三)

この約束を読んだ時、私は、神が私を牧師として召された地であるキャピトル・ヒルの周囲を全部歩いて祈るように促されていると感じた。そこで私はさっそく全長四・七キロの円を描くコースを歩きながら祈るプレイヤーウォークを始めた。これについては拙著『サークル・メーカー』に詳述している。

プレイヤーウォークを始めた時、土地を手に入れることになるとは少しも考えなかったし、そもそもそれが目的ではなかった。だが神のお考えはしばしば人間の考えを超えているものだ。二十年後、私たちはプレイヤーウォークをした円の中に、七つの地所を所有していた。その資産価値は五千万ドル相当だ。これは偶然だろうか? 私はそうは思わない。

これらの奇跡がもたらした物件のうちの一つは、二千九百万ドルで購入した土地に立つ百二十五年前に建築された城だ。申し上げておきたいのだが、そういう物件の相場というものを、二十年前の私は知らなかった。いや、今も知らない。だが、その城を買う契約書にサインした日が、私が円を描いて祈り始めてから十八年後だったことは偶然ではない。

私が言いたいのは、これらの資産はすべて最初はささやきだったということだ。その始まりが少なく見積もって五千万ドルの純資産を生み出し、その複利は今も増え続けている。

この約束はヨシュアに対するもので、私への約束ではないと言う人々がいることも承知している。だが、信じていただきたい。私は帽子からウサギを引っ張り出すように、ある聖書箇所を文脈を無視して引っ張り出し、主張するようなことは支持しない。だが、この件について少し説明させてほしい。

この約束は、そもそもヨシュアに対するものでさえなかった。これはモーセに対する約束だったのである。つまり、時とともに推移する性質があるのだ。神はこの約束をモーセからヨシュアに移したように、ヨシュアから私にも移された。これがもし拡大解釈のように思えるなら、Ⅱコリント一章二〇節に書いてあることを思い出してほしい。「神の約束はことごとく、この方（イエス・キリスト）において『はい』となりました」。あなたがキリストのうちにあるなら、神のすべての約束はあなたのものなのである。すべての約束にあなたの名前が記されており、聖霊がそれぞれの時にそれぞれの約束をささやかれる。それが神のささやき方の一つだ。

キリストが再臨される時、聖霊は私たちの地上の体に息吹を与える。地下二メートルのところに埋葬されていた遺体は地面の上に出てくるし、火葬された遺体も再び形あるものとなる。しかし、聖霊が息吹を与える方法はそういうことだけではない。時にはシナプスに火花を散らすようなアイディアを通して、別の時には、登ろう、踏み込もう、信仰をもって引き下がろう、というような促しを通して、あるいは、しかるべき時にしかるべきことばが語られることを通して、そして聖書のみことばがそのページからあなたの心へ飛び込んでくることを通して、息吹を与えられるのだ。

詩篇の記者は「みことばのとおりに私を生かしてください」(詩篇一一九・二五)と言っている。この「生かしてください」(quicken)ということば、KJV訳の詩篇一一九篇の中で十一回も繰り返し使われている。聖書が同じことを二度以上書いている場合、私たちは少なくとも二度以上聞く必要がある。

多少グロテスクな描写をしなければならないが、あなたの記憶に残るであろう話をしようと思う。最近、テレビのザッピングをしている時、「ミッション:インポッシブル3」の再放送をしているのを見た。トム・クルーズが不可能と思えるミッションを課される工作員イーサン・ハントを演じる映画だ。私がチャンネルを合わせたちょうどその時、微小な爆弾装置がイーサンの鼻から脳に撃ち込まれるシーンが流れた(失礼、これがそのグロテスクな描写だ)。

これがおおよそのイメージである。聖霊が息吹を与える場合は、真理という爆弾があなたの頭や心に埋め込まれるのだ。あなたが心に埋め込まれたみことばを無視していたとしても、聖霊なる神がいつそれを爆発させるかわからない。だが、もちろんそれは喜ばしいことなのだ！

これが私にはどう作用したかをお話ししよう。私は普段、前回、読むのを中断した箇所からまた聖書を読み始める。そして、立ち止まりたくなる箇所に来るまで読み進める。わからないことが出てきて、それについて調べることもある。罪を示されるみことばに出会い、告白に導かれることもある。あるいは、読んだ箇所から何かを祈るように促されることもある。

ここで一つ、注意しなければならないことがある。聖書を「パッと開いてここ！」方式で読むことについてである。たとえば、何かインスピレーションを得たいと思い、聖書をパッと開いて「ここ！」と指をさしてみたら「（ユダは）出て行って首をつった」（マタイ二七・五）という箇所だったとする。ここからはインスピレーションを得られないので、もう一度同じことをしてみる。すると、次に開いて指さした箇所は「あなたも行って、同じようにしなさい」（ルカ一〇・三七）だった、というようなことだ。

私としては、もっと体系的な読み方をすることを強くお勧めしたい。たとえば、通読プランを提供してくれる聖書アプリを利用するのはどうだろうか。みことばを新鮮に受け止めるために、数年ごとに違う訳の聖書を読むこともお勧めする。あらゆる方法を用いて神のみことばに触れ、神のみことばに触れていただこう。そうすれば、聖霊がいつでも、どこででも、どのようにでも、御心の時に息吹を与えてくださる。

大脳皮質より深いところに

デニー・マクナブは二十八歳の若さで不整脈による心不全に陥った。蘇生術により命はとりとめたが、酸素が十分間途切れたため、脳に回復不能のダメージを受けた。こうして、イースト・セントラル・イリノイ・キャンパス・ライフのアソシエイト・ディレクターは、記憶を失い、それに伴って、それまでの過去と人格を失った。

デニーは倒れてから三十日後に意識を取り戻したが、家族のことも友人たちのことも認識すらできず、同じ質問を何度も繰り返した。彼の脳はテフロンのようにすべりやすくなってしまい、何もそこにくっつけておくことができないのだった。

私の友人であり、霊的な父でもあるディック・フォスは、デニーが心臓発作を起こした日に、彼と会う約束をしていた。その約束は何か月にも及ぶ病院へのお見舞いに取って代わられ、苦痛に満ちた疑問をもたらした。中でもディックを悩ませたのは、なぜ神はこんなことが起こるのを許されたのだろうか、ということだった。

ある日、ディックは病院のエレベーターの中でいら立ちを爆発させ、あやうく手の骨を折りそうになった。その瞬間、彼は神の優しいささやき声を聞いたのだった。「ディック、おまえがわたしに尋ねたことすべてについて、わたしは解決できる。ただおまえが、その答えを処理できるほど大きな枠組みを持っていないだけだ」

痛みということについて深く考える時、私たちはこのような難問を掘り下げていくことになる。これについては、C・S・ルイスの次のことばが助けになるだろう。「神も答えようがないとおもうほどの問いを、いったい人間が問えるのか。造作もないことだろう。無意味な問いは、みんな答えようがないのだから。一マイルには何時間があるか。黄色は四角か、丸か。きっとわたしたちが問う問いの半分は――神学や形而上学の大問題の半分は――そんなものだろう[8]」

つまり、私たちは自分が理解できる枠組みが小さすぎるため、神に対してしばしばとんちんかんな質問をするということを、ルイスは言いたいのだろう。限られた範疇《はんちゅう》でしかものを考えられない私たち人間は、神に適切な質問をできるほど賢くないのだ。

心臓発作から半年過ぎた頃、ディックはデニーを訪ねて病院に行った。彼はふと思いついて、あるいは、聖霊の思いに導かれてこう言った。「デニー、このことばを覚えてるかい？『神は、実に、そのひとり子をお与えになったほどに世を愛された』……」ディックはそこでみことばの引用を止めた。すると、何も覚えていないはずのデニーは遠くを見るような目つきをした。そして、ディックが引用した聖書箇所をこう続けたのだ。「それは御子を信じる者が、一人として滅びることなく、永遠のいのちを持つためである」。ディックは自分の耳が信じられなかった。そこで「これは覚えてる？」と言って歌い出した。「主、我を愛す……」[9]。デニーは正確な音程でその続きを最後まで歌った。

主に、シンプルでありながら深い真理を教えられたディックは、その病室ですすり泣き始めた。人の霊は、大脳皮質より深いところに存在するのだ。だからたとえ大脳皮質が損傷したとしても、聖霊なる神は交わりをもってくださる。ヘブル人への手紙の著者が言いたかったのは、そういうことだったのだろう。「神のことばは……両刃《もろは》の剣よりも鋭く、たましいと霊、関節と骨髄を分けるまでに刺し貫き……」（ヘブル四・一二）

それから二十年ほど後、ディックはゴードン・コンウェル神学校のチャペルで、その話をした。礼拝が終わると、一人の若い神学生が彼のもとに駆け寄ってきてこう言った。「僕は地元の教会でインターンをしているんですが、先週、老人ホームにミセス・フレデリックを訪ねるように派遣されたんです」。九十歳を過ぎたミセス・フレデリックは重度の認知症を患い、壁に向かってベッドに横たわり、何時間でも意味のないことばをつぶやき続けているような人だった。

神学生が訪ねた時にも、彼女はそんなようすだった。いくら話しかけても、ことばが彼女に届く気配がなかったので、彼は「最後にお祈りをしてそろそろ失礼します」と彼女に告げた。すると、ミセス・フレデリックはぐるりと彼のほうに向きなおり、「ねえ、あなたが帰る前に言いたいことがあるのよ」と言うと、聖書の中でもいちばん長い詩篇である一一九篇を暗唱し始めたのだ。神学生は素早く自分の聖書を開くとその詩篇を目でたどり始めた。ミセス・フレデリックは最後の一七六節まで、すべて唱えた。それからまた壁のほうを向いて、ぶつぶつと独り言を言い始めたのだった。

デニーがなぜ二十代で心臓発作に見舞われたのか、ミセス・フレデリックがなぜ九十代で認知症になったのか、その理由は私には充分にはわからないし、痛みということばを避けては通れない。痛みとは、理解するのが難しいことばだ。だが、イエスがその張り裂けた心でご存じのことばでもある。

痛みについてはまた改めて述べるが、ここでは一つのことに焦点を当てたい。私たちは聖書を底の底まで理解することは決してできないが、聖書は私たちのことを底の底まで理解している。たましいと霊、関節と骨髄を分けるまでに刺し貫くのだ。そしてたましいの超音波診断器のように、私たちの考えや態度、思いをあらわにする。

神のことばはどんなに長く続く記憶よりも長く、どんなに強いイマジネーションよりも強い。そして、大脳皮質よりも深い。だが、私たちのほうでも詩篇の著者がしたのと同じことをしなければならない。「私はあなたのみことばを心に蓄えます。あなたの前に罪ある者とならないために」(詩篇一一九・一一)

みことばは私たちを変える

C・S・ルイスの『朝びらき丸 東の海へ』（瀬田貞二訳、岩波書店、二〇〇〇年）の中に、大海原を行く船の絵にいのちが吹き込まれるという美しい場面がある。ユースチス・スクラブという、人を非常にいらいらさせる少年が、いとこのルーシィとエドマンドがナルニアと呼ばれる場所の存在を信じていることについてののしっている時、絵の中の海水が額縁から部屋へと流れ出し始めた。

子どもたちは以前そうしたように衣装だんすを通ってナルニアに入っていく代わりに、今回は絵の額縁からそこに入っていった。これが、アスランという名のライオンがいるナルニアという世界、まったく違った現実への入り口となったのである。その額を通り抜けると、可能なことについての枠組みが変わる。その額を通り抜けると、子どもたちの存在も変わる。――少年と少女は、王と女王になるのである。

聖書は、この絵の額縁のようなものだ。可能なことについての枠組みをこのように変える。「私を強くしてくださる方によって、私はどんなことでもできるのです」（ピリピ四・一三）。また、現実の枠組みも変える。「目が見たことのないもの、耳が聞いたことのないもの、人の心に思い浮かんだことがないものを、神は、神を愛する者たちに備えてくださった」（Iコリント二・九～一〇）。さらに、私たちが本当はどのような存在であったかも思い出させてくれる。「この方を受け入れた人々、すなわち、その名を信じた人々には、神の子どもとなる特権をお与えになった」（ヨハネ一・一二）

私は、ある人々にとっては聖書が壁にかけた絵のようになっているのではないかと懸念している。時々、ちらっと視線をやるが、美しい絵がかかっていると思うだけで終わってしまう。絵は絵のままである。なぜか。聖書を読むだけで、そこに書かれていることを実行しないからだ。聖書がいのちあるものとなるのは、私たちが積極的にそれに従う時だけなのである。

神のことばは、今なお銀河を造り続けている「光よ、あれ」という一言のように力強い。神のことばは、耳の聞こえない人の耳や、喘息にかかった肺を開く「エパタ」という一言のように力強い。預言者イザヤは、神のことばは空しく帰らない、と言った（イザヤ五五・一一参照）。預言者エレミヤは、神はご自分のことばを実現しようと見張っている、と言った（エレミヤ一・一二参照）。だから、神のことばを読むだけでなく、それに依って立ち、さらにはそのことばを生き抜こう。

神の御前に出るためのいちばん確かな方法は、神のみことばに足を踏み入れていくことである。そうすれば、考え方が変わり、感じ方が変わり、生き方が変わり、愛し方が変わる。

「あなたがたがわたしにとどまり、わたしのことばがあなたがたにとどまっているなら、何でも欲しいものを求めなさい。そうすれば、それはかなえられます」（ヨハネ一五・七）

欲しいものを何でも？　そう、あなたの欲しいもの何でも、だ。ただし、一つ気をつけなければならないことがある。もし、神のことばが本当にあなたにとどまっているなら、あなたは神が良しとされるもの、喜ばれるもの、そしてその完璧な御心という境界線を越えて何かを欲しがることはないだろう、ということだ。これについては、「願い」という言語について学ぶ時に詳述する。ここでは、神のことばは、私たちの願いを、神の御心だけを求めるまでにきよめてくださるとだけ言っておこう。

神は、瓶の中のジーニー（訳注・イスラム神話によれば、瓶やランプに閉じ込められた精霊を外に出してやると、願いを叶えてくれる）ではないし、私たちの願いは神の命令ではない。むしろ正反対である。だが私たちが恵みの中で成長すると、神の命令が私たちの唯一の願いになるのだ。

ＫＪＶ訳のヨハネ一五章には、神のことばが「とどまり」ということばが九回も繰り返されている。これは現在命令形の動詞で、継続する動作を表している。そしてこのことばは、「七十の顔を持つ」と表現される聖書用語の一つである。たとえばこのことばには、聖霊なる神が私たちの霊を揺り動かされる時の「動かされる」という意味がある。また、後退することを拒んで神の約束にしっかりと立ち続ける時の「じっと立つ」という意味がある。「一夜を明かす」という意味もある。あなたが最後に、祈りながら、賛美しながら、みことばを読みながら徹夜をしたのはいつのことだろうか？　このことばにはまた、「住む」という意味もある。神はただ単に私たちの中に住みたいと願っておられるのではない。私たちと永遠を過ごしたいと願っておられるのだ。

神の声を聞くことは、聖霊に息吹を与えられるところから始まる。神の静かな小さな声を聞きたいと願うなら、「とどまる」ことが鍵となる。そして聞くことの最終的な鍵は、実行することである。聞くだけで行わないのは、よく言えば「聞きかじり」、悪く言えば「偽善」である。そんなことにならないようにするべきだし、できるはずなのだ。

レクチオ・ディヴィナ

人の心はさまざまな脳波を生み出すが、もっともよく出現するのが、一秒に十四〜三十サイクルで振動するベータ波である。[10] ベータ波は、不安を抱えている時や集中している時を含め、覚醒している時の通常の意識と関連している。一方、心にゆとりが生まれ、リラックスした状態になると、一秒に八〜十三サイクルで振動するアルファ波が出る。アルファ波は目を閉じることによって増幅されるので、そうやって祈ったり瞑想《めいそう》したりすることは、生理学的に理にかなっているのかもしれない。[11]

聖書を読むペースは重要ではない。正直言って、私の場合は、罪を示されたり混乱したりする箇所に差しかかると読むペースが速くなる傾向がある。だが、そういうときこそゆっくり読んで注意深く聞かなくてはならない。じっくりと思い巡らさなければ理解することのできない真理もあるからだ。早く読みすぎていると感じるときも、ゆっくり過ぎると感じるときもあるだろうが、ちょうどいい波長を見出すことが必要だ。

聖書を幅広く読むことは、レクチオ・コンティニュアと呼ばれる。

聖書を深く読むことは、レクチオ・ディヴィナと呼ばれる。

レクチオ・ディヴィナはベネディクト修道院で昔から実践されていた神の声を聞き分けるための一つの方法で、読む、瞑想する、祈る、熟考する、という四つのステップから成る。レクチオ・ディヴィナは食事にたとえられるのだが、私はこの比喩が好きだ。

聖書を読むことは、食べ物を一口かじることだ。残念なことに、ほとんどの人はここでやめてしまう。二つめのステップである瞑想は、一言一句をよくかむことだ。聖書のことばを分析するのではなく、聖書のことばに自分を分析してもらう。そして三つめのステップである祈りは、みことばを味わうことだ。あなたが最後に、聖書を読むことに純粋な喜びを感じたのはいつのことだろうか？　「訓練」を「願望」に変え、「なすべきこと」を「したいこと」に変えるのは祈りなのだ。四つめのステップである熟考は、みことばを消化し、栄養分を摂取することだ。そのようにして、みことばは頭から心へ届いていく。

神の声を聞くことが読むことと同じくらい簡単ならいいのにと思うが、事実はそうではない。瞑想が必要であり、祈りが必要であり、熟考が必要となる。私たちがペースを落としじっくりと取り組むときのみ、聖霊が息吹を与えてくださるのだ。だが、パズルのピースはもう一つある。

G・K・チェスタトンは「キリスト教は試された結果欠けが見出されたのではなく、難しいことがわかり、試されないままでいるのだ」と言った。[12] みことばを読むだけで終わらせることはできない。それを瞑想し、それを通して祈り、熟考しなければならない。それを実行しなければならないのだ。あなたが本当に従えるようになるまで、あなたは自分が考える「従順」の枠を超えられるように訓練されるだろう。

ピーター・マーシャルがこんなことを言った。「もしぼくたちが福音書の中のどれか一つを読むことにして、何かをするように言われている箇所まで来たら、行ってそれを実行して、そのあとでまた読み始めるというようにしたら、どんなことが起こるだろうかと思う」[13]

私はその答えを正確に知っている。神の国が到来し、御心が実現するのだ！ それが、みことばを聞く者が、みことばを行う者になる時に起こることだ。

みことばを実践しよう。

そして、神が何をなさるかを見よう！

第六章　喜びの声――第二の言語・願い

「主を自らの喜びとせよ。主はあなたの心の願いをかなえてくださる」（詩篇三七・四）

二〇一四年の元旦、ジリアン・リンというバレーリーナが、大英勲章第二位を授与された。それがどんな勲章なのかまったく知らなかったのだが、なんだかすごそうなものに思えたので調べてみたところ、これはイギリスに対して非戦闘的貢献を果たした民間人に与えられる最高の栄誉の一つだった。確かにバレエは非戦闘的だといえる。

二十歳の時にロイヤルバレエ団の「眠れる森の美女」のソリストを務めた彼女は、それをダンサーとしての最後のキャリアにした。その後、ダンスの経験を生かして振付師になり、「キャッツ」や「オペラ座の怪人」といった作品を手がけたのである。

ダンサーとしての、また、振付師としてのジリアンの経歴は比類のないものだが、ほかのすべてのサクセス・ストーリーと同じように、始まりはシンプルな願いに過ぎなかった。

ジリアンは一九三〇年代に学校に通っていた頃、じっと座っていることができない子だったので、教師たちは彼女に学習障害があるのではないかと思っていた。その落ち着きのなさは、現代なら恐らくＡＤＨＤと診断されるものだろう。だが、当時はそういう概念がなかった。そこで彼女は、彼女の悩める母親が八歳の子どもの問題について語るのに耳を傾けてくれる専門家のもとへと連れていかれた。

医師は二十分ほど話を聞いたところでジリアンの母に、二人だけで話をしたいと言った。そしてラジオをつけてカウンセリングルームを出ると、ジリアンの母に部屋の外からこっそり中を見るように促した。ジリアンはすぐに立ち上がって、音楽に合わせて体を動かし始めた。鋭い識別力を持つその医師はこう告げた。「ミセス・リン、ジリアンは病気ではありません。ダンサーなんです。彼女をダンススクールに連れていきなさい」[1]。ジリアンの母は言われたとおりにした。

「それがどんなにすばらしかったか、ことばにできません」と、後にジリアンは語っている。「部屋の中に入っていくと、私みたいな人たちがたくさんいたんです。じっと座っていられない人たちが。考えるためには動かずにはいられない人たちが」[2]。ジリアンは息を吹き返したようになった。そしてそれから八十年を経た今でも、ダンスは依然として彼女の人生を突き動かす原動力となっている（訳注・ジリアン・リンはこの原書が出版された翌年の二〇一八年に九十二歳で死去している）。

テッド・トーク（訳注・各分野の専門家や著名人の講演を無料で視聴できるインターネットの動画）史上最も視聴された回「学校は子どもの創造性をつぶすのか」の中で、ジリアンのストーリーが紹介されたあと、教育専門家のケン・ロビンソンは、ジリアンと面談をした医師のすばらしさを指摘した。「これがほかの人だったら、ジリアンに薬を出していたか、落ち着くように説得していたかもしれないんです」[3]

はっきり申し上げておくが、私は医者と薬にはいつでも感謝している。どちらにも、何回も命を救われた。この話は医師の処方箋についての議論では、まったくない。純粋に神に与えられた願いについての話である。

アメリカの心理学者アブラハム・マズローがこのことをうまく言い表している。「自分自身であることに最終的な平安を感じるために、音楽家は音楽を奏でなければならず、建築家は建築しなければならず、絵描きは絵を描かなくてはならず、詩人は詩を書かなければならない」[4]。私はこの「平安を感じるために」に、さらに「自由であるために」ということばも付け加えたい。自分でない者になろうとすることに、いったい何の意味があるだろうか。成功してもあなたは本来のあなたではなくなり、あなたがなったのは本来のあなたではないのだ。神がデザインし、このように生きなさいと意図された姿とは少しも似ていないのだ。だとするなら、それは成功ではない。失敗だ。私なら、好きでもないことで成功するより、好きなことで失敗するほうを選ぶ。そしてそれは、神の第二の言語である「願い」を解読することから始まる。

「主を自らの喜びとせよ。主はあなたの心の願いをかなえてくださる」（詩篇三七・四）

私たちは願い、すなわち欲望について否定的な視点から考える傾向がある。しかし、C・S・ルイスはそれとは反対の意見を持っていた。「わたしたちは、気乗りのしない顔で、せっかく限りない欣《よろこ》びがさし出されているのに酒とセックスと野心とをいじくりまわしています」[5]。ルイスによれば「主は、わたしたちの願望を強すぎるどころか弱すぎると見ておられる」[6]のだ。

ある種の願いはまぎれもなく罪深い。それらの罪深い願いは十字架に釘付けにされなければならない。だが神はそれらをよみがえらせ、きよめ、強め、ご自身の目的のために活用したいと願っておられる。

純粋な歓喜

私の姪《めい》のエラ・シュミッドガルは、世界中の何よりも犬を欲しがっていた。恐らくどんな少女よりもっと強く。彼女は五年間祈り、両親に犬をねだり、嘆願し続けた。エラは驚くほどかわいい子なので、彼女の両親がどうしてそんなに長い間彼女の願いを聞き入れずにいられたのか、私には不思議なほどだった。

　エラは自分の人生の半分を犬を待ちながら過ごし、十歳の誕生日に一生忘れられないプレゼントを受け取った。母親がエラに目をつぶるように言い、父親が手を引いて彼女を体重一・六キロのリースという名のマルプー（訳注・マルチーズとプードルのミックス犬）のもとに連れていった。エラはこらえきれずに泣き始めた。エラの母親がこのようすをビデオに収めて私たちにも見せてくれたのだが、ことばにできないほどの喜びにこれほどまでに圧倒されている人をほかに見たことがないのではないかと思うくらいだった。

　エラのこの反応こそ、私が思い描く「歓喜」だ。

　創世記の中で神は七回、「創造」というキャンバスを一歩下がって眺め、ご自身の手のわざに満足し、それを「良し」と見られた。[7] これがご自分の創造に対する全能者の最初の反応だ。この「良し」ということばはヘブル語のtobが語源で[8]「ことばにできない喜び」という意味だ。純粋な歓喜のことなのである。

　最初の感情がその後のトーンや基準を決める。神はご自分のみわざを喜んでおられ、私たちにもそれ以下のことは望まれない。ご自分の創造のみわざの中で喜んでほしいと願い、お互いの存在を喜んでほしいと願っておられる。そして何よりも、主にあって自分自身を喜んでほしいと願っておられるのだ。

　ウェストミンスター小教理問答にある最初の信条は、「人間の主要な目的は、神の栄光をたたえ、永遠に神を喜ぶことです」[9]というものである。私たちはこの文章の前半には全面的に同意するが、後半部分の重要性については果たして完全に理解できているだろうか。あなたは神をどれくらい喜んでいるだろうか？　神のみことばを喜んでいるだろうか？　神の臨在を喜んでいるだろうか？

確かに、霊的修練は普通、修練として始まる。だが、主にあって自分を喜ぶようになるなら、この修練は遅かれ早かれ「やりたいこと」に変わる。

あなたがどれほど神を喜んでいるかによって、あなたがどれほど霊的に成熟しているかがわかる。あなたが神のことばをおっくうな義務のように感じることを、神はとても残念に思われる。あなたはみことばを読むことを喜びとしているだろうか？　もしそうでないとしたら、それは読み方が間違っている。神のことばは時に、私たちに罪を自覚させ、うしろめたさを感じさせる。だが、それこそが赦しと恵みを追い求める第一歩となるのだ。そしてそのことがすばらしい喜びにつながっていく。神に従うことは私たちにとって最大の喜びであり、最高の特権なのだ！　全力で神を愛することには確かに苦労も伴う。だがそれは、愛の苦労であるはずだ。

まず初めに神を求める

神学生時代、私には、文章を書くように神に召されているとはっきりと自覚する瞬間があった。チャペルで祈っている時、静かな小さな声がこうささやいたのだ。「マーク、わたしはおまえをおまえの世代に対する声にする」。皮肉なことに、私はちょうど文章を書く能力が低いことを示す成績表を受け取ったばかりだったのだが。

文章を書くことは、私にとって生まれつき備わった才能ではなかった。だが、神はそれを埋め合わせるように私に、書くことへの強い願いを与えてくださった。そして信じてほしいのだが、締め切りを守るためには、何とかしてそれを守りたいというけた外れな願いが必要なのだ。時には、自分の願いと才能が一致することがある。それは敵にとって二重の危機となる。だが時には、自分にはないスキルを必要とすることに召され、神の助けに全面的に頼らなければならないこともある。

「書きたい」という私の欲望は、はじめは、むさぼるような読書欲として現れた。前述したように、私は大学四年生になるまでは、ほとんど本を読まなかった。だが、書くことに召されていると感じてからは、読書が必要であることを悟った。そこで、使える限りの時間とお金をすべて読書につぎこんだのである。文章を書き始める前に、私は三千冊の本を読んだ。

その願いは神から与えられるものであるということについて、私には少しも疑いがない。そして書く理由は一つだけである。「書くことに召されたから」だ。コンピュータの前に座る時、私は靴を脱ぐ。そこは聖なる地だからだ。私はただキーボードを打っているのではない。二十六文字の英語のアルファベットで、神を礼拝しているのだ。この十年で十五冊の本を書いたが、その一冊一冊があの時の神のささやきの反響である。

山上の説教の中で、イエスは信じられないような、しかし、逆らうことのできない順序を教えられた。彼はこう言われたのである。「まず神の国と神の義を求めなさい。そうすれば、これらのものはすべて、それに加えて与えられます」（マタイ六・三三）

ほとんどの人はこれを後ろから読むのではないだろうか。つまり、この世界で手に入れられるものすべてを、まず手に入れたいのだ。その後に、神を求める。だが、それではこのみことばは成り立たない。神を二番めや三番めや十番めに求めて、心にある願いを叶えてもらおうなどと期待してはならない。

まず初めに神を求めることは、主にあって自分を喜ぶということだ。

まず初めに神を求めることは、始まりも終わりもすべてを神にささげることだ。

まず初めに神を求めることは、自分の人生の中で最大の声は神の声だということを確かにしておくことだ。

使徒パウロは、「私の主であるキリスト・イエスを知っていることのすばらしさのゆえに、私はすべてを損と思っています」（ピリピ三・八）と言った。こうなって初めて、神は「願い」という言語で語りかけてくださるのだ。

神は私たちの願いを変え、強め、新しくアップロードされた願いを心の中に与えてくださる。こうした願いは、私たちを神の御心へと導く霊的羅針盤となるのである。

何に耳を傾けるべきか

一九二四年七月の朝、エリック・リデルはパリ・オリンピックの四百メートル走に出場する準備をしていた。彼はすでに優勝候補になっていた百メートル走を、日曜日は走れないからという理由で辞退していた。

そして最も得意とする競技ではない四百メートル走への出場準備をしている時、彼は、Iサムエル二章三〇節が書かれた紙きれを渡された。「わたしを重んじる者をわたしは重んじ……」。外側のレーンに当たってしまったにもかかわらず「空飛ぶスコットランド人」（訳注・エリック・リデルの愛称）は、四十七・六秒という記録を出し、オリンピック記録と世界記録の両方を破り、金メダルを獲得した。[10]

一九八一年にオスカー賞を受賞した映画「炎のランナー」の中で、エリックの妹は、彼の陸上競技への情熱を理解できず、走ることをやめて中国へ行くように説得を試みる。そして最終的にエリックは中国に渡り、宣教師として十八年間奉仕をした[11]。だが彼は、神こそ、彼に走りたいという欲望を与えてくださった方だと信じていた。「神がぼくを速く走らせてくださるんだ。そして走っている時、ぼくは神が喜んでおられるのを感じる[12]」と、エリックは語っている。

何世紀か前までは、それが罪深いことかどうかを見分ける基準となるものがあった。「それを楽しんだか?」という問いだ。もし楽しんだなら、それは罪ということになる。なんとひどいテストだろうか。このテストには、神ご自身が創世記の一章において落第してしまうだろう。詩篇の著者は「楽しみが　あなたの右にとこしえにあります」(詩篇一六・一一)とまで言っている。だとすると、神は宇宙規模で喜びに水を差す方ではなさそうだ。むしろ、クリスチャン快楽主義者と言っていいのかもしれない[13]。ジョン・パイパーはこう言っている。「神は、私たちが神にあって満ち足りている時に最も、私たちの中で栄光をお受けになる[14]」

楽しみは悪いことではない。むしろ神からの贈り物だ。私たちはいつから、神は私たちを行きたくないところに行かせ、やりたくないことをやらせたがっていると信じるようになったのだろうか。もちろん、自分の十字架を負うことには犠牲も含まれる。だが、私たちが主にあって自分自身を喜び楽しむ時、神は私たちに、神が召してくださることならどんなに難しかろうがやり遂げたいという願いを与えてくださる。

私は何年にもわたって、多くの教会開拓者たちと話をしてきた。彼らが共通して思い悩むことが一つある。それは、どこで教会を始めようかということだ。彼らの多くは人口統計の調査をする。それは理にかなったことである。だが私はいつでも彼らの願いについて質問する。「いちばん住みたい場所はどこなの?」そう聞くと、彼らはいぶかしげな顔をする。そこで私はもう一度尋ねる。「どこで家族と暮らしたい? 街? 郊外? それとも田舎? 実家のそばで暮らしたいの? それともできるだけ遠くに離れたい? 山と湖ではどちらが好きなの? 西海岸がいい? 東海岸がいい? もしくは海がない所?」

私がこういう質問をする理由は、教会開拓者たちは、彼らが本当に住みたいと思う場所で最も成功すると信じているからだ。とても単純なことではないだろうか? だが、私たちが自分の願いより他人の期待をもっと気にすることが、ことを複雑にしているのだ。

自分の願いがわからないという人たちもいる。それは、人の期待のために自分の願いを犠牲にしてしまっているからだ。「したいこと」の代わりに、「すべきこと」「しなければならないこと」に甘んじてしまう。それでいて、どうして主にあって喜びを感じられないのだろう、といぶかしく思う。それは、間違った声に耳を傾けてしまった結果なのだ。

フレデリック・ビュクナーは、正しい声に耳を傾けることの難しさについて、彼の著書『*Wishful Thinking*』に記し、考慮すべき要素として、社会、超自我、利己心の三つを挙げている。もしこれらが発する声を抑えたり排除したりしなければ、それは私たちの生活の中で最も大きな声となる。

社会はさまざまなメッセージをもって毎日絶え間なく私たちを砲撃する。ビルボード、コマーシャル、ネットに現れる広告、ソーシャルメディアなどはそういった攻撃の氷山の一角だ。超自我の発する声は最も大きい。利己心は簡単に捨てられはしない。こうした声に耳を傾けるなら、私たちは周りの世界の流れに身をゆだねることになる（ローマ一二・二参照）。

次にビュクナーは聖書を開き、リトマス試験となるような基準を教えてくれる。私はこれを学べたことを感謝している。「職業を選ぶときに最も耳を傾けるべき声は、最も聞く必要がないと考えてしまうかもしれない声だ。それは自分自身の喜びという声である。自分が最も喜んでできることは何か？　それが真に自分を喜ばせるものなら、それは良いことであり、自分のすべきことだと私は信じる」[15]

私はここに「それは神がさせてくださることだ」とさえ付け加えたい。

エリック・リデルの生涯から学ぶことがあるとすれば、それはフレデリック・ビュクナーが記した原則と同じだと思う。喜びの声に耳を傾けるということだ。そうするなら、陸上競技のコースは、中国と同じように彼にとっての宣教の場となる。これはあなたが召しを受けていると感じるすべてのものにあてはまることだ。

才能と願いが重なるところ

才能か、情熱か。プロとして成功するためにはどちらがより重要だろうか？　才能、と答えたくなるかもしれない。だが、ダニエル・ヘラー博士による十一年間の研究結果はそれに異を唱えるだろう。四百五十人のエリート音大生を調査した結果、情熱の力が才能を上回ることがわかったのである。

大きなリスクも引き受けるように奮い立たせ、逆境にも立ち向かわせる内側からあふれ出る意欲は、音楽に対する情熱が生み出すものだった。最後に勝つのは情熱なのである。[16]

自分のしていることを喜ばずにいるには、人生は短すぎる。だから喜べることを行おう。鍵となるのは、才能と願いが重なるところを見つけることだ。神が与えてくださった才能こそ、私たちが自分の最善を引き出せることだ。神に与えられた願いこそ、私たちが最も情熱を傾けられることだ。そしてこの才能と願いが重なる部分が最高の結果をもたらす領域となる。

「私たちは、与えられた恵みにしたがって、異なる賜物を持っているので、それが預言であれば、その信仰に応じて預言し、奉仕であれば奉仕し、教える人であれば教え、勧めをする人であれば勧め、分け与える人は惜しまずに分け与え、指導する人は熱心に指導し、慈善

を行う人は喜んでそれを行いなさい」(ローマ一二・六～八)

使徒パウロは、神から与えられた才能を用いて神に与えられた願いを追い求めることを強く勧めている。そして、キリストに従う者としてふさわしい三つの特質を挙げている。「惜しまずに」、「熱心に」、「喜んで」いることである。何を行うにせよ、その行為にこの三つの姿勢が伴わなければならない。

「惜しまずに」ということばの語源はギリシア語の haplotes で、[17]「義務のはるか上をいく」、「当然期待されること以上のもの」という意味だ。「喜んで」の語源は hilarotes で、[18]「口笛を吹きながら仕事をする」、「ベストを尽くす」という意味である。そして「熱心に」の語源は spoude で、[19]「配慮を示す」、「やることすべてについて誠実である」という意味で、「継続的な改良、改善」を示唆している。だがここには、見過ごされやすいニュアンスが含まれている。「熱心に」とは、「やっていることを喜んでいる」という意味なのだ。そしてそのような姿勢で何かを行う時、それらはすべて礼拝に変わる。

マルティン・ルターは「クリスチャンの靴職人は、靴に小さな十字架を張り付けることではなく、良い靴を作ることによって自分の務めを果たす。神は良い職人のわざに関心を寄せておられるからだ[20]」と言った。アーメンである。そして、良い職人のわざといえば、エッセイストのドロシー・セイヤーズがこう言っている。「曲がったテーブルの足や、立てつけの悪いタンスは、誓って言うけど、ナザレの大工からは絶対に来ない」[21]

「熱心」とは、あなたにできることを、さらに優れたやり方ですることである。

「熱心」とは、あなたにできることを、さらに大きな愛をもってやることである。

何年も前に私は、ジャマイカのオーチョ・リオスにティーン・チャレンジ・センターを建てるのを手伝うミッションチームに加わったことがある。これだけ聞くと、それがそんなに犠牲を伴うミッションとは思えないかもしれない。だが、青い海や美しいビーチがジャマイカのすべてではないのである。

ミッションチームは、日の出から日の入りまで、センター建築のために働いた。そこで薬物依存症者や、アルコール依存症者がキリストにある自由を見出せるかもしれないからだ。作業の中に、コンクリートの壁に絵を描くために壁を磨くという工程があった。だが、私たちは研磨機を持っていなかった。そのため、コンクリートブロックを使ってコンクリートの壁をこすらなければならなかった。黒板を爪でひっかくよりもひどい音がした。その作業を何時間か続けるうちに、私の肩は痛みだし、神経もまいってしまった。コンクリートをコンクリートでひっかく音の向こうから、神のささやきが聞こえたのはその時だった。「マーク、この音は私の耳には音楽に聞こえるよ」

その日が終わる頃、私は完全に消耗しきっていた。だが、今まで経験したどんな礼拝もかなわないほどの満足感があった。あたかも全力を出し切って神を愛したように感じた。私たちがこのように仕える時、私たちのエネルギーは神の耳に届くメロディーとなるのである。

四一二の感情

人間の脳の中でも最も驚くべき部分は側頭葉の中にあるアーモンド型の核の集合体、偏桃体である。神経科学と神経画像技術のすばらしい進歩にもかかわらず、偏桃体には今なお多くの謎が残されている。私たちにわかっているのは、偏桃体が感情をつかさどり、意思決定や記憶形成に深く関わる部位だということだ。一般的に言って、激しい感情ほど大変な決断と長く残る記憶につながる。

感情についてはさまざまな議論があるが、大別すると二つに分類することができる。否定的な感情と、肯定的な感情だ。一つは、生き延びるために必須のものであり、もう一つは豊かに生きるために必須のものである。たとえば「恐れ」のような否定的な感情は私たちをトラブルから遠ざけてくれる。そして「希望」のような肯定的な感情は、私たちをトラブルから救い出してくれる。これは、考え方の問題である以上に霊的な問題である。否定的な消極性によって、約束の地から遠ざかったまま四十年を過ごすこともありうるのだから。[22]

アルバート・アインシュタイン医科大学の名誉教授であるロバート・プルチックは、八つの基本的な感情を定義した。喜び、信頼、恐れ、驚き、悲しみ、嫌悪、怒り、期待である。[23]
感情に関する表現言語であるEARL(The Emotion Annotation and Representation Language)は、四十八の基本的感情を提示した。[24] ケンブリッジ大学にある自閉症リサーチセンターのサイモン・バロン＝コーエン教授は四百十二の感情と、それに伴う表情を識別した。[25]

人間の持つ感情がいくつであれ、その一つひとつは偏桃体が作用したものであり、神のかたちに造られたものの一側面である。それらの感情は神からの贈り物だと私は思っている。そしてこれらは、ほかのものと同様に、きよめられ、管理されなければならない。

私が大学院にいた頃、一人の教授から、非常に考えさせられる質問を投げかけられた。「きみを泣かせること、あるいはテーブルをこぶしでたたきつけさせることは何だい？」つまり、悲しませたり怒らせたりすることは何か、という問いだった。これらの感情はきっかけや手がかりとしての役割を果たす。私はここに喜びも加えたい。喜び、怒り、悲しみの三つの感情は、神の声を聞き分けるのに役立つのだ。

感情というものは判断基準にしようとすると非難されるものだし、私も、解き放った感情に己を任せよ、などと言うつもりはない。だが、もし私たちが主にあって自分自身を喜んでいるなら、感情は良きアドバイザーになる。

これらの感情を無視することは、神の声を無視することになるのだ。神は私たちの涙を通して語りかける。それが悲しみの涙であれ、喜びの涙であれ。ネヘミヤも涙を通して最高の結果をもたらしたのではなかっただろうか。エルサレムの城壁が荒れ果てていると聞いた時、彼は泣いた。涙は神に与えられた願いを見分けるための手がかりとなるのだ。

そして、正しい怒りもまた同じ役割を果たす。不正に対して憤りを感じないなら、私たちの感情は天の父に周波数が合っていない。もちろん、こうした感情は正しく導かれなければならない。だが、これらがなければ、悪は野放しになる。

神が心を痛められる事柄について、私たちの心も痛まなければならない。だが、私たちの心は、高鳴ることも必要なのだ。悲しみの声であれ、怒りの声であれ、喜びの声であれ、感情が発する声を無視してはならない。神はそれらの感情を通してあなたに語りかけられるのだから。

負けず嫌いも神のために

牧会を始めた頃、私は劣等感に苛まれていた。その感情は、ほかの牧師たちとどこかで同席するたびに醜い頭をもたげた。彼らに比べると、自分が取るに足りない存在に思えたからだ。そしてこの場合のキーワードは「比べる」である。「比べるゲーム」において、勝者はいない。行きつく先は高慢か嫉妬のどちらかだからである。そしてそのどちらも、私たちを内側からむしばんでいく。

私は、自分たちの教会の大きさを聞かれるたびにすくみ上がった。かと思えば、民が「サウルは千を討ち、ダビデは万を討った」（Iサムエル一八・七）と歌っているのを聞いたサウルのように感じることもあった。と言っても私たちの教会の場合は、百名そこそこの人数だったのだが！

この劣等感は、私が負けず嫌いであることによって、いっそう強くなっていた。私はキャンディ・ランド（訳注・子ども向けボードゲーム）で自分の子どもたちに負けることさえ嫌なのだ！　一方で、この負けず嫌いの性格のおかげで私はアスリートとして好成績を収め、大学四年の時にはオール・アメリカンの一軍入りを果たすことができた。ただし、NCAA（訳注・National Collegiate Athletic Association 全米大学競技協会）ではなく、Christian（クリスチャン）のCがもう一つついたNCCAAのほうで、ということを付け加えておこう。だから感心しすぎないようにしてほしい。

バスケットボール選手としてのキャリアが終わった時、私はこの負けず嫌いな性質を今後どこに向けていいのかわからなくなった。それから間もなく宣教の仕事を始めたのだが、負けず嫌いの性格が災いして、最悪の結果を招いてしまった。

それがあまりにもひどかったので、私は神にこの性質を取り除いてくださいと懇願した。だが神は私の願いを却下した。それは耳に聞こえる声ではなかったが、はっきりとこう言われたのだ。「わたしはそれを取り除きたくはない。ただ、それをわたしの目的のために、きよめたい」

アテネにおける偶像礼拝を見て深く失望した時、使徒パウロは何をしただろうか？　彼はアレオパゴスをボイコットしたりはしなかった。そこに入って行き、古代世界の偉大な哲学者たちに一歩もひけを取らず、真理についての議論を戦わせた。誰からも、何からも、引き下がることはしなかったのである。彼はその負けず嫌いをきよめていただいていた。さらにそれは、きよめられた頑固さとも結びついていた。

パウロは「何事も利己的な思いや虚栄からするのではなく」（ピリピ二・三）と言った人である。ほとんどの人は、ここまでで終わってしまう。だが、それでは半分しか戦っていない。神は単に利己的な野心を取り除きたいと願っておられるだけではなく、信仰に基づく野心を増し加えたいと願っておられるのだ。その違いはただ一つ、「誰のためにあなたはそれをするのか？」ということだ。

「あなたの王国が来ますように」と「私の王国が来ますように」の違いは紙一重だ。私たちがその一線を越えてしまうなら、神は、私たちが「罪だった」と言うより早く恵みを引っ込めてしまわれる。神の王国において、良いことを悪い動機でするなら、信用すら得ることはできない。動機がすべてなのだ。そして正しい動機だけが神の栄光となる。

私たちはあまりにも利己的な野心に振り回されやすく、信仰に基づく野心を充分に持ち合わせている者はほとんどいない。神に関することならば、野心が大きすぎるということには決してならないのだ。

私はミケランジェロの「創造することによって批判する」[26]という格言に従って生きようとしている。間違ったことについて文句を言う代わりに、正しいことのために立ち向かうことが求められていると思うからだ。どのようにして？　より良い音楽を生み出すことによって、より良い映画を作ることによって、より良いビジネスを始めることによって、より良い法案を作成することによって、そして、より良い探求をすることによって、である。そして、それらのことを神の栄光のためにすることによって！

感情について気をつけるべきこと

「願い」という言語は聞き分けることが難しい。なぜなら、私たちの動機は複雑に絡み合っており、自分自身を欺く能力は無限大だからである。私は神が感情を用いて導いてくださることを信じているが、私たちがその感情によっていとも簡単に脱線してしまうことも事実だ。私がこれまでに失敗を通して得た教訓があるので、警告として読んでいただけたらと思う。

一、エゴを捨てる

私たちは毎日、自分のエゴを祭壇にささげなければならない。そうしないなら、競争という罠《わな》に陥ってしまうだろう。そうなれば、神の王国のために多くを成し遂げることができない。なぜなら、あなたのすることはあなた自身のためだからだ。神の御心を行っているのに、神に敵対される可能性があるということをご存じだろうか？　論理的には間違っているように思えるかもしれないが、神学的には、これは真理だ。「神は高ぶる者には敵対」（ヤコブ四・六）するのだから。

高慢な思いを持つことは、エゴを自分にとっていちばん大きな声にすることだ。そして、高慢な思いで神の御心を行おうとすることは、二歩進んで三歩下がることだ。

二、もし、それを願う気持ちがあまりにも強すぎるなら、間違った理由で願っているのかもしれない

これは矛盾して聞こえることかもしれないので、しっかり説明させてほしい。もし、あなたが何かを度を超えて願うなら、それはしばしば、あなたがその願うことについてまだ準備ができていないことを示している。なぜか？　それがあなたの生活の中で偶像になっているからである。偶像とは、あなたが神以上に願うことすべてを指す。たとえそれが神に与えられた夢であっても、神からの召しであっても。私はそうしたいくつかの願いについて、エゴを殺さなければならなかった。そしてそうしたものを祭壇にささげると、時には神がそれらを返してくださることを知った。

三、感情はすばらしいしもべにもなるが、ひどい主人にもなる

一般的に言って、感情が激している時や落ち込んでいる時には、何かを決定するべきではない。そういう時に、人は不適切なところにタトゥーを入れてしまうものだ。そういう時に、人はあとで後悔するようなことを言ってしまうものだ。そして、そういう時に、聖霊の結ぶ九つめの実（ガラテヤ五・二二〜二三参照）が非常に重要になってくる。この「自制」が、聖霊が結ぶ実のリストの最後に挙げられているのは、それを養うために最も時間がかかる特性だからだと私は思っている。自制は、感情の門番として目を光らせるものなのだ。

　エイブラハム・リンカーンは誰かに腹を立てた時、自分で「ホットレター」と名づけたものを書く習慣があった。これは精神浄化作用を意図した方法で、怒りや不満をすべて紙の上に注ぎ出すのである。そしてあとで気持ちが落ち着いたところで、「決して送らない。決して署名しない」と書き添える。[27] 心理学ではこれを「パターンの中断」といい、反応を対応に変えることを指す。これはヤコブ一章一九節の「聞くのに早く、語るのに遅く、怒るのに遅くありなさい」を実践するうえでもいい方法だ。

四、その願いが神からのものかどうかを見極める一つの鍵は、それが時とともに強くなっていくか、弱くなっていくかを知ることである

時には一晩寝てから改めて考えるといい場合がある。もっといいのは、断食をして考えることだ。時間をおいて、その願いが強くなるのか、弱くなるのかを観察するとよい。あなたが主にあって自分を喜んでいて、その願いが時を経ても強くなっていくものなら、それは良いことで、神から出ているものである可能性が非常に高い。

五、心の知能指数は大いに役立つ

科学ジャーナリストのダニエル・ゴールマンによると、仕事上の成功につながる要因のうち、知能指数に関する事柄はわずか二十パーセントにすぎない[28]。残りの八十パーセントは、心の知能指数に関係するものだそうだ。ゴールマンによれば、心の知能指数とは、「自分自身の感情、相手の感情、集団の感情を識別し、評価し、コントロールする能力[29]」である。

心の知能指数は、第六感のようなものだ。定義するのは難しいが、イエスはその基準を設けておられる。イエスほど、その場の空気を読める者はいない。また、イエスほど他者と調和し、心に触れられる者もいない。イエスはパリサイ人たちが異議を唱えてくることを知っていたが、見事な質問で彼らの口を封じた。また、傷ついている人々の願いを見極め、癒やしを与えられた。

本書の二章で、私がイギリスでのカンファレンスでスピーチをした時に、そこにいた人々が「聖霊よ、来てください」と祈ったことを書いたが、書かなかったことが一つある。それは、私がスピーチをした順番は、カンタベリー大主教であるジャスティン・ウェルビーのすぐあとだったことだ。私はもう、「大主教がおっしゃったことで充分です！」と言って座りたい気分だった。

その時彼が言った一言が、私の中に深い影響を残し、振り返ってみるとこれまでに何度もそのことばを引用してきた。大主教はこう言ったのだ。「心の知能指数は、聖霊の賜物に対するすばらしい補助役となる」。つまり、聖霊の実として挙げられていることをただ実行するのではなく、心の知能指数を用いながら実行しなければならないということだ。さもないと、かえって感情を害することになりかねない。

もう一度言うが、感情は神からの贈り物である。そして、私たちが神との関係において成長していくにつれて、私たちの感情への気づきと、心の知能指数も発達していく。そのとき感情は他者への共感として表れるようになり、それはしばしば超自然的なほどに相手と通じ合う結果になる。

敢えて異質な存在でいよう

六年生のとき、私はショッキングピンクのオーシャンパシフィックのシャツを着て学校に行ったことがある。とんだ失敗だった！　その頃私は人気者だったし、クラスの中でいちばん体の大きな生徒でもあった。だが、そんなことは関係なかった。その日、私は容赦なくからかわれ、親友さえもが私を裏切った。

私がそのシャツを何回着たかおわかりになるだろうか？　もちろん、一回だけだ。もう二度とそんなふうにばかにされたくなかったからだ。その年頃の子どもにとっての処世術は場になじむことであり、ほとんどの人はその後も一生、それに屈することになる。必死になって周囲に同調してみせるのである。その結果、自分の個性や独自性やアイデンティティーを失ってしまう。これが同調圧力、あるいは集団的意思決定と言われるものだが、聖書ではこれを「調子を合わせる」(conformity= 調和、適合）と言っている。

「この世と調子を合わせてはいけません。むしろ、心を新たにすることで、自分を変えていただきなさい」（ローマ一二・二）

これは聖書の命令の中でも、最も難しいものの一つだ。というのも、私たちの文化はその価値観に私たちを従わせることにおいて非常に長けているからだ。あなたは、自分が毎日約五千種類の広告にさらされていることをご存じだろうか?[30] きっとそんなふうには思えないはずだ。それこそ、私たちの文化がとても抜け目なくそれをやっていることの証拠だ。私たちはそれに抵抗しなければならない。

悪魔に魂を売る人はそう多くないが、文化に魂を売る人は非常に多い。何が成功かについて自分自身で決める代わりに、文化にそれを決めさせている。敢えて人とは違う存在でいることを選ぶ代わりに、この世に調子を合わせている。なぜか? 文化を自分にとっての最大の声にしているからだ。

この世に調子を合わせないことは、ラッシュアワーに一方通行の道路を逆走するような気分かもしれない。だが、神が望まれる自分になるには、それしかないのである。そして、鍵となるのは「願い」だ。

Conformity(調和、適合)ということばはギリシア語の syschematizo が語源で、[31]「倣う、型にはめられる」という意味だ。これを聞くと私は、もう五十年も前の話になるが、イリノイ州のブルックフィールド動物園にあったモルド・A・ラマ・マシーンというろう人形の自動販売機を思いだす。私の記憶が正しければ、その機械から出てくる人形には、ピンクのあざらし、緑のワニ、茶色の熊、黒いゴリラなどがあったと思う。これらのろう人形と同じように、私たちの多くは文化という鋳型にはめられてその形になる。その型から逃れる唯一の方法は、自分を陶器師のろくろの上に乗せることである（訳注・聖書は神を陶器師、人間をその作品にたとえている）。そのうえで、私たちは敢えて異質な存在であることを選ばなければならない。

発散的思考

ヘッド・スタート・プログラム（訳注・アメリカの育児支援政策の一つで、低所得家庭の幼児と身体障害児を対象に、健康面、教育面などで支援を行うプログラム）が始まった初期の頃、千六百人の子どもたちを対象にした研究が行われ、発散的思考を含むさまざまな分野のテストが実施された。集中的思考というのは質問に対して正確に答える能力のことで、創造性は求められず、ただ分析力が必要とされる。発散的思考は、それとはまったく違い、可能性のある複数の解決策をあれこれ探り、創造的なアイディアを生み出す能力のことである。

ペーパークリップの使い方をできるだけたくさん考えるように言われると、平均的な人がすぐに思いつくのは十から十五である。だが、発散的思考能力の持ち主は、二百近くの用途を思いつく。[32] 集中的思考も発散的思考も、それぞれ違った種類の課題に重要なものだが、ノーベル賞を取る可能性がより高いのは、発散的思考の持ち主のほうだ。[33]

ヘッド・スタートによって長期的になされた研究によると、三歳から五歳の子どもたちの九十八パーセントが「発散的思考の分野で天才的な領域の得点をするが、五年後にはこの数字は三十二パーセントにまで急落する。そしてさらにその五年後には十パーセントになる」[34]そうだ。

この十年の間に何が起こったのだろうか？　発散的思考はどこに行ってしまったのだろうか？　そしてこのことは「願い」という言語とどのような関係があるのだろうか？　私はこう考える。ほとんどの人は、本当になりたい自分や本当に願っているものを手放してしまう。そして個性を伸ばす神から与えられた願いに従う代わりに、喜びの声を同調の声にかき消させてしまうのだ。それは、あなたが六年生の時にピンクのTシャツを着た日から始まるのかもしれない。

私たちはあまりにも人がどう思うかを気にしすぎるが、それは、神がどう思われるかを充分に気にしていないことの証拠だ。人を恐れるあまり、神の声を聞いてそれを心に留めることができなくなっている。神が心に植えつけてくださった願いよりも、他人の期待を優先させているのである。すると、最終的にはどうなるだろうか？　願いは地下深く埋められ、しまいには、自分が本当はどんな人間なのかがわからなくなるのだ。

福音書の中で最も考えさせられる質問の一つはこれだ。「わたしに何をしてほしいのですか」（ルカ一八・四一）。ある意味では、これは無用の質問に思えた。なぜなら、イエスは目の見えない人に向かってこう聞かれたからである。その答えは、誰にでも想像がつくではないか。もちろん目が見えるようになりたいに決まっている。それならなぜ、イエスは彼にこの質問を投げかけたのだろうか。答えは簡単だ。私たちが何を望んでいるかをイエスは知りたがっているのだ。

もしイエスが、ごく普通の教会に入っていこうとしているごく普通の人に「あなたのために、私に何をしてほしいか？」と聞いたら、十人中九人が、何と答えようかとても悩むだろう。なぜか？　私たちは自分が本当に願っていることから遠ざかっているからである。

自分が何を欲しているかを知らないなら、それが手に入った時に、どうして気づくことができるだろうか。あなたも自分の心の棚卸をするべき時を迎えているかもしれない。あなたは神に何をしてほしいのだろうか？　神のその質問に、あなたは答えなければならない。

「ばからしさ」を解き放て

ゴードン・マッケンジーはもう三十年以上、ホールマーク・カード社（訳注・日本にも支社のある大手のギフトカード会社）でクリエイティブ・パラドックスとして働いてきた。クリエイティブ・パラドックスの仕事とは、従業員を「会社の常識」という束縛から解き放つことだ。彼はまた、小学校でクリエイティビティ・ワークショップも開いていた。彼は自著『*Orbiting the Giant Hairball*』の中で、人は「ゆりかごから墓場まで、常に『普通であれ』というプレッシャーがかけられている」[35]と告発している。

クリエイティビティ・ワークショップを開く時、マッケンジーはこう尋ねて私的な調査を行っていた。「この部屋には何人の芸術家がいるかな？　自分は芸術家だと思う人！」一年生のクラスでは、部屋全体の子どもたちが夢中で手を挙げて振った。三年生のクラスでは、半数くらいの子どもたちが手を挙げた。三年生のクラスでは三分の一の子どもたちが手を挙げた。そして六年生になるとたった一人か二人の子どもがおずおずと手を挙げるだけだったのである。

マッケンジーによると、彼が訪れたすべての学校が、子どもたちが生まれつき持っている「ばからしさ」を捨てるように教育することで、創造的な天才を抑圧することに加担していた。子どもたちの天才性を喜び、認める代わりに、批判し、その芽を摘んでいたのである。そして「普通であれ」という声がクラスの中でいちばん大きな声となっていた。

「誰の中にも『ばからしさ』があることはおわかりでしょう。軽はずみ、むこうみず、無謀、怖いもの知らず、無分別、不適当、野生、浅慮、命知らず。私たちの中にあったこうした性質は、ずっと昔にぐるぐる巻きに縛られて地下室に閉じ込められてしまったのです[36]」

イエスは捕らわれ人を解放するために来られた（ルカ四・一八参照）。言い換えれば、「ばからしさ」を解放するために来られたのである。それも、単に「ばからしさ」を解放するだけでなく、それをあなたや私が、知恵ある者を恥じ入らせるために用いることができるために、だ（Ｉコリント一・二七参照）。

救いとは、罪の赦しだけに留まるものではない。イエスは私たちを心理的拘束衣から解放したいと思っていらっしゃる。私たちは自らそれを着込んでしまった。だが、私たちは、敢えて違う存在でなければならないのだ。この世とは違う、「聖なる願い」というドラムのビートに合わせて歩かなくてはならないのだ。

聖書は私たちを「特異な人々」（Ｉペテロ二・九／ＫＪＶ訳）と呼んでいる。それならなぜ、普通であろうとするのだろうか。私たちの独自性が神からの贈り物であるならば、個性を伸ばすことはそれに対するお返しだ。それは、「願い」の声に耳を傾け、聞き入れることから始まる。そして私たちの生活の中で神の声がいちばん大きな声となる時、私たちは敢えて他とは違う存在でいることができるようになる。

第七章　ドアからドアへ——第三の言語・ドア

「見よ。わたしは、だれも閉じることができない門を、あなたの前に開いておいた」（黙示録三・八）

二〇〇四年十二月二十六日、地震計に記録されたものとしては三番めに大きな地震がインド洋の地下深くで発生した。[1] その際に生み出されたエネルギーは、広島に投下された型の原子爆弾二万三千個分に相当した。[2] リヒター・スケール（訳注・地震が生むエネルギーを表す指標値）でマグニチュード九・一を記録し、その衝撃波は高さ三十メートル以上、時速八百キロ以上で半径四千八百キロ以上まで到達する津波を生み出した。[3] この史上最悪の津波は二十二万七千八百九十八人の命を奪ったが、[4] その津波の通過地点に住んでいながら、一人の犠牲者も出さずに生き延びた部族があった。

　オーストロネシア語族に属するモーケン族は、遊牧文化を有する海洋民族である。彼らは、誕生から死まで、その一生を海の上で暮らす。[5] 彼らの手作りの木製ボートはカバンと呼ばれ、海上を移動しながら暮らす彼らの家となっている。モーケン族の子どもたちは、歩く

郵便はがき

恐縮ですが
切手を
おはりください

164-0001

東京都中野区中野 2-1-5

いのちのことば社

出版部行

ホームページアドレス　https://www.wlpm.or.jp/

お名前	フリガナ	性別	年齢	ご職業
ご住所	〒	Tel.　(　　)		
所属(教団)教会名		牧師　伝道師　役員 神学生　CS教師　信徒　求道中 その他 該当の欄を〇で囲んで下さい。		

WEBで簡単「愛読者フォーム」はこちらから!
https://www.wlpm.or.jp/pub/rd
簡単な入力で書籍へのご感想を投稿いただけます。
新刊・イベント情報を受け取れる、メールマガジンのご登録もしていただけます!

(2024.6)

いのちのことば社＊愛読者カード

本書をお買い上げいただき、ありがとうございました。
今後の出版企画の参考にさせていただきますので、
お手数ですが、ご記入の上、ご投函をお願いいたします。

書名

お買い上げの書店名

町
市　　　　　　　　　　　　　書店

この本を何でお知りになりましたか。

1. 広告　いのちのことば、百万人の福音、クリスチャン新聞、成長、マナ、
　信徒の友、キリスト新聞、その他（　　　　　　）
2. 書店で見て　3. 小社ホームページを見て　4. SNS（　　　　）
5. 図書目録、パンフレットを見て　6. 人にすすめられて
7. 書評を見て（　　　　　　）　8. プレゼントされた
9. その他（　　　　　　）

この本についてのご感想。今後の小社出版物についてのご希望。

◆小社ホームページ、各種広告媒体などでご意見を匿名にて掲載させていただく場合がございます。

◆愛読者カードをお送り下さったことは（　ある　初めて　）
ご協力を感謝いたします。

より先に泳ぐことを覚える。彼らは水中では、陸で暮らす人たちの二倍の視力がある。また、水中で息を止めるコンテストがあったら、彼らが相手では勝負にならない。だが、彼らを津波から救ったのは、そういった特長ではなかった。

彼らを救ったのは、海との密接な関係だった。彼らは海の状態や、それが意味することを、どんな海洋学者より熟知しており、私たちが道路標識を読むかのように、波を読んだのである。

地震があった日、バンコクから来ていたアマチュア写真家がモーケン族の人々を写真に撮っていた。その時、彼女はあるものを目にして不安になった。海の水が引いていき、モーケン族の人々が叫び始めたのだ。[6] 彼らは、次に何が起こるかを悟っていた。彼らは、鳥がさえずりを止め、セミが静かになり、象が高地に向かって歩き出し、イルカが沖に泳いでいくことに気づいた。

では、モーケン族はどうしただろうか?

タイの海岸近くにいた者たちはボートを係留し、できるだけ高い所へ上った。一方、海に出ていた者たちはさらに沖を目指した。津波の高さは、海の深い所に行くほど低くなることを知っていたので、そこで津波を迎えようとしたのである。

モーケン族がいた付近のミャンマーの漁師たちは津波の不意打ちをくらい、生き残った者はいなかった。「あの人たちはイカを取っていたが、海の見方を知らなかったんだ」[7] と、モーケン族の生存者は証言した。波も、鳥も、セミも、象も、イルカも、ミャンマー人の漁師たちに語りかけていたのに、悲しいことに彼らはその声の聞き取り方を知らなかったのだ。

　モーケン族のことばを話せる人類学者のナルモン・ヒンシラナンによると、「水はあっという間に引いていった。それから、一つの波、一つの小さな波が来て、彼らは『これは普通じゃない』と悟った[8]」のだそうだ。

　一つの小さな波？

　それだけで？

　驚くことに、モーケン族が異常事態を認識するのには、それで充分だったのだ。それに加え、彼らには昔から世代を超えて語り継がれてきたラブーンと呼ばれる波の言い伝えがあった。それは「人を食う波」の伝説だった[9]。その波がこれだ、と彼らは気づいたのだった。

　モーケン族については一つ、心惹かれる「おまけの話」がある。彼らは自分の年齢を知らない。時についての概念が、私たちのそれとは異なるからだ。彼らの言語には、「いつ」を意味する単語がない。「こんにちは」も「さようなら」もない。私たちからすると論理的に不都合なことのように思えるかもしれないが、彼らが「心配」ということばも持っていないことは、それとは無関係ではないはずだ[10]。

しるし

モーケン族の話は象徴的だ。海でなりわいを立てている人々が海のことばを理解するように、私たちは霊のことばを理解する。そして、神のことばの方言の一つが、「ドア」だ。ドアが開かれること、そして閉じられることを通して神は語られるのである。ある意味で、この三番めの言語はしるしを通した言語ともいえる。

イエスは神を試そうとしてしるしと不思議を求めることについて警告したが（ヨハネ四・四八参照）、神の御心に導くしるしと不思議の価値を否定したわけではない。

ファラオのことを思い出してほしい。彼は古代におけるネオンサインにも匹敵するような十の奇跡を無視した。その結果、どうなっただろうか？　しるしを無視するということは、そのしるしを通して語りかけた神を無視することで、そうすることで自分に不利益を招くことになるのだ。

ノアがもし、これから起ころうとしていることから目を背けていたらどうなっていただろうか？

ヨセフがもし、ファラオの夢を無視していたらどうなっていただろうか？

モーセがもし、燃える柴のそばを、立ち止まらずに通り過ぎていたらどうなっていただろうか？

東方の博士たちがもし、星のしるしを気にかけなかったらどうなっていただろうか？サウロ（訳注・使徒パウロの旧名）がもし、ダマスコに向かう道で光に照らされて倒れたことを、ただの落馬事故だと間違えていたらどうなっていただろうか？

もしノアがしるしから目を背けていたら、彼と彼の家族は洪水で死に、私たちが知っている人類史はそこで終わっていただろう。もしヨセフがファラオの夢を無視していたら、二つの国が飢饉のために滅びていただろう。もしモーセが燃える柴の横を通り過ぎていたら、イスラエルの出エジプトという出来事は起きず、約束の地を所有することもなかっただろう。もし東方の博士たちが星のしるしに従わなかったら、彼らがメシアを見つけることはなかっただろう。そしてもしサウロが人生の方向転換をしなかったら、パウロになることはなく、新約聖書の半分は書かれることがなかっただろう。

しるしにはその解釈が重要になってくることは承知しているし、それらの意味を「読む」ことと「読み込む」ことの間には微妙な違いがある。くれぐれも、ホロスコープやタロットカード、手相のようなある種の予言やにせのしるしに頼って何かを決めるようなことはしないでいただきたい。私もフォーチュンクッキーに頼って大きな決断をするようなことはしない。

だが、私たちは聖書を読むようにしるしも読むすべを学ばなければならない――聖霊の助けによって。神は状況を通しても語りかけられる。このことを間違えてはいけない。聖書は直接の根拠となる。だが、状況が示していることもまた根拠となるのである。

「ドア」という言語には、蓄積された経験に基づく直感を超える「認識力」という賜物が必要とされる。この認識力は、文脈に基づく思考も感情に基づく思考も超える。認識力とは、その状況を超自然的な洞察力をもって評価する能力のことである。それは、過去の問題を見抜き、これからの可能性を思い描く、預言者的な知覚なのである。簡単に言えば、神が投げたものを拾うこと、ということになる。

しるしより先に

「ドア」という言語について詳しく述べる前に、念を押させてほしい。私たちは、しるしを通して聖書を解釈しない。聖書を通してしるしを解釈するのである。そして通常、神はご自分のことばと御心を確認させるためにしるしを用いられる。この原則に例外はあるだろうか？　もちろん、ある。結局のところ、ルールを決められるのは神だ。だが、マルコの福音書の最後のことばが原則を示す例となっている。「しるしがそれに続いた」（マルコ一六・二〇／ＫＪＶ訳）

私たちとしては、「しるしが先行した」と言ってほしいところではないだろうか。そのほうがずっと簡単だ。だが、聖書が教える信仰の順序はそうではないのだ。紅海の水やヨルダン川の水が割れた時のことを考えてみるとわかる。これらのしるしはイスラエルに、神は道のない所に道を作ってくださるという絶大な自信を与えた。だが、モーセはまず杖を伸ばさなければならなかった。祭司たちはまず川に足を踏み入れなければならなかった。そのあとで初めて、神は水を割られたのである。信仰とは、神が二歩めを示してくださる前に、一歩踏み出すことなのである。

私たちの最初の教会開拓の試みは失敗に終わった。その時に得た厳しい教訓についてはすでにほかの本にも書いているが、そこに書ききれなかったことをここに記したい。その失敗のすぐあとに、私は伝道雑誌を読んでいて、ワシントンDCにおけるパラチャーチ（訳注・超教派の交流、活動）の広告を読んだ。ページをめくる手が、どうしてそこで止まったのかわからない。だが、その広告は私の関心を引きつけた。それが、ワシントンDCへのドアが少し開いた瞬間だった。

私は広告に載っていた番号に電話をし、その結果関係者を訪問することになり、その結果シカゴから約九百六十キロ離れたワシントンDCまで信仰によって跳躍し、その結果この国の首都で二十年間、宣教の仕事をしている。

こう言うと、さっぱりとした気軽な行動のように聞こえるかもしれないが、実際には大きな苦痛を伴う決断だった。ローラも私もシカゴ近辺で育ち、私たちが知っている世界はそこがすべてだった。しかも、マイケル・ジョーダンもまだシカゴブルズの選手だった時代なのである！

シカゴを去りたいという気持ちなど、少しもなかった。だが、失敗ほど素早くドアを閉めるものはない。実際、失敗というものは、ピシャリとドアを閉めてしまう。時にはまだ、私たちの指がドアノブに触れているうちに。

振り返ってみると、私の開拓失敗は、神が私を連れていきたいと思っておられる場所に連れていく唯一の方法だったのだろう。それは神の恵みにほかならなかった。そして私は、神が私の人生の中で開いてくださった数々のドアに感謝するのと同じように、その閉じられたドアに感謝している。開いたドアに導いてくれたのは、閉じたドアだったからである。物事はたいてい、このように進んでいくのだ。

この話にはまだ続きがある。ワシントンDCへの引っ越しは非常に困難な決断だったので、私は神にはっきりとしたしるしを求めた。たとえば、飛行機が煙幕で東の地平線に「ワシントン」という文字を書いてくれるとか、そういうシンプルなしるしだ。しるしを求めた理由の一つは、私たちにはワシントンに住む場所もなければ、保証された収入もなかったからだ。だが、引っ越す決心をするまでしるしは与えられなかった。決心をしたあとで、神はしるしをくださったのである。

ローラと私が決断したその日、私はトリニティ・インターナショナル大学のキャンパス内にある私のメールボックスを見に行き、私宛の葉書を見つけた。葉書の表にはこう書いてあった。「あなたの未来はワシントンにある」。これは本当の話だ！　ジョージ・ワシントン大学がどうして私にその葉書を送ったのかは今でも謎だが、このような大きな決断をした直後に届いたこの葉書は、「それに続いたしるし」と認定していいだろう。神はドアを開いただけではなかった。そこにレッドカーペットを敷いてくださったのである。

人間とは、難しい決断をしたあとであれこれ悩むものなので、神は恵み深く確証を与えてくださる。ワシントンで教会開拓を始めた初期の頃に、私が自分自身を疑い始めるであろうことを神はご存じで、だからあの葉書を送ってくださったのだ。その葉書は、たとえ私が失敗したときでも神ご自身は誠実でいてくださることを思い出させる霊的な思い出の品となった。

五つのテスト

神の御心を見極めることについて、私は時々、ユダの後任者を選ぶために弟子たちがやったようにくじ引きで決められたらいいのにと思うことがある。そのほうが、神の声を聞き分けようとするよりずっと手っ取り早く、簡単ではないだろうか？　だが、それでは御心を知る過程から親密さが取り去られてしまう。親密さこそ最終目標であるというのに。
神の御心を見極めるということは、御心を行うこと以上に意味がある。御心を見極めるとは神の思いを知ることであり、それができるのは神のささやきが聞こえるほど神の近くにいるときだけなのだ。

私が神の御心を見極め、神の声を聞くときに実施する五つのテストがある。

一つめは、鳥肌テストだ。ケルト人のクリスチャンは、聖霊を表す興味深いことばを持っている。彼らは聖霊のことをアン・ガード・グラスと呼ぶ。これは「野生のガン」という意味だ。[11] 私はこのイメージと暗示が好きだ。ここには聖霊という存在そのものと、そのなさることが予測不可能であるという意味が込められているように思う。そして、聖霊に導かれて生きることの描写として、これ以上の表現は思いつかない。それは「野生のガンを追う」ことだ。

たいていの場合、私たちは自分がどこへ行こうとしているのかわからない。だが、聖霊と共に歩み続ける限り、神が私たちを導きたいと思っておられる場所に導かれるのだ。時には気力をくじかれることもあるだろう。だがこれは恐ろしくわくわくすることでもあるのだ。実際、あなたはきっと鳥肌を立てるに違いない。もっと正確にいえば、ガン肌だ！

神の御心はあなたの心を弾ませる。もちろん、その感情を、聖書というフィルターを通して確かめなければならない。だが、聖霊に息吹を与えられると、しばしば鳥肌が立つものだ。

私はもちろん、心が燃えるようなことだけをするように勧めているわけではない。ゴミを出す作業に鳥肌は立たない。皿を洗うことにも鳥肌は立たない。だが、両方ともしなければならないことだ。私が言いたいのは、神のサイズの夢や神からの召しを追っていく時、あなたには鳥肌が立つ時があるだろうということだ。

神の御心を行うことは、つまらない仕事でも苦役でもない。あなたが主にあって自分を喜んでいるなら、神はあなたの心に願いを与えられるということを忘れないでほしい。これらの願いはホット&コールドのゲーム（訳注・宝探しのようなゲームで、探しているものに近づくと「ホットになってきた」、遠ざかると「コールドになってきた」と言ってヒントを与える）のように、あなたが神の善なるご性質、喜び、完全な御心に近づけば近づくほど、ますます熱くなっていく。

二つめは、平安テストだ。使徒パウロは「キリストの平和が、あなたがたの心を支配するようにしなさい」（コロサイ三・一五）と言った。これは、怖がったり、ストレスを感じたりすることがなくなるということだろうか？ 違う。これは、心の奥底で、何が正しいことかをわかっている、ということだ。それがまさに、理解を超えた平安なのである（ピリピ四・七参照）。単に、嵐の中の平安ではない。まぎれもない大嵐の中の平安である。取り乱す代わりに、どんなに勝算がないことについても聖なる自信を持っていられる。

三つめは、賢明な助言テストだ。私たちは神の御心を一人だけで見極めることはできない。自分の力だけで神が導いておられるところに行こうとすれば、たいていの場合、道を見失う。ではどうすればよいか？　そこに行ったことのある人々、それをしたことのある人々のそばに身を置くことだ。自分の最善を引き出してくれる人々のそばに身を置くことだ。愛をもって真実を語ってくれる人々のそばに身を置くことだ。つまり、一言で言えば賢明な助言者を得ることである（箴言一五・二二参照）。このテストによってあなたはいくつかの苦難を回避することができ、ほかの苦難から救い出されるだろう。

さらに、人間はどこまでも自分を欺くことができるものだから、自分をチェックしてもらうためにも、バランスを保つためにも、賢明な助言者を持つことは重要なのだ。

四つめのテストは、クレイジーテストだ。当然のことながら、神のサイズの夢はいつでも、私たちの能力を超えている。私たちの論理も、持っている資源も超えている。つまり、神の助けなしでは実現不可能な夢ということだ。

私の経験から言うと、神のアイディアはしばしばクレイジーなものに思える。キャピトル・ヒルにコーヒーハウスを建てるというビジョンを与えられた時、私はまさにそう感じた。率直に言って、私たちがコーヒーハウスのビジネスに参入する必然性はなかった。これほどクレイジーなアイディアは、神からしかこない。

あなたの人生における神の御心がどんなものか私は知らないし、あなたはあなたの課題をしっかり果たさなければならないだろう。だが信仰とは、ばかげて見えることをする意思である。大きな船を造っていた時のノアは少しおかしくなったように見えたことだろう。九十歳でマタニティウェアを用意したサラも少しおかしくなったように見えた。星に従って地の果てをどことも知れないはるか遠い所を目指した東方の博士たちも少しおかしくなったように見えた。ガリラヤ湖の真ん中でボートから足を踏み出したペテロも少しおかしくなったように見えた。少しおかしくなったように見える覚悟ができないなら、あなたはおかしい。神の御心ならば、クレイジーなことは驚くほどすばらしいクレイジーなことになるのだ。

五つめが最後のテストで、その名前も少し長い。私はこれを、「何かから解放され、何かに召されるテスト」と呼んでいる。このテストに関しては説明も少し長くなる。

私の霊的なヒーローの一人は、私が生まれる何年も前に亡くなったピーター・マーシャルだ。彼はスコットランドからアメリカに移住し、米国上院のチャプレンを二期務め、「大統領の教会」と呼ばれるワシントンDCのニューヨーク・アベニュー長老教会の牧師も務めた。

私が牧会している教会の区域は、マーシャルと同じワシントンだ。それで私は、マーシャルの生涯と宣教の働きを描いた『*A Man Called Peter*』という本と映画から特別なインスピレーションを得た。中でも、彼がどのようにしてニューヨーク・アベニュー長老教会に導かれたかという部分からは大きな教訓を得た。

一九三六年、マーシャルはニューヨーク・アベニュー長老教会の招聘《しょうへい》委員会から、この教会の牧師になってほしいとの要請を受けた。マーシャルの返事は極めて率直だった。「私はまだ、ニューヨーク・アベニュー長老教会の牧師として必要な責任を果たす力と威厳を備えていません。若すぎますし、未熟ですし、知識も経験も知恵も足りず、そのような高い職分につく能力もありません。あなたがたの説教壇が求めるような精神と心の資質を私が持てるかどうかは、時が経てばいずれ明らかになるでしょう[12]」

だが、マーシャルがニューヨーク・アベニュー長老教会の申し出を受けなかったのは、単に謙遜さだけが理由ではなかった。彼はこの申し出に魅力を感じていた。だが、その頃ちょうど、違う教会の牧師になることを承諾したところであり、その責任から逃れることはできないと考えたのだ。つまり、それはニューヨーク・アベニュー長老教会の申し出を受けるタイミングではなかったということだ。

神の御心は、ピンが二つついた鍵のようだ。最初のピンは「何かに召されるピン」で、二番めのピンが「何かから解放されるピン」だ。もしあなたが現在持っている責任から解放され、その後の召しがわからなかったら、霊的に「誰の土地だかわからない土地」にいるように感じ、次に何をしたらいいかわからないだろう。そういう場合は、神がさらなる指示を与えてくださるまでは、最後に聞いたことばを実行することをお勧めする。

マーシャルの場合は、それとは逆の状況だった。彼は確かにニューヨーク・アベニュー長老教会に召されていると感じた。だが、現在持っている責任から解放されたとは感じなかったのである。品位の劣る人だったらこのチャンスに飛びついていたかもしれない。だがマーシャルは、二重のテストをくぐり抜けていないことを知っていたのであとの申し出を断り、誠実な姿勢を保ったのである。

ニューヨーク・アベニュー長老教会の招聘委員会が、マーシャルと同じくらいふさわしいと思える候補者を見つけることができず、もう一度彼に要請をしたのは一年後のことだった。マーシャルはその時も「召されている」と感じた。そしてその時には、一年前に引き受けた責任から「解放された」とも感じることができた。そこで彼はその要請を受け入れ、その後は皆が知る歴史のとおりになったのだ。

ダビデの鍵

聖書にある約束の中で、私が最もよくそれを根拠にして祈るのは黙示録三章七節だ。だがここで一つ、前もってお断りしておきたいことがある。それは、閉ざされたドアを受け入れることなしに、開かれたドアについて祈ることはできない、ということだ。これはセットなのである。結局のところ、一つのことが別のことへと私たちを導く。だから閉ざされたドアは、「何かからの解放」であり、開かれたドアは「何かへの召し」だとも言える。

「聖なる方、真実な方、ダビデの鍵を持っている方、彼が開くと、だれも閉じることがなく、彼が閉じると、だれも開くことがない。その方がこう言われる――」（黙示録三・七）

私は、「それ行けスマート」のテレビシリーズの象徴的なオープニングが大好きだ。エージェント86として知られるマクスウェル・スマートが、何枚ものドアを通り抜け、秘密諜報機関「コントロール」のワシントンＤＣにある本部に入っていく。彼はエレベーターのドアを通り、スイングドア、スライドドア、牢屋のドアがある廊下を歩いていき、最後に蛇腹式のドアを開けて電話ボックスに入る。私の勘定では、マクスウェル・スマートは目的の場所に着くまで六枚のドアを通り抜けているのだ。

神の御心が実現する時もこのようではないかと思う。私たちは一つのドアをくぐり目的地に着いたと思うが、実際にはそれは別のドアに通じるドアに過ぎず、次のドアもまたその次のドアにつながっているのだ。

これに関しては面白い話がある。二〇〇六年の春、私は自分の「人生の目標リスト」を作っていた。その頃、マルティィン・ルターの伝記を読んでいたので、そのリストの百六項目めに「マルティィン・ルターが九十五か条の論題を張り出したドイツのヴィッテンベルクにある城の教会を訪ねる」と書いた。

するとその翌日、まったく知らない人から電話がかかってきて、宗教改革記念日にドイツのヴィッテンベルクで開催される、教会の将来について話し合う国際シンポジウムでスピーチをしてほしいと招待を受けたのである！　まさかと思われるかもしれないが、本当だ。これは、「このことについて祈らせてください」と言った直後に、とても力強い「Ｙｅｓ！」という答えが返ってきたケースの一例である。

すべてのことを、そのタイミングを基準にして決定を下すということはできない。だが、聖なるタイミングというのは、神が御心を示される時の一つの方法である。そのシンポジウムでスピーチをしないかという招きは、機会に通じるドアであり、私の好きなタイプのドアだった。そして、その一枚のドアがその後どんなことにつながっていったかを詳しく書くのは簡単ではないが、挑戦してみようと思う。

私はそのシンポジウムにジョン・ハスラーというスタッフを一緒に連れていったのだが、彼はその後ドイツに移住し、妻のステフと一緒にベルリンに私たちの教会のカフェをオープンすることになった。ヴィッテンベルクへの旅が重要なきっかけとなって実現したことだ。それがなければ、そんな夢さえ抱かなかったかもしれない。

私はまたその旅でジョージ・バルナという執筆家と、彼のエージェントであるエスター・フェドルケビッチに会った。その旅のあと、エスターとは一言も会話を交わしていなかったと思う。だが二年後、彼女はたまたま、私が説教の中で紹介したホニというサークル・メーカーの話を耳にした。というのも、彼女の兄弟たちがたまたま、私たちの教会に出席していたからだ。その翌日、私が、ホニの話は一冊の本のオープニングに使えるかもしれないと考えていた時、エスターから電話がかかってきた。彼女は「マーク、その話で次の本を書くべきよ」と言って『サークル・メーカー』の契約業務を担ってくれた。それ以来、彼女は私の著書すべてのエージェントになってくれている。

私はドイツに行くためにドイツに行ったと思っていた。だが、一枚のドアが私を別のドアに導き、それがエベニーザーズ・コーヒーハウスのベルリン支店ともいえるプラットワークカフェのオープンにつながった。そしてそのドアは『サークル・メーカー』とそれ以降に出す本というドアにもつながっていた。

神がご自分の主権を表すために用いられる最も不思議で奇跡的な方法が、ドアを開けたり閉めたりなさることだ。聖書は鍵の中の鍵だが、その中にもう一つ別の鍵のことが書いてある。ダビデの鍵だ。これはエルヤキムという人が権威の象徴として肩につけていた鍵を暗示している。ダビデの宮殿の行政官として、エルヤキムは宮殿のどこにでも入ることができた。彼が開けたり閉じたりすることができないドアや、鍵をかけたり開けたりすることのできないドアは一枚もなかった。

エルヤキムはキリストのひな型で、ダビデの鍵を持っていた。そしてイエスは不可能と思われるドアを開き、不可能と思われるところに私たちを導いてくださる方なのだ。これもまた神のささやきの一つなのである。

「その他の目的」

指導者として生きてきた中で最も恐ろしかった瞬間の一つは、私たちの教会が日曜日に礼拝をするために借りていた公立学校が閉鎖されることになったという知らせをボイスメールで受け取った日だ。教会開拓に失敗してからわずか二年後のことだったので、また同じことになるのではないかと恐れた。

当時のナショナル・コミュニティー・チャーチは雑多な集まりだった。月々の収入は二千ドルで、日曜日には多ければ三十人ほどがやって来る。それが今や、ホームレス教会になる寸前になってしまったのだ。

私はキャピトル・ヒルの物件を三十近くあたったが、ドアは一枚も開かなかった。そんなある日、私は気まぐれにユニオン・ステーションの中にある映画館の中に入っていった。そのようにして私は、その系列の映画館がある全国的なプロモーションを展開していることを知ったのだ。それはＶＩＰプログラムというキャンペーンで、閉館時――例えば日曜日の午前中――にその劇場を使う団体を募集していたのだ。神はただドアを開けてくださっただけではない。そこにレッドカーペットを敷いてくださったのだ。

その日、ユニオン・ステーションから出ていく時、ユニオン・ステーションの歴史について書かれた一冊のパンフレットを見つけた。手に取ってみると、最初のページの最初の段落に、こう書いてあった。

もし、一九〇三年二月二十八日にセオドア・ルーズベルト大統領が「DC地区におけるユニオン・ステーションの創設と、その他の目的」のための法案に署名する時、この駅がどんな「その他の目的」を持つことになるか知っていたら、署名をする前に少なくともため息くらいはついたかもしれない。[13]

「その他の目的」

この一言がそのページから躍り出て、私の霊の中に飛び込んできた。ルーズベルト大統領は鉄道の駅を作るつもりで、実際にそうした。だが彼は同時に、連邦政府による全額出資で教会をも建てたのだ。

十三年にわたり、ユニオン・ステーションの映画館はナショナル・コミュニティー・チャーチの本拠地となり、驚くばかりの盛況ぶりを見せた。ユニオン・ステーションが提供してくれたほどの特典を備えた教会は、そう多くはないだろう。四十のフードコートレストラン、駐車場。そして市内を網羅する地下鉄は、教会の目の前まで人々を運んでくれる。

それから神は、同じことをもう一度された。二〇〇九年の九月に私は、一週間後に映画館を閉鎖すると知らせる電話を受けたのだ！　何千人単位に増えていた教会員が集まる場所を探すために与えられた時間がたった一週間だ。

最初は、閉じられたドアについて嘆いた。正直に言って、最良の日々がもう終わってしまったのかと思った。だがもし、その時神がドアを閉めていなかったら、新しい建物を探し始めることはなかっただろう。私たちは今、その閉じられたドアのおかげで六つの不動産を持っており、その合計額はおおよそ五千万ドルになる。神には、人間が思いつく理由を超える理由があるのだ。そして人間が用意できない資源を用意しておられる！

答えられた祈りに感謝するのと同じくらい答えられなかった祈りに感謝することがあるのと同じように、私たちはいつか閉じられたドアについても、開かれたドアに対するのと同じくらい感謝することになる。鼻先でピシャリと閉められる時、私たちはそのドアを好きになれないし、なぜそうされるのかもわからない。だが閉じられたドアは、これから与えられる神の恵みを表すものなのである。

閉じられたドアは、時に失敗というかたちでやってくる。また、閉じられたドアは、時に私たちがそのドアを通り抜けないようにという聖霊の抑制である。どちらにしろ神は、時に道をふさぐことによって道を示すのである。

聖霊による抑制

使徒パウロは、第二次宣教旅行の折り、小アジアのローマの属州であったビティニアになんとかして行こうとしていた。彼は恐らく払い戻し不可の旅行を予約していたと思うのだが、神はドアを閉ざされた。もっと正確に言えばパウロは「アジアでみことばを語ることを聖霊によって禁じられた」（使徒一六・六）のである。この聖霊による抑制のあと、パウロはマケドニア人が「マケドニアに渡って来て、私たちを助けてください」（同九節）と言っている幻を見た。

私たちならパウロより上手に神の御心を見極められるなどと、どうして思えるだろうか？確かに私たちは当時よりもっと多くの啓示を神から受けているが、それは新約聖書の多くを書いたパウロのおかげである部分が大きい。だが新約聖書は私たちをビティニアからマケドニアに連れて行ったりはしない。あの時ドアを閉じられた神は今でもドアを閉じられる。それを信じられないなら、聖書には文字どおりの真実が書かれているという事実を過小評価することになる。

前述したように、大学四年生の時、私のささやきスポットはセントラル・バイブル・カレッジのチャペルのバルコニーだった。卒業を目前にした大学四年生なら誰でもそうであるように、私も次に進むべき道を探し求めていた。そんな時、夢のような仕事のオファーを受けたのである。それはたまたま、私の大学のチャペルに説教をしに来ることがある大好きな牧師からの誘いだった。私はその場で承諾したい誘惑に駆られた。私にとって唯一のそのオファーを受け入れない理由があるだろうか？

だがある日の午後、バルコニーを行ったり来たりしながら祈るうちに、私は不思議な抑制を霊の中に感じた。当時、理論的には完璧に思えたその仕事を断ったことは、私の人生の中でも最もつらい決断の一つだった。

だが一年も経たないうちに、その牧師は不道徳な行いのために辞職せざるを得なくなった。あの仕事を受けていたら、私はそんな状況に耐えられただろうか？　神の恵みは、ほかのすべてのことを乗り越えさせてくださったように、その試練も乗り越えさせてくださっただろうと信じている。だが、神は「ビティニア」へのドアをはっきりした方法――私の霊に対する明確な抑制――で閉じてくださったのだ。

霊の抑制を定義するのは難しいし、それを見極めるのも難しい。それは、無視することのできないような不安な感情であり、「これは何か正しくない」と思う第六感のようなものだ。霊にも平安がなくなる。聖霊の抑制は神の赤信号であり、それに従わなければトラブルに向かって突き進むことになるかもしれない。

神は、私たちを守るためにドアを閉じられる。

神は、私たちの方向を正すためにドアを閉じられる。

神は、最善以下のものから私たちを引き離すためにドアを閉じられる。

パウロにとってビティニアは最善の計画で、マケドニアは次善の策に思えただろう。恐らく回り道だと考えただろうが、それがヨーロッパで初めてキリスト教に改宗したリディアという女性との聖なる出会いにつながった（使徒一六・一一―一五参照）。

そして、パウロの宣教旅行において、このような回り道はよくあることだった。例えば、パウロの乗った船が激しい嵐に見舞われ、十四日間漂流したあげくにマルタ島のそばで座礁したことがあった（使徒二七章参照）。これは難破だったのだろうか？　それとも、難破に隠れた神のご計画だったのだろうか？　こうなったからこそ、パウロはマルタ島の長官プブリウスに出会い、彼の父の病を癒やすことができたのだ（使徒二八・七―八参照）。

偶然だと見るなら、それは船の難破にすぎない。

神の摂理だったとするなら、それは神のご計画である。

「本を表紙で判断するな」という古い格言があるが、私たちを取り巻く状況についても同じことが言える。私たちが「回り道」だとか「遅れ」だと思うことはしばしば、神がご計画を進めるうえでそのように仕向けられたことなのである。そしてこういうことは往々にして、閉じたドアから始まる。

今はまだ、No

数年前、ローラと私はキャピトル・ヒルで家探しをしていた。キャピトル・ヒルの最初の家は、ちょっと「スター・ウォーズ」のデス・スターにあるごみ圧縮機3263827のように思えた。これはルーク・スカイウォーカー、ハン・ソロ、チューバッカ、そしてレイア姫を飲み込み、もう少しで彼らを圧縮しそうになった代物だ。子どもたちがどんどん大きくなるにつれ、幅四・五メートルのテラスハウスである我が家はどんどん狭くなっていくように感じられた（訳注・映画「スター・ウォーズ」に出てくるごみ圧縮機は四角い部屋で、壁が両側からごみを挟んで押しつぶす仕組みになっている）。そして私たちは一ブロックも離れていないところに、幅が六十センチほど広い家を見つけたのだ！

私たちは先方の希望価格を大きく下回る値段で契約を交渉したが、提示価格は適正だと思っていた。それが私たちに可能な上限価格でもあった。だから私たちにとってはそれが最初の提示であり、最後の提示でもあり、「羊毛の役割を果たす」ことにもなった。不動産市場は低迷していたし、その家は売りに出されてからずいぶん長い時間が経っていたため、ローラと私は契約を結べると思っていた。だが、それは考え違いだった。売主は私たちの提示を却下したのだ。この家が本当に欲しかった分だけ、これはあきらめろというはっきりしたサインなのだと感じた。あまりにがっかりしたので、私たちは家を探すのをやめてしまった。

　話を進める前に、「羊毛の役割を果たす」とはどういうことなのかを説明させていただきたい。聖書には、脱穀場の地面に羊毛を置いたギデオンという人物がいる（士師六・三六―四〇参照）。ギデオンは、神が彼にさせたがっていることに確信を持てないでいた。そこで、乾いた羊毛を地面に一晩置いておくことで確認をしようとしたのである。

　羊毛を置いたギデオンは、羊毛の周りの地面は乾いたままにし、羊毛だけを朝つゆで濡らしてくれるように神に頼んだ。次に彼はその反対のことを試した。羊毛を乾いたままにし、地面を朝つゆでぬらしてほしいと頼んだのである。どちらの場合も神はその祈りに答え、寛大にもギデオンの願いを尊重し、彼の心の中にある召命を確認させてくださった。

　このギデオンの行為の是非については議論が分かれるところだ。私の意見としては、ギデオンは謙遜な心をもってこれをしたのだし、神は二回ともそれに答えることによって、彼を重んじてくださった。だから羊毛は、神の承認のハンコだったと考えている。だが同時に、いくつかの警告と注意も述べさせていただきたい。

　まず、試すのは自分の動機でなければならない。自分の動機を試すのでなければ、神を試してしまうかもしれない。それは正しいことではない。神にお聞きすることは、自分に正しい動機があるかどうかだということを忘れないでほしい。神の答えがどうであれ、あなたは従う準備ができているだろうか？　責任逃れのために羊毛を使おうとしていないだろうか？

自分では努力することなしに簡単な答えを求めているだけなら、「せいぜい頑張って」としか言えない。これをする原動力は、何があっても神を敬いたいという純粋な願いでなければならない。

次に言いたいのは、従うのを遅らせることは従わないのと同じ、ということだ。羊毛は、従うのを遅らせるための戦術ではないということを肝に銘じてほしい。もしそれが、神がすでに明言されたことなら、神の忍耐力を試すようなことをしてはならない。羊毛は信仰の代用品ではない。信仰とは、神が二歩めを示してくださる前に一歩進み出すことだと覚えていてほしい。神の御心を尋ね求めるべき時もあるが、御心を実行するべき時もあるのだ。

最後の忠告は、祈りの中で特定のしるしを決めておこう、ということだ。何が羊毛なのかがはっきりしなければ、簡単に誤って否定的に受け取ったり、誤って肯定的に受け取ったりしてしまう。ギデオンにとっての羊毛が非常に特定的なものであったことに注目しよう。そこに神が介入されたという事実を軽視してはならない。

私たちの夢の家に話を戻そう。契約の申し込みを却下されてから一年ほど経った頃、ローラと私はその家のそばを車で通りすぎた。その時、ローラが「あの家って、本当にもうだめなんだと思う?」と言った。私たちはその家に固執していたわけではない。事実、毎日のようにその家のそばを車で通りながら、何とも思ったことはなかった。だが、その日のローラの何気ない一言は、預言的な一言だったのだろう。なぜなら、その翌日、家の前に「売り出し中」の看板が立ったのだから。

あたりまえのことを言うようだが、神のサインは時に、文字通りのサイン（＝看板）なのだ。「売り出し中」の看板のように！　あたりまえのことを見逃してはならない。ローラと私は知らなかったのだが、その家はまだ売れていなかった。二百五十二日間、市場から引っ込められていたのである。このタイミングを考えると、聖なる予感がした。神には何かご計画があるのかもしれない……。恐らく、神が一年前に言われた「Ｎｏ」は、「今はまだＮｏ」だったのだ。そこでローラと私はもう一度羊毛を置いてみることにした。

売り主も同じだったしその希望価格も同じだったが、私たちは同じ提示価格――彼が一度すでに却下した価格――で契約を申し込んだ。売り主の気分を害したくはなかったが、不動産屋にはこれが私たちにとって最終的な価格だと言った。すると売り主がその条件をのんでくれただけでなく、住宅の市場価格が回復していたために、私たちはその時住んでいた家を一年前よりもずっと高く売ることができたのである。

神がドアを閉じる時、私たちはしばしばそれを最終的な答えだと思う。神がコンマ（読点）を打ったところに、ピリオド（句点）を打ってしまうのだ。だが、「Ｎｏ」だと思ったことが、実は「今はまだＮｏ」だということがある。それを見分けることは簡単だろうか？もちろん簡単ではない。その夢をしっかりつかまえておくべき時と手放す時を見極めることは本当に難しい。そんな時にどうすべきか、目安となるルールがある。神が「Ｎｏ」とおっしゃっていると感じたらその夢を握りしめず、神にお返しするのだ。それはしばしば、夢にしがみ続けることよりも勇気がいる。だが、もし神があなたをその夢から解き放たなかったら、その時はただ進み続けるといい。

しゃべるロバ

聖書の中で最も奇妙な話の一つは、ロバがしゃべるエピソードだ。このエピソードから教訓を受け取り損なわないようにしよう。神がもしロバを通して語ることができるなら、ほかの何を通してでも語ることがおできになるのだ！

こんなことを書くのは気が引けるが、このロバがイギリス英語のアクセントで話したとしたらどうだろう。読みながらそう感じた。「私があなたに何をしたというのですか。私を三度も打つとは」（民数二二・二八）。ロバはこう尋ねた。私はロバのこの明確な話し方が好きだ。そしてバラムがまるで不思議なことなど何もないように即座に答えているところも好きだ。「おまえが私をばかにしたからだ。もし私の手に剣があれば、今、おまえを殺してしまうところだ」（同二九節）

これは余計な話だが、もし話すロバを持っていたとしたら、絶対にすべきでないのはそれを殺すことだ。話すロバなんて、金のなる木ではないか！　ロバを連れて巡回興行をするか、ラスベガスでショーでもやればいい！　とにかく何であれ、話すロバを殺してはいけない！

私が好きなのはこのロバの理性的なところだ。「私は、あなたが今日この日までずっと乗ってこられた、あなたのろばではありませんか。私がかつて、あなたにこのようなことをしたことがあったでしょうか」（同三〇節）。まるで陪審員に向かって雄弁をふるう弁護士のようだ。それに対して預言者はどう答えただろうか？　一言でこう認めるしかなかった。「いや、なかった」（同三〇節）。恐らくこれをうつむいてボソッと言ったのではないかと私は想像する。

行きたいところに行こうとするのを邪魔するものが現れる時、バラムと同じように私たちは苛立つ。私たちの先祖には想像もできないようなスピードで私たちを目的地に運んでくれる飛行機に乗る前に、五分遅れるだけでいらいらする。端的に言って私たちは、自分が欲しいものを欲しい時に欲しいのだ。そして大体の場合、今、欲しいのだ。だが時として、それを妨げるものが現れる。道を示すために、神が道に立ちはだかるのだ。

バラムを足止めした御使いはこう言った。「わたしが敵対者として出て来ていたのだ。あなたがわたしの道を踏み外していたからだ」（同三二節）

この「踏み外す」（訳注・英語では Reckless ＝向こう見ずな、無謀な）ということばはヘブル語の yarat が語源で[14]、古代における無謀運転を意味する。それは例えば、霧の中をライトをハイビームにして走るようなものだ（訳注・霧の中でハイビームにすると乱反射して視界が悪くなる）。あるいは、カリフォルニアのパシフィック・コースト・ハイウェイのS字カーブを制限速度五十キロオーバーで走るようなものだ。

神があなたの速度をゆるめたからといって驚いてはいけない。神があなたの道に立ちはだかったからといって驚いてはいけない。なぜなら、神はあなたをあまりにも愛しているから、あなたがトラブルめがけて突っ込んでいくのを見過ごしにはできないのだ。

バラムのロバが私たちに何かを教えてくれるとしたらそれはこういうことだ。神はご自分の目的を果たすためにどんなものでも用いられるし、それをどこでも、いつでも、どのようにでもできる。そして知恵ある者を当惑させるためにばからしいことを用い、強い者を当惑させるために弱い者を用いられることを特に好まれる（Iコリント一・二七参照）。つまり私たちはみな、用いていただけるということだ！

スリーパー効果

ヴィンヤード・ムーブメントの創始者であるジョン・ウィンバーは、信頼のおけるその霊性のために広く尊敬されていた。多くの者にとって、信仰の道とは曲がりくねったものだ。だが、ジョンの軌跡を見ると、私は少し、バラムのことを思い出す。

ジョンは二十代の頃、自らを無神論者と呼んでいた。それまでの生涯を通して、神について考えたことはなかった。ある日、つきあいのあるドラッグ・ディーラーに金を借りるためにロサンゼルスのダウンタウンに行くと、体の前後に看板をつけた男と出くわした。看板には「私はキリストのゆえに愚かな者です」と書いてあった。ジョンは、こんなばからしいことは今まで見たことがない、ロバのようにばかなやつだ、と思った。だが彼の横を通り過ぎた時、背中側の看板には「あなたは誰のゆえに愚かですか?」と書かれているのに気づいた。そしてどういうわけかその一言が彼の霊に一つの種を植えつけたのだ。

この話を続ける前に、聖霊の奇跡的な働き方の一つを紹介させてほしい。心理学には、スリーパー効果と呼ばれる現象がある。一般的に、説得の効果というものは時とともに減少していく。だからこそ広告主は、広告のメッセージが色あせる前に商談を成立させようとする。だが、この法則に当てはまらない珍しいケースもある。メッセージが何か謎のものとしてそれを見た者の心に残るのだ。そしてどのようにしてか、なぜなのか、本人もわからないまま、そのメッセージが心の中で次第に大きくなっていく。私は、福音がその最たる例だと思う。そして聖霊はそのわざにおいてすばらしい働きをなさる。何十年も前にまかれた種から収穫をされたり、私たちの潜在意識の奥底にあった考えを再浮上させたりなさる。

体の前後に看板をつけた男と遭遇してから何年も経ったある日、非常に疑い深いジョンは、妻と共に聖書の勉強会に行った。すると思いがけず、彼の妻が勉強会のグループのメンバーに罪を告白しながら泣き始めた。そんな妻のようすにジョンは辟易《へきえき》して、（こんなばからしいことは今まで見たことがない。おれはこんな醜態は絶対にさらさない）と思った。[15] その時、彼の脳裏に看板をつけた男の記憶がよみがえった。そして何が起こっているのか自分でもわからないまま、彼はひざまずき、自分の罪も赦してほしいと泣きながら神に祈っていた。

こんなことを言うと気を悪くする方もいらっしゃるかもしれないが、私は看板による伝道がとても好きというわけではない。それよりも、友情の中で信仰を分かち合うほうがはるかに効果的だと思っている。だが謙遜になって、神は誰を通してでも、また何を通してでも語ることがおできになると認めよう。神に仕事のやり方を指示するなど、とんでもないことだ。結局のところ、神はロバを通してさえ語るし、私やあなたのような愚か者も用いてくださるのだ！

予測のつかない神

聖書をちょっと調べただけで、神はいつでもしかるべき時にしかるべき所に現れる方だということがわかる。神のタイミングは非の打ちどころがない。だがその手段となると、予測ができない。過ぎ越しの祭りの時にイエスが弟子たちに与えた指示を思い出せばそれがわかる。

「都に入ると、水がめを運んでいる人に会います。その人が入る家までついて行きなさい。そして、その家の主人に、『弟子たちと一緒に過越の食事をする客間はどこか、と先生があなたに言っております』と言いなさい。すると主人は、席が整っている二階の大広間を見せてくれます。そこに用意をしなさい」（ルカ二二・一〇～一二）

読み流しがちだが、これはまるで青年会がやるスカベンジャー・ハント（訳注・リストに挙げられたものをお金をかけずに集めたり実行したりする競技）のようではないだろうか？　さらに、税金の件でイエスがペテロに与えたこんな指示もある。

「湖に行って釣り糸を垂れ、最初に釣れた魚を取りなさい。その口を開けるとスタテル銀貨一枚が見つかります。それを取って、わたしとあなたの分として納めなさい」（マタイ一七・二七）

これなどは最も「どうかしている」命令の一つに数えられるだろう。ペテロはこれをイエスのジョークと受け取ったのではないかと思うことがある。なんといっても彼はプロの漁師である。それまでの人生でたくさんの魚を取ってきた。だが賭けてもいいが、取った魚の口の中にコインが入っていたことは一度もないと思う。そんな可能性があるだろうか？

いくつかの考察をしたい。

まず、神は違ったやり方で奇跡を起こすことが大好きだ。そして公式には収まらない方だ。神という方がわかったと思うと、次は変化球を投げてこられる。もう一度言うが、神に仕事のやり方を指示する必要はない。必要なのは、神がおっしゃることを聞いて、それに従うことだ。そしてもし、突拍子もなく考えられないような奇跡を体験したいなら、「どうかしている」としか思えない促しに従わなければならない。

次に、神は私たちが想像もしないような時に、想像もしないようなところで私たちを驚かせることが大好きだ。釣りに関して言うなら、ペテロは一つや二つイエスに教えてあげられることもあると思っていたに違いない。何しろ、彼はプロなのだから。自分が最も熟練している分野こそ、神の助けを最も必要としないと考える分野だ。だが恐らく実際には、その分野でこそ最も神を必要とするのだ。

イエスはもっと普通のやり方で、ペテロの税金を支払ってやることができた。だが、それではみわざのすばらしさをこれほどまでには体験できなかった。しゃべるロバと口からコインを吐き出す魚のどちらがより奇妙なことか、私にはわからない。だがどちらにしろ、これらは異常なことではない。当然のことであり、神はその頃と同じように今も予測不可能な方なのだ。

あなたは聖書をどんな本だと思って読んでいるだろうか。歴史書？　それとも、生きて働く本？　もう終わってしまった神のみわざについて書かれている本として読んではいないだろうか？　それとも、神はそれと同じことをもう一度、いや、何度でも行いたいと思っていらっしゃることを信じているだろうか？

多くの人は聖書を、あまり期待しないで読むという間違った読み方をしている。私は次のような確信を持って聖書を読んでいる。私たちがもし聖書の登場人物たちと同じことをするなら、神は彼らにしたのと同じことをされる。なぜなら、神は昨日も今日も、とこしえに変わることのない方だからだ（ヘブル一三・八参照）。もっと言うなら、私たちは「さらに大きなわざ」を行うことができる（ヨハネ一四・一二参照）。

私たちはあの頃より神の声を聞く必要がないのだろうか？

私たちはあの頃ほど奇跡を必要としないのだろうか？

私たちはあの頃より神の贈り物を必要としないのだろうか？

私たちはあの頃よりしるしを必要としないのだろうか？

私たちはあの頃より開かれたドアと閉ざされたドアを必要としないのだろうか？

どの問いの答えも「Ｎｏ」である。

神が私たちの期待をきよめ、聖書に釣り合うものとしてくださいますように。

ビリー・グラハムがエプワース牧師館を訪ねた時に「私にもみわざを見せてください」と祈ったのと同じ期待をもって、私たちも祈れますように。

時の経過とともに、次の二つのうちのどちらかが起こる。すなわち、あなたの神学があなたの現実に同調し、期待がどんどん小さくなり、しまいには神についてほとんど何も信じられなくなるか、あるいは、あなたの現実があなたの神学に従い、期待がどんどん大きくなり、神について完全に何でも信じられるようになるか、である！

第八章　白日夢を見る者——第四の言語・夢

「これらは神のみわざの外側にすぎない。私たちは神についてささやきしか聞いていない」（ヨブ二六・一四）

チックフィレイ（訳注・アメリカのチキン専門店）のバニラシェイクは人生における素朴な楽しみの一つで、この店の横を通り過ぎる時、ドライブスルーをしないと怠惰の罪を犯したような気になる。なぜなら、それはただのアイスクリームではなく、アイスドリームだから だ。[1]「モー　チキン」（訳注・チックフィレイの広告看板では、牛たちが「モー　チキン」と言っている。牛ではなく「モア　チキン〈もっとチキンを〉」を食べてと訴えているという冗談）というフレーズの出どころは創始者のトルエット・キャシーだが、バニラに関してはもう少し古い歴史がある。この話は、インド洋の小さな島に住んでいた十二歳の奴隷の少年までさかのぼるのだ。

二万八千以上の種があることで知られている蘭《らん》は、世界最大の植物科の一つだ。[2] だが、その中で食べられる実をつける属のものはたった一つで、それがバニラ・オーキッドである。私たちはその風味と香りを、あってあたりまえのものだと思っている。バニラは世界で最も好まれているスパイスだが、一八四一年には世界中でたった二千粒以下のバニラ・ビーンズしか収穫できず、そのすべてはメキシコのものだった。[3] とても希少だったので、買い手が殺到した。

「スペインの王フェリペ二世の侍医であったフランシスコ・エルナンデスはこれを、胃を整え、毒蛇にかまれた際の治療薬となり、胃腸の膨満を抑え、利尿作用のある奇跡の薬と呼んだ」。[4] オーストリアのアン王女はこれをホットチョコレートに入れて飲んだ。女王エリザベス一世はプディングにこれを入れた。そしてトーマス・ジェファーソンは、「独立宣言」を書いただけでなく、バニラ・アイスクリームの最初のレシピも書いた。[5]

十二歳の奴隷の少年に話を戻そう。レユニオン島のサント・スザンヌには、エドモンという名の孤児の銅像が立っている。教育に関して言うならば無学だったが、彼は十九世紀の植物学における大きな謎を解くことになった。

一八二二年、レユニオン島の農園主がフランス政府からバニラの苗木を譲り受けた。その中の一本だけが無事に育ったが、二十年近く経っても実をつけることはなかった。三百年の間、メキシコの外ではそれが普通だったのだ。ユーグロシア・ヴィリディッシミアという緑色の蜂がその謎の鍵となることがわかったのは二十世紀後半のことだった。

この受粉媒介者がいなければ、メキシコの外にあるバニラ・オーキッドは花を咲かせることができなかったのだ。エドモンが、ある魔法のようなことをするまでは。

一八四一年、フェレオール・ベリエ＝ボーモンはエドモンを伴って自分の農園を歩いている時、バニラのつるが二粒の実をつけているのを見つけて驚愕した。するとエドモンは自分が手を使ってそれを受粉したことを淡々と説明した。信じられない思いのフェレオールがそれを実演してほしいと頼むと、エドモンは親指と人差し指で花粉を持っている葯《やく》と花粉を受け取る柱頭をつまんでみせた。サント・スザンヌにある彼の銅像はこの時のジェスチャーを模している。フランス語ではこれをle geste d' Edomond（「エドモンのジェスチャー」という意味）と言う。[6]

一八五八年までに、レユニオンは二トンのバニラを輸出し、一八六七年にはそれが二十トンにまで増えた。そして一八九八年には二百トンを輸出するまでになったのである。レユニオンはメキシコを超えて世界最大のバニラ産地となった。[7] そしてその歴史は、エドモンという名の十二歳の少年が一つのバニラを手で人工授粉したことにまでさかのぼるのだ。一本のつるから始まったことが十億ドルの産業を生み出したのである。

すべての夢には系譜がある。これはアイスドリームについても言えることだし、あなたの夢についても言えることだ。私たちの夢は先人たちによって描かれたもので、私たちはそれに倣って未来の人たちの夢を描く。だから私たちの夢は実際のところ、夢の中の夢なのだ。私たちは「光よ、あれ」までさかのぼれる夢のこちら側の端っこにいるのだ。

創造のわざは、神の最初のジェスチャーだ。十字架は、神のあわれみ深いジェスチャーだ。よみがえりは、神の壮大なジェスチャーだ。そして神は今でも、聖霊の働きによって与える夢や幻を通してご自分の計画と目的を成し遂げておられる。

夢という言語は四つめの愛の言語だが、神の共通語でもある。聖書において、神がこれほど流暢に、また頻繁に使われる方言はほかにはない。夜に見る夢にしろ、昼に見る夢にしろ、神は夢を与える方だ。

ヤコブの人生の軌跡を変えたのは、ベテルという場所で彼が見た夢だった。彼の息子のヨセフは、二つの国を救う二つの夢を解き明かした。預言者ダニエルは、バビロンの賢者を救う夢を解き明かした。メシアは、ヨセフとマリアにベツレヘムから逃げるように警告する夢によって救われた。パウロはマケドニアにいる男性の幻を見て、それがヨーロッパ伝道につながった。

そしてあなたがもしイエスを信じる者で、ユダヤ人ではないなら、あなたの霊的な系図は次の二重の幻にまでさかのぼる。コルネリウスが見たペテロの幻と、ペテロが見たコルネリウスの幻である。

神が夢の中で語ったという記事があまりにも多いため、私たちはしばしばそれを読み流してしまう。例えば神がソロモンに何でも好きなものを与えようと言った時のことを思い出してほしい。あれは夢の中でだった。目を覚ましたソロモンは識別力を求めた。これは文字どおり「聞く心」（I列王三・九参照）のことだ。ほかの何にも増して、ソロモンは神の声を聞くことを願ったのだ。そのジェスチャーが世界で最も賢い男となったソロモンの起源だった。

右脳の想像力

夢という言語を理解するためには、少し神経解剖学を知る必要がある。人間の頭蓋骨の中に収まっている約一・三キロの灰色の物質ほど神秘的で奇跡的なものはない。大きく見ると、脳は並列処理をする二つの脳半球で成り立っている。左右の脳半球をつなぐ脳梁《のうりょう》のおかげで、二つの脳半球の機能は交差し、重なっているが、左脳は論理的思考をする部位、右脳は想像力や創意を生む部位となっている。

神経解剖学者は、さまざまな神経機能が担う領域と小領域がそれぞれどこであるかを割り出してきた。「願い」という言語で学んだように、偏桃体は感情を処理する。延髄の中にある延髄背側は、徐波睡眠をつかさどる。下唾液核は、あなたがお気に入りのレストランに入って行く時、活性化する。左頭頂葉のおかげで、あなたは読んだものを理解することができる。

これらの事実を踏まえたうえで、次の何よりも重要な戒めを読んでみよう。

「あなたは心を尽くし、いのちを尽くし、知性を尽くして、あなたの神、主を愛しなさい」(マタイ二二・三七)

「知性を尽くして神を愛する」という時、そこには内側前頭前皮質も含まれるだろうか? もちろん、含まれる! これは物事をおもしろいと感じることを可能にしてくれる部位なのだが、幸せで、健全で、きよい人々というのはよく笑う人たちのことだ。神経画像という技術が発明されるずっと前に、聖書は、笑いは良い薬だと断言している(箴言一七・二二参照)。神は私たちのユーモアのセンスを、脳のほかの側面や機能と同じように聖化したいと望んでおられる。右脳の想像力とはどんなものだろうか? この問いに完全に答えるとしたら、もう一冊別の本が必要になるが、一言で答えるなら「神のサイズの夢」である。結局のところ、私たちの夢の大きさというものは、私たちの神の大きさを表すものなのだ。

もし、人間の脳をこのように造られた方が神だと信じているなら、脳を構成するすべての要素を通して神が私たちに語りかけることを疑う理由があるだろうか? 人間の脳や心に特有の特徴は、神のかたちの一側面であるとさえ言えるのである。神は時に、偏桃体を用いて願いという言語を話される。また、論理が私たちを神の望むところに導く時には論理という声で話される。神は確かに、頭頂葉に関連する人間の五感を通して語られるのである。また神は、過去の記憶や将来の夢を通しても語られる。

私は最近出席した会合で、国立衛生研究所の長官フランシス・コリンズ（訳注・原書の初版は二〇一七年。同氏は二〇二一年、同役職を退任している）が、十年にわたる脳回路の研究から得られた予備的な所見を分かち合ってくれるのを聞いた。[8]研究を開始してから三年経つと、答えと同じくらいたくさんの新たな疑問が生まれた。例えば、音声認識と視覚認識はこのうえなく不思議な機能だったし、記憶する機能も、記憶を呼び戻す機能も同様に不思議だった。だが、何にも増して不思議だったのは、人間の想像力だという。

私は、できる限りたくさん学ぶことによって脳を良い状態に保てるという考え方に同意している。だが同時に、神が脳のシナプスの中にも住んでおられ、思考や、発想や、夢を通して語りかけることも信じている。

私たちの八百六十億個のニューロンを駆け巡るすべての思考は、私たちを母の胎内で編み上げた神の賜物だが、もし、とても調子がいい時に思いつくいちばんいい考えよりもさらにいい考えが浮かんだとしたら、それは神からのものかもしれない。それが聖書と同等とは言わないが、通常の「グッド・アイディア」を上回るものではある。グッド・アイディアとゴッド・アイディアを見分けることは簡単だろうか？　いや、簡単ではない。さらに、繰り返しになるが、神のアイディアだと思ったものも、聖書というフィルターを通して再確認しなければならない。だが、自分から出たのではないと思える考えを神が与えてくださったとき、信頼すべきものは信頼しなければならないのだ。そしてその思考を捕らえ、キリストに従わせることは、私たちの仕事である（Ⅱコリント一〇・五参照）。

心に流れる映像

一九五六年、二十歳の学生だったローレン・カニングハムは、合唱団のツアーでバハマに来ていた。ある夜、彼はベッドに入ると枕を二つ重ねて寄りかかり、聖書を開いた。そのようにして神に語りかけてくださいと祈るのは彼にとっていつもどおりのことだったが、その日、次に起こったことはいつもどおりのことどころではなかった。

「突然、私は世界地図を見上げていたんです。ただ、その地図は生きていて、動いていました」[9]とローレンは語っている。彼は頭を振り、目をこすった。絵の中の朝びらき丸が本物の船になったのを見たエドマンドとルーシィが恐らくそうしたであろうように。彼はその現象を心の中で映画が始まったようだったとたとえた。その映画の中で彼は、波が岸に押し寄せ、最終的には大陸を覆ってしまうのを見た。

「そしてその波が、私くらいの年齢かもっと年下の若者たちになって、大陸を覆いつくしたんです」。ローレンはそれらの若者の大群が、通りの角や、飲み屋の外や、家から家を巡りながら福音を宣べ伝えるのを見た。[10]

その幻が何を意味するのかローレンにははっきりわからなかったが、それはやがて世界に宣教師を送り出す組織の中で最も大きなものの一つ、ユース・ウィズ・ア・ミッションという現実になった。五十年以上経った今、ユース・ウィズ・ア・ミッションでは世界の百八十か国以上、千百か所以上の宣教拠点で、一万八千人以上のスタッフが働いている。[11]

この手の幻は少し、普通ではないと感じる読者もいるかもしれない。だが、神がケバル川のほとりでエゼキエルに語りかけた時や、ウジヤ王が死んだ後にイザヤに語りかけた時は、こんなふうではなかっただろうか？　黙示録も、ヨハネがパトモス島に追放された時に見た心の映画の記録である。

私は決して、私たちの夢は聖書と同等だと言っているのではない。幻も結局は聖書の一部に過ぎない。だが、神が同じ方法で語りかけることはない、と考える根拠は一体何だろうか？　しかも、神ご自身がそうするとおっしゃっているのに？　夢や幻は、私たちが終末の日々を生きていることの証拠である。

「神は言われる。終わりの日に、わたしはすべての人にわたしの霊を注ぐ。あなたがたの息子や娘は預言し、青年は幻を見、老人は夢を見る」（使徒二・一七）

神の聖霊に満たされることの超自然的な副産物は夢と幻であり、預言もセットでついてくる。私たちは自分自身のために神の声を聞き分ける必要があるだけでなく、他者のために神の声を聞き分けることも必要なのである。これが預言についての定義の一つであり、それがもし心に描かれる映像であっても驚くことはない。

ここで一つ大切なことを述べておきたい。神があなたに与えてくださる夢はあなたのためのものだが、あなただけのためではない。それは、その夢によって影響を受けたり、触発されたりするであろうすべての人のためなのである。

ローレン・カニングハムは、ユース・ウィズ・ア・ミッションについての夢は自分についてではなく、一万八千人のスタッフと、キリストへの信仰をもった数えきれないほどの人についての夢だと断言した。

あなたの夢がもしビジネスになったとしたら、あなたに雇用される人たちはその夢の恩恵を受ける人になる。そしてあなたが提供する良い商品を購入したりサービスを利用したりする人たちもまた受益者だ。あなたが何をするにしても同じことが言える。あなたがもし医者、あるいは弁護士、教師なのだとしたら、あなたはただ自分のためだけに医学部や法学部や教育学部に行ったのではない。あなたはあなたが診察する患者や、弁護を頼みに来る依頼者や、あなたが教える生徒のためにそれらの勉強をしにいったのだ。

私は神学生の頃、劇場で「トイメーカーズ・ドリーム」というお芝居を見た。そして、創造主をおもちゃ職人として描くその想像力に富んだ手法から大きな影響を受けた。この作品のプロデューサーであるトム・ニューマンに会うまで、誰がこの作品を作ったのか知らなかったのだが、二十年近くを経てやっと、彼にお礼を述べることができた。神はこの劇を私の人生において、また世界中において意義深く用いられた。この作品は最終的に、旧ソ連の共産主義青年同盟の主要メンバーを含む七万五千人の観客の前で上演されたのだ[12]。神がこの劇を世界中で変化を生み出すために用いられたことはわかっているが、私は自分がまず最初の受益者となったように感じている。

私の中にある核心的な信念の一つは、教会は地球上で最も創造的な場所でなければならないということだ。まだ誰も考えたことのないような教会の運営のしかたがあると信じている。そして文筆家として、また牧師として、私は昔ながらのことを新しい言い方で表現しようと務めている。私が伝えようとしている価値観は、世界から孤立して生まれたものではないのである。それらはさまざまな経験を通して人々の心に伝わってきたが、その一つが「トイメーカーズ・ドリーム」だったのだ。

そして、これこそ夢のすばらしいところだ。あなたの夢が、いつ、どこで、誰の夢をどのように刺激して、その人自身の夢を追い求めさせることになるか、あなたには決してわからない。夢を与える方だけがそれをご存じなのだ。私たちには自分の夢を奮い立たせてくれたことについていつの日か直接、あるいは間接的に感謝を伝えるべき相手がたくさんいるだろう。

心に描かれた絵

ナショナル・コミュニティー・チャーチは今、八つの拠点を持つ教会になっている。だが、それはもともと思い描いていたことではない。教会開拓に失敗した過去のある者として、私が望んでいたのはたった一つの拠点だった！　その後神が五番ストリートとFストリート・ノースイーストの角というビジョンを与えてくださり、それがすべてを変えた。ローレン・カニングハムが神に心の中で見る映画を見せられたように、私は地下鉄路線図という心の絵を与えられ、それを心の目で見た。ナショナル・コミュニティー・チャーチが、ワシントンDC全域の地下鉄駅にある映画館に点在している光景を思い描くことができたのである。

私が最初に複数の場所で集会を持つというビジョンを心に描いた当時、マルチサイト（複数拠点）ということばさえなかった。私たちは今、二〇二〇年までに二十の拠点を持つことを目指しており、その中には教会、開拓教会、コーヒーハウス、ドリームセンターが含まれる。

最終的にどこまで行けるかわからないが、一つひとつの拠点はすべて系図を持っており、それをさかのぼっていけば五番ストリートとFストリートの角で聞いたささやきにたどり着く。

神は夢を通して語られ、その方言の一つは心に描く絵だ。私は、他者のために祈っているときには特にそうだということに気づいた。こう言うと神秘主義者のように聞こえるかもしれないが、実は聖書的なことだと私は思う。

ダビデがバテシェバと姦淫《かんいん》した時、神は預言者を送ってダビデと対決させることによって彼を悔い改めさせた。その際、預言者ナタンがもしあまりにも単刀直入だったら、ダビデは防衛的な反応を示したのではないかと思う。そうならないように神はナタンにことばで描く絵を与え、それがトロイの木馬のような役割を果たした。

ナタンは子羊を例にとって話したが、ダビデが王になるずっと前には羊飼いだったことを考えると、これは偶然ではない。この話はダビデの防御システムを迂回し、この話だけが触れることのできる心の琴線に触れた。その結果、ダビデは真心から悔い改めることができたのである。

ナタンは、イエスがたとえ話を使われるのと同じ理由でこの心の絵を使った。ことばの絵を通して何かを伝えるということは、通常の話し方よりもう少し時間と努力を要する。だが、愛をもって真実を語る時には効果的な点がいくつかある。だから神は心の中で見る映画や心に描く絵を通して語られるのかもしれない。

普通ではないことも普通に起こる

白日夢に関して言うならば、私は人並み以上に見るほうだと思う。夜に見る夢に関して言うならば、恐らく人並み以下だと思う。夢の内容はほとんど思い出せないし、思い出したとしてもあまり意味のないものばかりだ。だが最近、私は友人のカーティス・パークスからこんな話を聞いた。彼は、夢を通して語りかけてくださいと神に願うことが長年の習慣だそうだ。

ナショナル・コミュニティー・チャーチのスタッフになる前、カーティスは昼間は配達の仕事をしながらキャンプ場や教会を巡り歩き、歌を歌うという生活をしていた。だが思いがけずその仕事を失ってしまった時、どうやって生計を立てていけばいいかわからなくなった。

彼は眠る前にそのことについて祈り、その晩、ヴァージニア州のシャーロッツビルにある教会で賛美をリードしている夢を見た。翌朝、カーティスが電話の音で目を覚ますと、それはその教会の牧師からで、週末に教会に来て賛美をリードしてほしいというのだった。カーティスがその教会でリードした曲「救いはここにある」[13]まで、夢で見たとおりの選曲だった。そして受け取った謝礼金は、彼の月々の住宅ローンより数ドル多い額だった。

「その瞬間、神は僕が目を覚ましている世界で感じている不安をご存じで、夢の世界で保証を与えてくださったことがわかった。大きな意味のあることだったよ」とカーティスは語ってくれた。

私たちには自分が経験したことのないことには懐疑的になる傾向があり、眠っている時に見る夢に関しては特にそうだ。気をつけないと、自分が経験したことのない方法で神のことばを聞いた人たちを、少しおかしい人として退けてしまうことになる。だが、もしかすると私たちのほうが少し「普通すぎる」のかもしれない。聖書の中に神が夢を通して語るという前例があるのなら、どうして同じ経験を祈り求めてはいけないことがあるだろうか。もしかしたら、そういう夢を見ないのは、そういう夢を願わないからかもしれないではないか（ヤコブ四・二参照）。

私の妻のローラと義理の姉妹のニーナは最近、宣教師仲間のトニーとジェイミー・セバスチャンと一緒にギリシャのテサロニケにある難民キャンプで一週間ほど過ごした。彼らはそこで難民の夫婦に出会い、その証しを聞いた。

エマニュエルはイランで生まれ育ったが、妻のアマンダはクルディスタン出身だった。エマニュエルはシーア派のイスラム教徒として育ったので、祈りは彼の宗教的な習慣の一つだった。だが実は彼は祈る時、誰も聞いていないような気がしていたのだ。ある時一人の友人が「イエスがきみと話したがっている」と言って彼に聖書をくれた。そこでエマニュエルは、もしイエスが実在するなら自分に現れてほしいと願った。するとそのとおりのことが起こったのである。彼はイエスの幻を見、その声を聞いたのだ。新しく得たキリストへの信仰は彼の命を危険にさらしたので、彼は自分の国から逃げた。そのようにして彼はトルコのイスタンブールで未来の妻アマンダと出会ったのである。

二人が初めて出会った時の状況は「一目ぼれ」以上の何かだった。神はエマニュエルに、彼女がおまえの妻になる、とささやいたのだ。当時、二人は相手が話す言語を話せなかったというのに。二人が結婚した翌日、エマニュエルは奇跡的にクルディスタンのことばを話せるし理解できるようになった！　これは書き間違いではない！　これはペンテコステの日に起こったような出来事なのだ。

新婚夫婦は最終的にはトルコからも逃げ、ボートに乗ってギリシャに着いた。その逃避行は予想よりも長く続き、アマンダは瀕死の状態になった。ある晩、難民キャンプの中の彼らのテントに光が入ってきて、エマニュエルは、今助けがこちらに向かっているというささやきを聞いた。その翌日、二人の女性が現れ、「神に遣わされてあなたがたを助けに来た」と言った。

彼女たちはアマンダを病院に連れていったが、医師は彼女の症状を治すことができなかった。ある晩、アマンダはイエスが彼女のベッドの傍らに立っている幻を見た。イエスは彼女の頭に手を置いて癒やしを祈ってくださった。すると彼女は起き上がり、症状が消えていることに気づいたのである。医師たちは彼女の退院に反対したが、アマンダはそれを振り切って退院し、すぐに洗礼を受けた。この夫婦は今、ギリシャのテサロニケでアラビア語を話す初めての牧師になるべく、訓練を受けている。

「少し普通ではない」どころの話ではない。だが私たちにそんな経験がないとしても、このような奇跡は世界中でいつでも起きている。イスラム教徒の難民が、幻や奇跡やクリスチャンの親切な行為を通してキリストへの信仰を持つに至っているのだ。彼らの多くは聖書を持っていないから、神はしるしや不思議を通して彼らに語りかけている。

こうした出来事は、神が聖書の時代になさっていたことを、今もなさっているということを思い出させてくれるいい例かもしれない。そして神は、その地でなさっていることをこの地でもしたいと思っていらっしゃるかもしれないのだ。

悪夢のような幻

聖書に記されている夢のうち最も奇妙なものの一つは、ペテロが見た、四つ足の動物、爬虫類《はちゅうるい》、鳥などが敷布の中に入れられて地上に降りてくる幻だ。そして「ペテロよ、立ち上がり、屠《ほふ》って食べなさい」(使徒一〇・一三)という神の声がした。私はその時のペテロの答えが好きだ。「主よ、そんなことはできません」(同一四節)。誰かに向かって「主よ」と呼びかける場合、絶対にそれに続くはずのないことばがある。「そんなことはできません」だ。だが、私にはペテロのためらいがわかる。この幻は白日夢というより悪夢のようだった。ユダヤ人のすべての食事規定に反するものだったからである。ペテロがもし、食べ放題のブラジル・ステーキハウスに行ったら、ベジタリアンになるしかないと感じるだろう。

ここで少しこれまでの学びをまとめてみたいと思う。

第一に、神が与えてくださる夢は聖書と矛盾しない。ペテロが見た幻は食事規定に反する例外だと言う人がいるかもしれないが、この時代、聖書はまだ完結していなかったのである。神は異邦人信者を受け入れる一方で、ユダヤ人の食事規定を時代遅れのものにしようとしていた。そしてその両方を一つの夢によって成し遂げたのである。

神が与えてくださる夢はあなたを、聖書という枠組みから外れたところに連れ出したりはしない。だが、試みることさえできないと思っていたようなことをするほどに、あなたの限界を引き伸ばしてくれる。

第二に、神の与えてくださる夢は偏見に立ち向かう。この時代におけるキリスト教は、基本的にユダヤ教の一派だった。異邦人がキリストに接ぎ木されるという考えはあまりにも過激だったため、その夢は三度繰り返される必要があった。時として神は私たちを、私たちが安穏としていられる領域の外に押し出さなければならない。私たちは、自分はなじみがある昔からの同じことをしながら、神には新しいことをしてほしいと願うのだが、物事はそのようには運ばないのだ。神の声は現状維持をしたがる私たちに挑み、新しい方向へと向かわせる。

第三に、夢の意味はいつもすぐに理解できるとは限らない。ペテロがその夢を消化するのに時間を要したのなら、恐らく私たちも同じだ。すぐに意味のわかる夢もあるが、何十年もわからない夢もある。そして夢もまたドアと同じように、一つの夢が別の夢につながり、それがまた別の夢につながっていく。

最後に、神の名声を確立したいなら、必要なリスクは負わなければならないかもしれない。ペテロはコルネリウスの家に入った場合のリスクを考えた。厳密に言えばそれは律法に反することになる。だがパウロのようにペテロも、天からの幻に背かなかった（使徒二六・一九参照）。彼は福音を語り、コルネリウスは悔い改め、ユダヤ人と異邦人の間の土俵は平らになった。

もしあなたがユダヤ人ではないクリスチャンなら、あなたの系譜はこの瞬間にまでさかのぼれる。二つの幻、二つのささやきにまでさかのぼれるのだ。コルネリウスは神に与えられた夢に従って行動し、ペテロもまた神に与えられた夢に従って行動した。その結果、二人は奇跡の真ん中で出会ったのだ。

私たちはこのような話を例外的で特別なこととして捉えがちだが、本当は正常なことではないだろうか？　私たちが今、自由に聖書を読めるからと言って、少しの奇跡しか期待してはいけないということにはならない。聖書はむしろ私たちの信仰をさらに燃やしてくれるはずだ。

もし神がローマの兵士とユダヤ人の使徒の間に聖なる役割をもたらすために二重の幻を用いることがおできになるなら、私たちにも同じことをなさらない理由があるだろうか？

私の最も大胆な祈り――喘息を癒やしてくださいという祈りを覚えておられるだろうか？　私が説教の中でそのことを話したあとに、一人の来会者が私のところに来て、彼女が前日に見たという夢について話してくれた。その夢の中で彼女は私の肺の上に手を置き、祈ると、肺は癒やされたというのである。彼女は、夢の中で彼女がしたことを、夫と一緒にしてもいいかと尋ねた。

正直に言うと、私は少し慎重にならずにはいられなかった。というのも、その夫婦とはまったくの初対面だったからである。だが、多少奇妙に思えることであっても、神が望んでおられることの邪魔だけはしたくなった。さらに、その夫婦がそんな奇妙な提案をするというリスクを冒してくれたことも事実だ。そこで私は二人に、聖書が指示しているとおりに(ヤコブ五・一四参照)私に手を置き、祈ってもらった。

その祈りが私の癒やしに関してどんな役割を果たしたのか、私にはわからない。だが、これもパズルの一つのピースだった。私の癒やしのきっかけとなり、確認となったのだ。そしてまた、神は奇妙で不思議な方法で働かれるということを思い出させる出来事ともなった。

神への飢え渇き

一九〇八年四月一日、ジョン・G・レイクは自分が南アフリカに運ばれ、そこで説教をしている幻を見た。その夢はペテロが見た幻と同じように何度か繰り返された。十八日後にレイクは家族八人を連れ、ポケットに一ドル五十セントを入れてアフリカへと旅立った。家族八人が入国審査を通るには、彼の所持金の百倍近い百二十五ドルが必要だろうということを、レイクはよくわかっていた。だが彼は、神が彼らに行きなさいと命じられたように感じていたのだ。[14]

南アフリカに到着すると、レイクは入国するのに必要な所持金がないにもかかわらず、入国手続きを待つ列に並んだ。するとその時、誰かが彼の肩をたたき、二百ドルを手渡してくれたのだ。レイクはヨハネスブルグ行きの列車に乗ったが、住む場所もまだ決まっていなかったので、その列車の中で家族と共に神に祈った。列車が目的地に到着すると、彼らは駅でミセス・グッドイナフという女性に挨拶された。彼女が言うには、彼らに住む場所を提供しなさいと神に言われたというのだ。

誰かの人生が周囲にどれほどの影響を与えたかということを数値化することはできないが、ジョン・G・レイクは南アフリカ全土を覆ったリバイバルに欠かすことのできない存在となった。彼はその後アメリカに戻り、四十の教会を開拓した。[15] そして彼から最も大きな影響を受けたのは信仰の息子、ゴードン・リンゼイで、彼はクライスト・フォー・ザ・ネイションズ（訳注・超教派の聖書学校）の創立者となった。

神はなぜレイクをこのようにお用いになったのだろうか？　家族八人を引き連れて世界を半周してまで神が見せた幻に応答しようとする者がいるなら、神はきっとその人を何にでも用いられるだろう！　ジョンの「どこにでも行くし、何でもする」という意思の固さは他に類を見なかったし、彼の神に対する飢え渇きもまた並々ならぬものだった。

レイクはかつて、「私は今まで生きてきた中で、自分がいちばん神に対する飢え渇きの強い人間だと思う」と言ったことがある。[16] 誰かの自己評価について判断を下すのは難しいが、私はこう言いたい。謙遜であり続けながら神に飢え渇き続ける人がいるなら、神がその人の中で、あるいはその人を通してできないことは何もない。事実、あなたが謙遜であればあるほど、神はあなたに大きな夢を託すことができる。なぜなら、ご自分に栄光が帰ってくることをご存じだからである。

最後に一つ付け加えたいことがある。神に与えられた夢を追い求めることのゴールは、夢の達成ではない。実際のところ、それは二番めに大切なことだ。いちばん大切なゴールは、それを追い求める中で、あなたがどんな人間になるかということだ。大きな夢は人を大きくする。なぜなら、大きな神を信頼しなければならないからだ。神のサイズの夢ほど私たちをひざまずかせるものはない。それは私たちに、神に全面的に依存して生きることを強いる。神なしではその夢は実現しない。神のサイズの夢は私たちが神にもう少し近づくことを余儀なくし、その時神は私たちを、ご自分の望む場所に導いてくださるのだ。

第九章　隠された人物たち――第五の言語・人々

「多くの証人たちが、雲のように私たちを取り巻いているのですから」（ヘブル一二・一）

一九六二年二月二十日、ジョン・グレンは、ケープカナベラル宇宙軍基地で、高さ約三十メートルのマーキュリー・アトラス六号の頭頂部に座っていた。予定より十一日遅れのその日、宇宙船通信担当官のスコット・カーペンターはあの有名な一言、「ゴッドスピード、ジョン・グレン」[1]（成功を祈る、良い旅を）を口にし、マーキュリー・アトラス六号は、ラウンチコンプレックス一四（訳注・ロケット発射施設）から発射された。ロケットは最高時速約二万八千キロで地球の周りを三周し、四時間五十五分二十三秒後に、バミューダ諸島の南東約千二百キロ地点に着水した。[2]

ジョン・グレンはその瞬間、地球を周回した初めてのアメリカ人としてヒーローになった。だが、ヒーローであっても助けを必要とするものだ。そして壮大な物語の背後にはしばしば、すばらしい裏話がある。

ＮＡＳＡにとって最大の困難は、宇宙飛行士を宇宙に送り出すことではなく、無事に地球に帰還させることだった。そこでキャサリン・コールマンとゴーブル・ジョンソンの出番となる。グレンの大気圏再突入に関する計算には、最も優れた数学的頭脳が必要であり、キャサリンはその筆頭だった。だが、彼女は二つの大きな壁を乗り越えなければならなかった。一つめの壁は、一九六二年はラングレー研究センターで黒人職員用トイレが区別されていたような白人社会であったことで、二つめは、男性社会であったことである。だがそれでも、優秀な女性を抑えつけることはできない。

軌道計算と打ち上げウィンドウの計算にかけては、キャサリン・ジョンソン（訳注・旧姓コールマン）の右に出る者はなかった。NASAは数年前に初めてIBMのコンピューターを購入したところだったが、ジョン・グレンは人間コンピューターともいうべきキャサリンのほうをもっと信頼していた。事実、彼はキャサリンが数字をチェックし終わるまでは離陸するつもりはなかったので、「あの娘《ザ・ガール》に数字を確認させてくれ」と、特別に頼んだほどだった。[3]

私は事実を誇張したくはない。恐らくNASAには数字を検証できる人間はほかにもいたに違いない。だが、ここでちょっと「もし……だったら遊び」をしてみよう。キャサリンがその時実際にしたことを、もししていなかったら、ジョン・グレンが実際にしたことを、本当にしていたかどうか疑わしい。そしてもしジョン・グレンが地球を周回しなかったら、月への飛行もなかっただろう。そしてもしアメリカが人を月に着陸させていなかったら、ソビエトがそれをしていただろう。そしてもしソビエトが宇宙開発競争に勝っていたら、彼らは冷戦にも勝っていたかもしれない。

私が言いたいのはこういうことだ。私たちがその存在を知ることのない「隠された人物たち」がいて、彼らは私たちがまったく気づかないような方法で歴史の流れを変えているのだ。もしキャサリン・ジョンソンが九十七歳の時に自由勲章を授与されなければ、ほとんどの者が彼女の名前すら知らなかったのではないだろうか。[4] 加えて、アカデミー賞にノミネートされたあの映画がなければ（訳注・キャサリン・コールマンとゴーブル・ジョンソンは映画『ドリーム』のモデルとなったが、この映画の原題は『Hidden Figures〈隠された人物たち〉』である）。そして念のために言い添えるが、キャサリン・ジョンソンはもちろん、一人の男性を月に送るのを助けたのである。

すべてのジョン・グレンの背後には、キャサリン・コールマンとゴーブル・ジョンソンがいる。それは聖書においても同じことだ。モーセの背後にはアロンがいる。ダビデの背後にはベナヤがいる。エステルの背後にはモルデカイがいる。エリシャの背後にはエリヤがいる。テモテの背後にはパウロがいる。イギリスの詩人ジョン・ダンは、「人は誰も孤島ではない」[5]と言った。

あなたはC・S・ルイスが教会に行った理由をご存じだろうか？　賛美歌が好きだったからではない。彼は賛美歌のことを「五流の詩が六流の音楽についているもの」[6]と考えていた。また、彼が教会に行ったのは説教が好きだったからでもない。教会で会う人々が好きだったからでもない。実際、好きではなかった。ルイスが教会に行ったのは、もし行かなかったら、彼が言うところの「ひとりでいるときの欺瞞《ぎまん》」に陥ると思ったからである。人間は一人で生きていくようには造られていないことを、彼は知っていたのである。[7]

他の人々から自分を切り離すとき、私たちは自分だけの孤島になってしまう。そして映画「キャスト・アウェイ」に出てくるトム・ハンクスのように、しまいにはバレーボールに顔の絵を描いてウィルソンと名づけ、それに向かって話しかけ始めるだろう。

神はなぜ私たちの人生の中に人々を置かれたのだろうか？　それはただ「ひとりでいるときの欺瞞」を克服させるためだけではなく、「孤立した監禁状態」をも克服させるためである。神は私たちを謙遜にさせ、潜在能力を引き出すために私たちの人生に人々を送られた。私はそれを人間のピンボールのように考えるのが好きだ。私たちは違う召命にぶつかり、違う賜物にぶつかり、違う考えにぶつかる。それらの出会いを神は用いて、ご自身の望むところに私たちを導かれるのである。

一人の男を月に送るのに、約四十万人の人が必要だったことをご存じだろうか？　その計画には二十六歳のミッション・コントローラーであるスティーブ・ベールズが必要だった。また、二十四歳のコンピューター専門家であり、すべてのアラームコードを暗記しているジャック・ガーマンが必要だった。さらに、燃料の消費を監視する役割のロバート・カールトンもいた。モジュールが約三十八万六千キロ飛行したところで、六十秒後に着陸させる分しか燃料が残っていないので、それができないなら中止せざるを得ないと告げたのは彼だった。そしてエレノア・フォラカーを忘れてはいけない。彼女は宇宙服を作る会社の裁縫師だった。宇宙飛行士が月の上でジャンプし始めた時、彼女と彼女の同僚たちは少し緊張したが、彼女たちが縫った縫い目はしっかりしていた。これらは四十万人のうちの四つの名前にすぎないが、私の言いたいことはおわかりいただけただろう。[8]誰も一人で月に行くことはできないのである。

私たちはみな、アダムとエバに始まる家系図につながっている。そしてその家系図は、戦いに勝利した名もなき英雄たち、窮地を救った知られざる人物たちで満ちている。私たちはみな誰かの功績の上に立っている。ヘブル人への手紙の著者は、このつながりのことを雲のように取り巻く証人と言った。

「このように多くの証人たちが、雲のように私たちを取り巻いているのですから、私たちも、一切の重荷とまとわりつく罪を捨てて、自分の前に置かれている競走を、忍耐をもって走り続けようではありませんか」（ヘブル一二・一）

私たちには雲のように取り巻く証人たちがいて、その雲とは私たちの人生に影響を及ぼしたあの人やこの人のことである。家族、友人、コーチ、教師、そして私としては牧師や執筆家もその中に含まれると考えたい。これらの人々が自分の人生に関わっているのはただの偶然だと考えることは、神の主権を恐ろしく過小評価していることになる。神は彼らを通してあなたの人生に語りかけたいと願い、あなたを通して彼らの人生に語りかけたいと願っておられるのだ。

臆病の霊

五番めの神の愛の言語は「人」だ。そう、神はロバを通して語ることもできるが、たいていの場合は人を用いられる。神はダビデ王を叱責するために、ナタンという預言者を用いた。また、エステル女王に強く働きかけるためにモルデカイといういとこを用いた。そしてテモテを励ますために、霊的な父であるパウロを用いた。「神は私たちに、臆病の霊ではなく、力と愛と慎みの霊を与えてくださいました」(Ⅱテモテ一・七)

これは私たちに向けられたことばでもあるが、テモテへの預言的なことばだった。

テモテの人物像を探るのは難しいが、試してみたいと思う。

彼はパウロとの別れに際して泣いたということから、思考型というよりは感覚型の人だったのではないかと思う(Ⅱテモテ一・四参照)。男性が別れの場面でハグすることはよくあるが、泣くというのは少し珍しい。また、証明することはできないが、私は彼が劣等感に悩まされていたのではないかと想像する。年齢のせいなのか性格のせいなのかわからないが、不安な気持ちに苛まれていたのではないかということが、パウロがコリント人へ宛てた手紙の「テモテがそちらに行ったら、あなたがたのところで心配なく過ごせるようにしてあげてください」（Ⅰコリント一六・一〇）ということばからも読み取れる。

これらすべてがパウロの励ましとなっている。

「不安なく過ごせるように」という部分の原語はギリシア語の deilia で、[9] このことばが新約聖書の中で使われているのはここだけである。その意味は「臆病」で、恐れを見せずに危険に立ち向かうことができない、という意味だ。つまり、根性が足りず、意思薄弱ということだ。一世紀の歴史家ヨセフスはこのことばを、巨人に対する恐れから約束の地について否定的な報告をした十人の斥候を描く時に用いている。またこれは、「殉教者」の反対のことばでもある。言い換えれば、自分の命を救うために信仰を否認する人のことだ。

では実際テモテはどのように死んだかということに触れておきたい。教会の伝承によれば、彼は八十歳の時に異教徒の行進を止めようとして死んだとされている。[10] 臆病なテモテに何が起こったのだろうか？　臆病どころではないではないか。テモテは通りに引きずり出され、最後は石を投げられて殉教の死を遂げた。テモテは臆病者として生きることをやめ、おびやかされる者であることを卒業していたと考えられる。そして霊的な父がしたとおりのことをしようと決心していたのだろう。それは戦いを戦い抜き、信仰を守ることだ。テモテがもし、その行進の上にパウロの声を聞いていたのだとしたら、この勇気ある行動はその一言によるものだったのではないかと思わずにはいられない。

あなたがもしここまでの道のりを私と一緒に歩んできてくれたなら、私が励ましのことばをかけるのに充分な信頼関係ができていると思う。あなたの性格を言い訳にしないでほしい。性格を言い訳にするなら、あなたは自分の性格に隷従する者になってしまう。

神がエレミヤを預言者として召した時、彼は「私はまだ若くて、どう語ってよいか分かりません」（エレミヤ一・六）と言い訳し始めた。私たちもこれとまったく同じようなことをしているのではないだろうか？　私はあまりに〜ですから、とか、私には〜がありませんから、と言って。だが、神が主権者なら、私たちは若すぎるとか、年を取りすぎているとか、臆病すぎるとか、悪すぎるなどと言い訳はできない。神はこう言ってエレミヤを遮られた。「まだ若い、と言うな」（同七節）。

あなたは自分の性格のどういうところを逃げ口上にしようとしているだろうか？

どういうところが言い訳を必要としているだろうか？

アブラハムは年を取りすぎていた。モーセは犯罪者だった。ペテロは衝動的すぎた。ヤコブは分析的すぎた。ヨハネは感情的すぎた。テモテは臆病すぎた。

あなたも言い訳したい部分があったら言ってみてほしい。そうしたら私が、神はあなたのどんなところを用いたいと願っておられるかを言おう。そこに神の恵みと栄光が現れるのだ。

ジョハリの窓

私は大学院にいた頃、「ジョハリの窓」という人の性格に関する興味深い心理学モデルを知った。ちなみに、ジョハリとは、このモデルを考え出したジョーとハリーという二人の男性の名前の組み合わせだ。このモデルの分類によると、性格とアイデンティティーには四つの窓がある。

最初の窓は「活躍の窓」だ。これはあなた自身が知っているあなたと、他者が知っているあなたのことで、いわば公の人格である。フェイスブックに投稿されるようなあなたで、誰もが知っていて、誰もが見ることができる。

二つめの窓は「見せかけの窓」だ。これはあなた自身は知っているが、他者は知らないあなたのことである。いわば、もう一人のあなた、誰にも見られていない時のあなただ。本当のオズの魔法使いを隠すカーテンである。この二つめの窓は、うまくやっていくために作り上げるものだが、結局は自分をだましているだけなのだ。だから霊的に行き詰まることになるし、感情を隠すことになる。

幼稚園に通っていた頃、私はある女の子に恋をしていた。それは誰の目にも明らかなことだったに違いない。というのも、両親が礼拝室でほかの人々もいる時に、そのことについて何か言っていたからだ。何を話したかは覚えていないが、それは絶対に嫌な感じのすることではなかったと断言できる。両親はすばらしい人だった。だが、それでも私は恥ずかしい思いをし、それをことばにできなかったことを覚えている。

私は家に帰ると自分の寝室に閉じこもり、「絶対にここから出ない」という貼り紙をした。そしてそのとおりにした。夕食の時には部屋から出たが、感情的には引きこもったままだったのである。好きな子がいるということを認めるようになるまでには、ずいぶん時間がかかった。からかわれることを、無意識のうちに恐れていたからである。それは私の問題であって、両親のせいではなかった。だが、その話はタブーとなった。私は自分の感情を隠してそれに関する質問に答えなかったし、そういう会話を避けたのだ。

私たちは誰でも、見せかけの後ろに隠している自分がいる。そんな自分を日曜日用の笑顔で覆っている。だがそれは完全に解決したことのない深い失望であり、ある状況に陥ったときに感じる激しい不安なのである。そして、それはまた、告白する勇気を出せない秘密の罪であり、敢えてことばにすることのできない秘密の夢でもある。その結果は浅い会話や表面的な関係であり、それらはイエスが約束した豊かな人生とは違うものだ。

「見せかけの窓」から逃れる唯一の方法は告白だ。と言っても、ただあなたの罪を神に告白するということだけではない。ヤコブ五章一六節はもう一歩進んで「互いに罪を言い表し、互いのために祈りなさい。正しい人の祈りは、働くと大きな力があります」と言っている。その際に、罪だけでなくあなたの言い訳、弱さ、疑いについて告白しよう。

神に罪を告白すれば赦される。だが、お互いに罪を告白し合うことは、癒やしのプロセスの重要な部分を成す。それはあなたのためだけではなく、告白する相手のためにもなるのだ。敵はあなたの秘密を秘密のままにしておきたがる。これは孤立させるためのいにしえからの戦術だ。

お互いに罪を告白し合うことができるのは、自分だけでなく、他の人々も傲慢や肉欲や怒りの問題と格闘しているのだと悟った時だけだ。そしてそれがわかって告白し合えれば、お互いに助け合うことができるし、励まし合うことができるし、責任を負い合うことができる。告白することによって、他者はあなたを勇気づけ、勧め、慰めることができるのだ。

「もし、敵の隠された歴史を知ることができれば、敵意を和らげるのに充分な悲しみ、苦しみをそれぞれの人生の中に見出すだろう」[11]と、詩人のヘンリー・ワズワース・ロングフェローは言った。すべての人は、あなたがまったく知らない戦いを戦っているのだ。もちろん、その人があなたにそれを告白してくれるまでは、だが。

私たちには二つの選択肢があると思う。もう一人の自分を作るか、自分を祭壇にささげるか、である。もう一人の自分を作るとは本当の自分ではない自分を演じることであり、非常な疲れを伴う。もう一つの選択肢は、自我を祭壇にささげ、イエス・キリストにおいてありのままのアイデンティティーを受け入れることだ。そうやって、大声で無駄口をたたく自我を黙らせるのだ。自我を祭壇にささげるとは、自分がどういう存在であるかについての神の評価を受け入れることであり、その評価とは、「わたしの愛しい者」なのだ。神のその評価より劣った者として自分を見ることは、偽りの謙遜である。

盲点

そして三つめの窓は「盲点の窓」だ。これは、あなた自身は気づいていないが、周囲の人は気づいているあなたのことだ。そのままではズボンのチャックを開けたままステージに上がるようなことになる。だから私たちは人生において、愛ゆえに言うべきことを言ってくれる誰かが必要なのだ。「チャックを閉めなさい！」と。そういうことをしてくれる霊的な父や母が必要であり、愛をもって真実を告げることを許されている友人たちが必要であり、呼び出して叱り、もっと良いことのために生まれてきたことを思い出させてくれるアカウンタビリティ・パートナー（訳注・目標に向かって進んでいくうえで、励まし合い、説明責任を負い合う人）

が必要なのである。

視神経が視神経円板を通る部分には、文字どおりの盲点がある。その範囲は高さ七・五度、幅五・五度だ。人間の脳は視覚的な手掛かりに基づいて空白を埋める能力に長けているので、私たちがこの盲点に気づくことはほとんどない。だが、この盲点こそ私たちの間違った判断や、間違った情報や、誤解の原因となりがちな部分でもある。

運転をするために最初に学ぶべきことの一つは、車線を変更する前に自分の盲点について確認することである。それが事故を避けるために必要なことだ。そしてこれは人生についても同じことが言える。だから五番めの言語「人」が非常に重要なのだ。人からの働きかけがないと、盲点は広がってしまう。この盲点は霊的に弱い部分でもある。

私の人生における決定的な日の一つは、あるインターンが勇気をもって私の高慢さを指摘した日だ。私は最初、防衛的な反応をした。だが、彼の言っていることが正しいと悟り、悔い改めた。そして、他の教会や牧師たちについて否定的なことを口にしないよう、最大限の努力をする決心をした。むしろその反対のことをすることにした。そしてそれはナショナル・コミュニティー・チャーチの合いことばになった。「陰で人のことをほめよう」

私があなたより未熟なだけかもしれないが、私は普通、自分が聞きたくないことを誰かに言われるのが嫌いである。だが、それが聞く必要のあることなら、終わりの日には、それを言ってくれた人にこそ最も感謝する。あの決定的な日から十五年経つが、私は今でも、私の中に見えたかすかな高慢さを感じ取り、それを口にするくらい私を愛してくれたそのインターンに恩を感じている。

神の声を聞こえないようにする声のことを覚えておられるだろうか？　批判の声は私たちの潜在能力を見えなくしてしまうことがある。だが、愛のうちに真理が語られるなら、正しい時に発せられた正しいことばは、私たちの目を開く力がある。

人は誰でも解決していない問題や癒やされていない傷を持っている。また、過剰な防衛反応や条件反射や、対処戦略を持っているが、それに気づいてさえいない。もし、信頼できる親しい人々がいて、彼らが何らかのかたちであなたの信頼を裏切った場合、それは傷となって残る。そしてその傷のせいで、次に誰かを信頼することが難しくなるかもしれない。さらに、また同じことが起こるのを無意識のうちに恐れているので、気をつけていないと自滅的で自分に害を与えるようなことをしてしまう。

このように自滅的な特徴が現れてきてしまった場合、それを克服する唯一の方法は、断固とした自己発見だ。これは、自助・自立以上のことである。「自分について知ることなしに神を知ることはできない」[12]とジャン・カルバンは言った。

正しい方法で行うなら、性格診断も神が私たちをどのような人間に造られたのかを知るのに役立つ。気をつけなければならないのは、自分や他人を型にはめこんでしまうことだ。あるいは、すでに述べたように、「こういう性格だから」と言い訳に使うことだ。そういうことはしないように注意しなければならないが、何も知らないことがいちばんいいというわけでもない。

私はストレングス・ファインダー[13]（訳注・性格診断テストの一つ）が大好きだ。その名が示すとおり、これは人々が神から与えられた賜物を発見するのに役立つ。また私はエニアグラム（訳注・人間の性格を九種類に分類した人間学の一種）もいいものだと思っている。私たちが最も陥りやすい大きな罪を特定するのに役立つからだ。著述家であり牧師であるイアン・クロンによると、「それぞれの性格が陥りやすい大きな罪は、依存症のように何気なく何度も繰り返してしまう行為である。そこから自由になるには、自分がいかに頻繁にその行為によって自分の人格を左右させる鍵を与えてしまっているかを認識するしかない[14]」のである。

私たちの中から、健全できよい人格が現れる場合もあるが、不健全で不道徳な人格が現れることもある。この二つの間には、しばしば微妙な境界線がある。私たちには、その線をさまよう時に導き、その線を超えた時には責任を問うてくれる恵みと真実に満ちた人々が必要なのだ。

「誰が言っているか」が問題

この五番めの言語は最もよく使われるものだが、最もよく誤用されるものでもある。そこで、四つめの窓について話す前に少し大切なアドバイスをさせていただきたいと思う。神は人々を通して語りかけるが、その人々は私たち自身と同じように完璧ではない。だから心に留めておくべきことがある。そのことばの出所を考慮するのだ。愚か者からの侮辱はほめことばかもしれないし、愚か者からのほめことばは侮辱かもしれない。いずれにしろあなたは、そのことばを言った人の人格について考えなければならない。

私の経験では、神は見知らぬ人を通してより、友人たちを通して語りかけられることのほうが多い。あなたに必要なことを語るために神があなたの知らない人を用いることができないというわけではない。もちろん神には確実にできるし、私の人生においてそうなさったこともある。だが、愛をもって真実を語ることは友人の特権であり、人間関係がもたらす副産物でもある。その人間関係が確かなものであればあるほど、相手のことばの重みも増す。

私は、あまりにも多くの人々が軽率なことばに傷つけられてきたことを知っている。だからと言って、人々の声をシャットアウトして聞くことをやめようと言っているのではない。ただ、判断力を用いたほうがいいということである。使徒パウロは語られたことばを吟味するようにと言っている（Ⅰコリント一四・二九参照）。人に言われたことばを受け入れる前に、聖書というフィルターを通してそれを吟味するべきなのである。そしてそのことばを真剣に受け止める際には、ことばそのものだけではなく、それを発した人の人格をも考慮するのだ。

逆の立場になることもある。もし聖霊の静かな小さな声に心を合わせられるなら、誰かほかの人の人生に語りかけるべきことばを神が与えてくださる瞬間があるだろう。パウロは、ことばを三種類に分けて説明している。知恵のことば、知識のことば、預言のことばだ（Iコリント一二・八〜一〇参照）。

神は時として私たちのために私たちに語りかけられる。

神は時として他の人々のために私たちに語りかけられる。

あなたが人に差し出せる最もすばらしい贈り物の一つは、その人のために祈るだけでなく、その人のために神に聞くことである。もし預言者の耳を養うなら、神はあなたに預言者の声を与えるだろう。だが、注意しなければならないこともある。聞くときに心に留めるべきことは、話すときにもまた心に留めなければならない。

イエスは、「真珠を豚の前に投げてはいけません」（マタイ七・六）と言った。当然のことながら誰に言うかを考慮しなければならない。つまり、言う相手が問題なのだ。あなたに言うべきことがあっても、相手がそれを聞く準備ができていないか、聞く意思がないかで聞くことができないなら、言っても無駄だ、ということだ。相手に受け止める気がないことに気づいたなら、イエスと同じようにする必要があるかもしれない。口をつぐむのだ。イエスは「あなたがたに話すことはまだたくさんありますが、今あなたがたはそれに耐えられません」（ヨハネ一六・一二）と言った。正しいことばは正しい時に語られなければならない。さもないと悪い結果を招いてしまうのだ。

預言者の耳

私の霊的な父であるディック・フォスは五十年以上説教者としての務めを果たしてきたが、最近、今まで経験したことがなかったようなことが起きた。説教をしている最中にディックは、誰かがその週、不倫に陥りそうな危機にあることを霊の内に感じたのである。その感覚はどこからともなく湧いてきたもので、ディックにはどうすればいいか見当もつかなかった。それは彼が予測した危機に過ぎなかったが、彼は何かを言うべきだと思った。そこで説教を中断して、彼はこう言った。「この中に誰か、不倫をしようとしている人がいます。状況はすでに整っており、あなたは今日、決断を下す予定です。ですが、実行してはいけません」。礼拝のあと、中年の男性がディックをぎゅっと抱き締めてささやいた。「あれは私のことでした。ありがとうございます」

ディックはとても控えめで、感じのいい人だ。あの知識のことばは少し、普段の彼らしくなく、彼自身もやり慣れないことだと言っていた。だが、彼があのささやきに従順に従ったことが、一つの家族の新しい世代の系図を変えた可能性は充分にある。正しい時に語られる正しいことばは永遠にこだますることがあるが、それは預言者の耳から始まるのだ。

私は彼が「こんにちは。私は預言者のディックです」などと自己紹介することは想像もできない。そんな自己意識を持つ人からは、たいていの人が逃げ出すだろう。だが、霊的な贈り物を敬遠してはいけない。預言者のことを、神託を受けて未来を予言する人と誤解している人々がいるが、聖書の定義はそういうものではない。先のことを語るというより、主のことばを伝えるものなのだ。

聖書が言う預言のことばとは、人を強め、励まし、慰めるものである（Iコリント一四・三参照）。誰かと対決することばである場合がないわけではない。だが、そこにはいつでも贖いがある。そしていつでも優しい魂によって届けられるはずだ（ガラテヤ六・一参照）。

あなたは自分が預言者だとは思わないかもしれない。だが、あなたはそうなるように召されている。ユダヤの賢人たちは、預言の賜物は一部の選ばれた人々だけに与えられるものだとは考えていなかった。預言者になることは、精神的、霊的な成長の頂点だと考えられていた。人々が霊的に成長すればするほど、預言者になる人々が増えるのだ。モーセも「主の民がみな、預言者となるとよいのに」と言っている（民数一一・二九参照）。

一つ付け加えたいのだが、自然な才能と同じように、超自然的な賜物にも訓練が必要だ。最初から上出来というわけにはいかない。私は自分の経験からそのことを知っている。私の最初の説教は、預言的というより悲劇的だった。私が最初に「公の」説教をしたのはミズーリ州のマックス・クリークにある教会だった。かわいそうな教会！　当時私は終末論のクラスを取っていたので、説教をするたびに、終末に起こる出来事の時系列が変わっていった。あの教会には悪いことをしたと思っている。御国《みくに》で謝らなければならない。

私は未完成の人間で、それはあなたも同じだ。だが、未熟さを理由に賜物を鍛えることから遠ざかってはいけない。疑いを理由に信仰を培うことから遠ざかってはいけない。人に対する恐れを理由に、神に導かれて彼らの人生に語りかけることから遠ざかってはいけない。私が勧めたいのは、それらのことを謙遜な霊ですることだけだ。愛に導かれ、賜物がそれに従うようにしよう。[15]

ディック・フォスは私の人生に関して何かを言うことを許されている人間だ。だが彼はそうする前にしばしば、少しばかりの免責事項を述べる。たとえば「神からのことばが十で、フォスからのことばが一だとしたら、これは四だ」というようなことを言うのだ。これが二の時もあれば五の時もあり、時には九のことさえある。私はこの表現が好きだ。これが超自然的な何かを指し示していると思うし、同時に、間違いであるかもしれないという余白も残しているからだ。

四つめの窓は「未知の窓」である。あなたも知らず、他人も知らないあなたのことだ。私はこれを魂の指紋と呼び、あなたの中で最も真実な部分だと思っている。これは神に託された情熱、神に与えられた賜物、神サイズの夢だ。そして最初にこれをくださった方との関係においてのみ、呼び覚まされる潜在的なものなのである。

神は、あなた自身より、あなたについてよく知っておられる。神はあなたを、母の胎の中で編み上げてくださっただけでなく、あなたの名前が記された良いわざをあらかじめ備えてくださっているのである（エペソ二・一〇参照）。自分が本当はどんな人間なのかを知りたければ、神を求めるとよい。

著述家であり講演家であるケン・ロビンソンは、ポール・マッカートニーと同じイギリスのリバプール出身である。ある時、二人がお互いの専門分野について対談をした時、ケンはポールが音楽の授業でパッとしなかったことを知った。ポールの高校の教師は彼にいい成績をつけなかっただけでなく、彼に天賦の才があることにも気づかなかった。驚くべきことではないだろうか？　だが、むしろそれが良かったのである！　ビートルズのリードギタリストであるジョージ・ハリソンも同じ教師に習っていた。そしてポールより良い成績は取らなかった。ケンはポールにこう言った。「その教師は、自分のクラスにビートルズの半数がいたのに、ふつうと違うところに何も気づかなかったということかい⁉」[16]

イエスの天才的な能力の一つは、まさかと思うような場所やまさかと思うような人々の中に可能性を見出すことだった。売春婦が宴に押しかけた時、パリサイ人は何と言っただろうか？「この人がもし預言者だったら、自分にさわっている女がだれで、どんな女であるか知っているはずだ。この女は罪深いのだから」（ルカ七・三九）。これは半分本当のことだ。預言者なら確実にその時点での現実を把握しているだろう。イエスは彼女がどんな人であるか正確に知っていた。だが同時に、彼女がどんな人になり得たかということも見えていたのだ。そしてその可能性にしたがって、彼女に接した。

ヨハン・ヴォルフガング・フォン・ゲーテはこう言った。「もし誰かをその人のあるがままのとおりに扱えば、その人はあるがままのその人であり続けるだろう。だが、その人をそうあるべきその人、あるいはそうなれたかもしれないその人として扱うなら、その人は、あるべき姿、そうなれたかもしれない姿へと変わっていくだろう」[17]

預言ということばは、憂鬱なことや破滅的なことを意味するようになった。私は耳ざわりのいいことを言うべきだと言っているのではない。だが、繰り返しになるが、預言のことばとは、相手を強め、励まし、慰めるためのものなのだ（Ｉコリント一四・三参照）。人を啓発するものであって、侮辱するものではない。希望を与えるものであって、無力感を与えるものではない。最良のものはまだこれから来ると、大胆に信じていることばなのだ。

その一言が

ピート・ビュレットはバージニア大学で何百人もの学生に影響を与えている活発なキャンパス・ミニストリーであるカイ・アルファを率いている。十七年前、ピートはワシントンDCのカイ・アルファでインターンをしており、ナショナル・コミュニティー・チャーチに出席していた。ある日私はインターンたちの説教演習を見学していて、ピートの説教を聞いた。地下室で説教するのは理想的な環境とは言えなかったし、聴衆が七人というのも理想的ではなかった。だが、神は私にピートについての預言的なことばをくださった。私は演習のあとにピートを脇に引っ張っていってこう言った。「神はいつか君を何千人もの前で説教させるよ」

ピートはその時、それはちょっと信じられない、といったふうだった。もちろんこういうことを言うときには、細心の注意を払わなければならない。相手をがっかりさせるようなことだけはしたくないからだ。だが、それよりもっとしたくないことがある。それは、聖霊の促しに従わないことだ。

「あなたが十七年前に私の人生に語りかけてくださったことが、今現実になろうとしています」。ピートは最近、こう書き送ってきてくれた。彼は毎週毎週、何百人もの生徒に話してきたが、このたび、テキサス州ヒューストンで何千人もが集まる集会に講演者として招かれたのだ。その招待を受けて、彼は私にこんなメールをくれたのだ。「私は自慢したくてこれを書いているのではありません。二十年近くも私を励まし続けてくれた預言のことばを完結させるために書いているのです」

私自身、チャンスをつかむよりは逃すことが多い者であることを告白しなければならないが、それでも、いつも預言のことばの力強さに驚かされてきた。そして私は常にそれを受け取る側にいた。私がまだ繊細で不安定な年頃の時に、一人の宣教師が私のために祈ってくれた。きっと彼は覚えていないだろうが、彼の祈りは途中から預言的なものに変わった。「神はきみを大きく大きく用いようとしておられる」。漠然とした祈りに聞こえるだろうということはわかっているが、この一言が私につらい時を乗り越えさせてくれた。

私は、私の中にある私が気づいていない点を指摘してくれた人々に永遠に感謝する。誰かのためにそうすることにおいてイエスに勝る人はなく、私たちはそのイエスに倣うように招かれている。繰り返しになるが、謙遜の霊をもってそうしよう。さらに、心の知能指数を高める訓練をしよう。だが、間違ってはいけない。神はあなたを通して語りたいのだ。それはしばしば、あなたの隣にいる人がどんな人なのかに気づくことから始まる。

人々のためのビジョン

私は、エルウィン・マクマナス牧師がタンザニアでの彼にとっての初めてのＴＥＤカンファレンス（訳注・毎年行われる大規模な世界的講演会。学術・エンターテインメント・デザインなど様々な分野のプレゼンテーションが行なわれる）について話してくれたＴＥＤトークが大好きだ。[18] 彼は極度に内向的なので、彼の娘が社交的にふるまうためのアドバイスをくれたほどだ。それは、隅っこに隠れないこと、そして怯えているようすを見せないこと、というものだった。

エルウィンは娘のアドバイスを心に留めながらいちばん親切そうに見える人を探して昼食を共にすることにした。その結果、ジェーンという女性と、長く興味深い会話をすることになったのである。しかし、その会話にはどこかおかしなところがあった。エルウィンはこう言った。「きみが何を話していようと相手はとにかく自分の話したいことを話す、という体験をしたことはあるかい？」

その時の話題が人間関係であれ、中国の政治システムであれ、ほかの何であれ、ジェーンは必ずそれをチンパンジーに結びつけてしまうのだった。一時間ほどそういう会話を続けたあとで、エルウィンはあることに気づき、こう言った。「ジェーン、ちょっと聞いてもいいですか？　あなたの苗字はグドールじゃないですか？」そう、エルウィンは世界でも抜きんでた霊長類学者ジェーン・グドールとランチをしていたのだ。そして最初の一時間はそのことに気づかなかったのだ！

単刀直入に言わせていただくのだが、隣人を愛するということは、その人の存在に気づくところから始まる。あなたの人生に偶然に居合わせる人などいない。みな、神の取り計らいによってそこにいるのだ。隣人に気づくだけでなく、心に留め関心を持つことはあなたの務めだ。それは内向的な人にも、外交的な人にも、その中間の人にも言えることだ。

もし神が誰かのための励ましのことばをあなたに与えたなら、それを伝えよう。「主はかく仰せられた」などと言う必要はない。きっと相手は驚いてしまうだろうから。もしかしたらディック・フォスのように一から十までのものさしを使って話すのもいいかもしれない。どのように話すにしろ、神があなたの人生の中に置かれた人々を愛することはあなたの責任だ。そしてそれは「愛をもって真実を話す」（エペソ四・一五参照）ことにつながる。あなたがそうするとき、一つのことばが世界を大きく変えるかもしれないのである。

私たちは「ビジョン」ということばを聞くと、例えば人を月に送るというような壮大な目標を思い浮かべがちだ。確かにそれはビジョンの一つの種類ではある。だが、いちばん重要なビジョンとは人のためのビジョンであり、これについてもイエスが基準を設けてくださっている。

マグダラのマリアについてあまり多くのことは知られていないが、七つの悪霊に取りつかれていてイエスがそれらを追い出したことはよく知られている（ルカ八・二参照）。マリアには自分では解決できない七つの問題があった。損なわれた部分が七つもあったのだ。そういう人のことを私たちは見放しがちだが、神は違う。神は見放さない。見放せないのだ！　それは神のご性質にないことだからだ。

私たちはマリアのような人々を見限る。しかしイエスはそういう人々を決して見捨てない。実際、マリアは聖書の中の最も大切なエピソードにおいて女性たちを導く役割を果たした。彼女は復活のイエスを初めて目撃した人であり、「使徒への使徒」[19]として永遠に知られることになったのである。名刺にそんな肩書を書いてみたいものだ。彼女を「使徒への使徒」にするなんて、いかにも神様のなさりそうなことではないか？

人は人を見限る。

イエスは人を見捨てない。

サーカス団長

数年前に私の友人のカルロス・ウィテカーが『*Moment Maker*』というすばらしい本を書いた。私はその数年前に『サークル・メーカー』を書いたところだったので、彼の本が出版された直後に、私は彼とこぶしとこぶしを軽く合わせ、スーパー・フレンズ（訳注・アメリカン・

コミックスのヒーローたちが登場するテレビアニメ）のお決まりのあいさつをした。「ワンダー・ツインズ、パワー・アクティベイト！　サークル・メーカーになれ！」彼は私につき合って、「モーメント・メーカーになれ！」と言ってくれた。あなたは今、私の第二の窓を垣間見たことになる。

著書の冒頭で、カルロスは彼の人生における決定的な瞬間について記している。それはジョージア州ディケーターの教会の地下にある幼稚園で起こった出来事だった。「私は恥ずかしがり屋の子どもだった。パナマ人とメキシコ人の両親の間に生まれ、明るいブロンドヘアと深い青色の目をした強い南部訛《なま》りがある人たちの国で、最盛期のゲーリー・コールマンのように横わけのアフロヘアをしていた」[20]とカルロスは書いている。カルロスは異分子で、それを自覚していた。

その決定的な瞬間は、第十三回レホボス長老教会幼稚園サーカスの配役決めの日に起こった。その前の年、カルロスはライオンを演じた。彼の吠《ほ》え声はどちらかというと「ニャーオ」に聞こえ、観客たちは爆笑した。恥ずかしい思いをし、傷ついたカルロスは、ここで再び悲劇が起きた現場に連れ出されるのだ。

彼の受け持ちのスティーブンス先生は、役を振り分け始めた。メアリー、踊る熊。ブランドン、ピエロ。ジェイ、用心棒。ウィテカーという苗字はアルファベットの最後になるが、そこまでくるとスティーブンス先生は眼鏡をはずし、カルロスが今日まで忘れることのできない笑顔を彼に向け、こう言った。「カルロス。あなたには今年、サーカス団長をしてもらうわ[21]」

「先生の一言に包まれたその瞬間が、ぼくにとって、すべてが変わった瞬間でした。ぼくのその後の人生の軌道が変えられたんです」。カルロスは、まるで昨日のことのようにそう語った。「先生は、僕がサーカス団長の役をやれると思ったんですよ[22]」

八年生の時、カルロスはクラスの会計係という立場に満足していたが、学級委員に立候補した。なぜか？　サーカス団長になれる自分だとわかったからだ。カルロスはまた、大勢の人でいっぱいのスタジアムでの賛美をリードし、私が講演をしたカンファレンスで何度も司会者を務めた。サーカス団長は今や大きなカンファレンスの司会者になったのだ！　これらのことは、幼稚園の先生が彼の中に何かを見出してくれた出来事が起源となっている。彼女はカルロスに、単に第十三回レホボス長老教会幼稚園サーカスの団長という役を与えただけではなく、新しいセルフイメージを与えたのだ。

これはあまり聖書の釈義らしく聞こえないかもしれないが、パウロがテモテにしたのはまさにこういうことだったのではないかと私は思う。テモテもカルロスも、自分が何に属しているか知らなかった（テモテはユダヤ人とギリシア人の間に生まれた）。パウロがあの励ましのことばをかけなかったら、テモテは自分の殻に閉じこもり、決してそこから出ようとしなかったのではないかと思う。テモテは最終的にヨーロッパの教会のすばらしいリーダーになったが、それは一つの預言的なことばから始まったことなのである。

「人」という言語についての注意点

すべての言語にはルールがある。

五番めの言語においてルールは特に重要だ。というのも、少なくとも二人の人が関与するのでほかの言語に比べて二倍複雑で、間違った解釈も起きやすいからだ。

そこで、この言語を用いるときには以下の基本的な原則を心に留めていただきたい。

1、非難されるところのない人はいない。自分は誘惑に負けないと思った瞬間、あなたは誘惑に負けている。この章の終わりにあなたに与えられる課題は簡単であって、簡単ではない。誰かに、あなたの人生について何か意見を言うことを許すのだ。それは必ず信頼できる人でなければならない。そしてその人があなたに苦言を呈する時、注意深く耳を傾けてほしい。

2、聖書に照らし合わせて吟味するまでは、非難の矢にあなたの心を貫かせてはならない。[23]これはほめことばについても同じことが言える。もし、ほめことばに頼って生きるなら、非難によって死ぬことになるだろう。繰り返すが、私たちは人の言語を、聖書の言語を通して解釈しなければならないのだ。もし非難のことばが聖書の言うことと合致しないなら、忘れてしまえばよい。合致するなら、悔い改めればよい。

3、交わりから孤立して何かを決断してはいけない。私は自己完結型の人間なので、普通は物事を自分の中で処理する。だが、すでに述べたように、聖書は知恵あるアドバイスを求めることを奨励している。もう一度言うが、誰も一人で月には行けないのである。あなたの周りにいる人たちがどんな人かを見れば、あなたの未来も見えるのだ。

4、アドバイスをする前に、相手の話を時間をかけて熱心に聞かなければならない。私たちが相手が本当に言いたいことを聞けないいちばんの理由は、相手が話している最中にもう、どう答えるかを考え始めているからだ。聞くために聞くのではなく、話すために聞いているのだ。相手の話をきちんと聞く方法の一つは、カウンセリングで「反映的傾聴」と呼ばれる技術を訓練することだ。正しく聞いたことを確認するために相手の言ったことを繰り返すのである。

5、相手を正す前に励まそう。これは黙示録に見られるパターンである。神は黙示録においいて七つの教会に厳しい裁きを告げたが、その前に励ましのことばを述べていた。それが本当のことである限り、ほめことばほど人の心を和らげるものはない。ロサダ比（訳注・マーシャル・ロサダ氏による感情の黄金比と呼ばれる法則）によると、人は少なくとも一つの否定的な発言に対して、二・九の肯定的な発言が必要であるという。[24]そして、どちらかに偏ってしまうのだとしたら、肯定的な発言に偏るほうがいい。

6、難しい会話は、放置すればするほどさらに難しくなる。私には対立を避ける傾向があるが、それが誰のためにもなっていないことに気づくようになった。対立は愉快なことではないが、成長を促す面がある。鉄はぶつかり合わなければ研がれることはないのだ。時には相手の助けになるため、心の痛む話をしなければならないこともある。だがその際にも動機が正しいかどうかよく吟味しなければならない。もし、自分がすっきりするために話したいだけなら、そんなことで相手を悩ませても裏目に出るだけだ。本当に良い人間関係は、恵みと真理が満ちているものだ。

恵みがなければ、人間関係に心が伴わない。真理がなければ、人間関係に理性が伴わない。だが、恵みと真理に満ちるとき、人間関係は真実なものになる。その時初めて、私たちは他者を通して神の声を聞くことができるのである。

第十章　神のタイミング——第六の言語・促し

「このような時のため」（エステル四・一四）

セオドア・ルーズベルトがアメリカの大統領だった。ヘンリー・フォードはモデルT（訳注・広く流通した最初の自動車）を生み出した。[1] 映画は無声だった。女性は投票できなかった。パンひとかたまりが五セントだったが、スライスしたパンが売られるようになるまであと二十年かかった。そして、その年、シカゴ・カブスがワールド・シリーズで優勝した！

それは一九〇八年のことである。

二〇一六年にカブスが再びワールド・シリーズで優勝するまでに、アメリカは二つの大戦を戦い、人を月に着陸させ、インターネットを発明した。この間、百八年である。そして野球のボールは百八針で縫われている。これは偶然だろうか？　誰か教えてほしい！

延長戦となった第七戦の十回表、土砂降りの雨で試合が遅れたあと、ベン・ゾブリストがブライアン・ショウ投手からツーストライク後に三塁線を超える二塁打を奪い、勝ち越し点をもたらした。その瞬間、あまりにも多くのシカゴ市民が同時に飛び跳ねたので、その振動がリヒター・スケールに記録されたほどだった……というのは冗談だ……と思う。だがその数日後、五百万人のカブスファンが集まって勝利（Win）を表す「W」を記した旗を掲げたと言われ、これは人類史上十番めに大きな平和的集会となる。[2]

私はここで、カブスの呪い（訳注・一九四五年にヤギを連れてシカゴ・カブスの観戦に訪れたファンが入場を拒否され、カブスは二度と勝てないと呪いをかけたと言われている〈諸説あり〉）が解けたというおとぎ話のような結末に疑問を差し挟みたい。ワールドシリーズのMVPとなったベン・ゾブリストはどのようにしてあの球を打てたのだろうか？　さらに言えば、どうしてバッターというものは、約十八メートルのコースを〇・四三秒の速さで飛んでくる直径七センチ強のボールを打てるのだろうか？[3]　網膜が情報を受け取るまでに五分の一秒かかるが、その時にはボールはすでにコースの半分を通過している。[4]　バットを振って当たる場合と、バットを振って当たらなかった場合の誤差はわずか千分の一秒なのだ！　それはまばたきする速さの十五倍である。[5]

質問に戻ろう。どうすればインサイド高めで時速百六十キロという速球や、四十五センチも曲がるカーブを打つことができるのだろうか？[6]　二重の答えは、良い視力と良いタイミングだ。目で捕らえることができてもタイミングが合わなければストライクになる。視力に頼らないタイミングはミスになる。視力とタイミングの絶妙なコンビネーションがヒットを生み出すのだ。

本書ではすでに、夢という言語の章でビジョンの重要さについて触れてきた。この章では神のタイミングについて話したい。「タイミングがすべて」という古い格言を思い出すが、これは野球において真理であるように、人生においても真理だ。そして促しという言語について学ぶ際には特にそうだ。神は私たちを正しい時に正しい場所に戦略的に置く仕事をしていらっしゃるが、私たちはいつでもそれに気づいているわけではない。神が遅れることは絶対にない。たとえぎりぎりになったとしても。

ソロモン王は「すべてのことには時がある」と言って二十八の例を挙げた（伝道者三・一―八参照）。端的に言えば、あなたは今自分がどんな季節にいるかを知る必要がある。そうでないと、植物を植えるべき時に収穫しようとしたり、土地を休ませるべき時に植えようとしたりしてストレスをためることになるのだ。時期を間違えると、痛手は大きい。グッドタイミングが思いがけない幸いであるのと同じくらい、バッドタイミングは災難になりかねないのだ。

神の声を聞き分けるには、神の促しを感じ取る内なる時計が必要である。その促しを感じてから反応するまでの時間が超自然的な「偶然」につながるのだ。例えば、正しい場所で正しい時に正しい人と会う、というように。これこそ、預言者イザヤが約束したことだ。

「あなたが右に行くにも左に行くにも、うしろから『これが道だ。これに歩め』と言うこ

とばを、あなたの耳は聞く」(イザヤ三〇・二一)

適切な時

新約聖書には「時」を表すことばが二つある。一つはchronos(クロノス)で、時計やカレンダーの時間のことだ。英語のchronology(時系列の出来事、年表、年代記)ということばはここからきている。chronosは過去、現在、未来、とつながっていて、一方向にのみ進んでいく。

ギリシャ神話によると、クロノスは背が低く、筋肉隆々の足と翼のついたかかとを持った神だった。そして通り過ぎてしまうと絶対に捕まえられないほど足が早かった。時間が戻らないことを象徴するために、クロノスの頭の前の部分には髪がふさふさしていたが、後頭部には髪がなかった。つまり、一度通り過ぎた「現在」は二度とつかめないということだ。[7]最後に、これが最も重要なことだが、クロノスは人間が作り出したものだ。これが時間に対する人間の捉え方だが、神は、ご自身が作られた空間や時間という枠組みの外におられる。だから私たちは神を自分の時計や、自分の考えつくことの限界の中に押し込めないようにとても気をつけなければならない。

「時」を表す二つめのことばはkairos（カイロス）で、「適切な時」という意味だ。クロノスはその長さを例えば分などの単位で計れる。カイロスは質的なもので、瞬間をとらえる。重要な瞬間や、神に定められた――「このような時のために」というような（エステル四・一四参照）――時間だ。「今を楽しめ」、「今を生きよ」というような時間のことである。

カイロスはアーチェリー用語で、的を貫くのに充分な力で放たれた矢のことを指す。[8] さらに言えばこれは射手のパラドックスのことだ。論理的には、矢とは的に向かって真っすぐ飛んでいくものだ。だがベテランの射手なら、的までの距離が長くなればなるほど、矢が飛ぶコースに影響を与える要因が無数にあることを知っている。だから、的に当てるために実際には、的を外して狙わなければならない。これらのコースに変化を与える要因を読む能力がカイロスなのである。

クロノスにおいて、時間を管理するのは重要なことだ。詩篇の記者は「自分の日を数えよ」と言っている（詩篇九〇・一二参照）。そして私は「十五分早く来なければ遅刻だ！」というビンス・ロンバルディ（訳注・アメリカのフットボールの監督）時間の信奉者だ。だが、「時間を機会に変えよ」と言ったパウロ（エペソ五・一六／ＫＪＶ訳参照）の時間管理についての考えはさらにその一歩先を行っていた。これはクロノスではなく、カイロスであり、文字どおり「あらゆる機会を生かす」（エペソ五・一六参照）という意味である。

もし機会を逃すなら、それは機会費用（訳注・その機会を逃したことで失ったものの価値のこと）となる。これは怠慢の罪にさえなるかもしれない。だが、あなたがあらゆる機会を生かすなら、それは「決定的な瞬間」になるかもしれないのだ。

私は最近、議員たちの修養会で話をした。それは政治的に非常な緊張状態にあった時期で、その修養会の会場となったホテルにたどり着くまで何千人もの抗議者や警察のバリケードをかき分けていかなければならないほどだった。私は原則として、福音を語る機会があるなら相手が共和党でも民主党でも行って話すことにしている。それがパウロの言った「すべての人に、すべてのものになる」宣教だからだ（Ｉコリント九・二二参照）。

私が行った奨励はその日の最初のセッションの中で自由参加のものだったので、下院と上院の両方から数十人の議員が出席したのを見て感心した。正直に言うと、私は少し緊張していたし、何を話すべきか考えるのに苦戦していた。しかしよくあることだが、その日のハイライトは私が話したことではなかった。準備を超えた促しだったのである。

私は出席者たちに祈るためにひざまずくことを求めるように促されていると感じた。国の指導者たちがその呼びかけにどう応えるか、確信はなかった。だが、聖霊がそう望んでおられるように、リスクを負ったのである。すると、私が予期も計画もしなかった方法で、その場が聖なる瞬間、聖なる地と化したのである。霊的・感情的応答は理屈抜きにすばらしかった。

ひざまずくことですべての政治的な問題が解決されたり政治的緊張が緩和したりするだろ

うか。答えはノーだ。だが、ここから出発するのは決して悪くない。

クロノスの時間は分や秒で計れるが、命はカイロスの時間の中で計られる。そういう瞬間を識別することも、神の声を聞くことの一つだ。神に聞くとは、あなたがひざまずく必要がある時に聖なる瞬間を識別することであり、また、困難な決断をしなければならないときに重大な瞬間を識別することなのである。そして親としては、子どもにとって決定的な瞬間となりうる「教えを授ける瞬間」を識別することでもある。

認めたくはないが、私が逃したカイロスの瞬間は、私がつかんだそれより多い。恐れによって判断を左右されてしまうこともある。気まずい思いをしたり愚か者のように見られるのが怖くて、信仰によって踏み出せないのだ。また、自分自身の問題に気を取られすぎて神の促しを識別できないこともある。だが、それらのささやきに耳を傾け、従うなら、平凡な日々が生涯続く冒険に変わるかもしれないのだ！

人生を変えるささいな決断

人生は、ささいなことで変わる。そのささいなこととは、人生の軌道を永遠に変えてしまう決断のことである。それらの決断は、考え抜かれたものもあるが、単なる思いつきのようなものもある。どちらにせよ、それらが神の導きでなければどんなに恐ろしいことだろうか。

私がセントラル・バイブル・カレッジの三年生だった頃、地元の牧師たちを招いて行う特別な礼拝があった。それは年の初めに行われるもので、大学としては私たちを地元の教会につなげたがっていたのである。五十人ほどの牧師たちが聖歌隊席に座っており、その中には知っている牧師たちも何人かいた。彼らはチャペルで説教をしたり、街の大きな教会で牧会をしたりしていたのだ。

ほとんどの学生がその学期に人気の高かった教会に落ち着くだろうことはわかっていたし、私も同じようにするつもりだった。当時私は授業の単位をめいっぱい取ろうとしながらバスケットボールもしていたので、偉大な説教者がいて私はただ座ってくつろげるような教会に出席したいという気持ちに駆られていた。

そんな時、妙な促しを感じた。そのような導きを感じたことは一度もなかったが、どの牧師に話しかけるべきかはっきりとわかった。どのようにしてとか、どうして、という説明はできない。ただ「わかった」としか言いようがないのである。礼拝が終わるとすぐ、私はロバート・スマイリー牧師のもとにまっすぐ向かった。そうしたのは私だけだったと思う。私は彼を知らなかったが、彼は私を知っていた。私が所属するバスケットボール・チームを応援していたからだ。

私は大学での二年間、ウェスト・グランド・アッセンブリー・オブ・ゴッド・チャーチに出席するだけでなく、あらゆる種類の奉仕をすることになった。その教会は今はもう存在しないし、当時も青息吐息といった感じだった。出席者が多い日曜日には十人ちょっとの人々がやってきたが、会堂はそれでもういっぱいになってしまった。何しろ、信徒用の席は七つしかなかったのである。それでも私は、ここで説教の経験を積ませてくれたスマイリー牧師にずっと恩を感じている。彼はたまに私にワーシップのリードまでさせてくれて、「特別な」音楽で賛美させてくれたこともあった。

スマイリー牧師がいなかったら、私は絶対に二十代で教会を開拓する準備などできなかっただろう。彼は私にとって、雲のような証人の一人だ。そしてこれはすべて、促しから始まったことなのである。

あなたの時間と神の時間は違う

真理とは相対的なものではないが、時間は相対的なものだ。幼児をもつ親ならそれがよくわかると思う。二歳の子にとっては「来週」は「来年」に等しいかもしれないし、「来年」は絶対に来ないほど遠い未来に思えるかもしれない。なぜなら、一年は彼らにとって人生の半分に値する長さだからだ。だがあなたがもし五十歳なら、一年は人生の二パーセントにすぎない。幼い子どもにとって一日の長さは、親が感じる長さの二十五倍であり、この現象は神の子どもたちにとってはさらに顕著なものかもしれない。

神にとって「千年は一日のよう」（Ⅱペテロ三・八）なのだ！　私たちは一日を千年のように感じることもある。

宇宙飛行士のニール・アームストロングが「人類にとって小さな一歩」を踏み出したあとに生まれた私たちは、両親の世代とは違う時間軸で生きている。食べ物は電子レンジで温めるし、知りたいことも、最新ニュースもグーグルで調べ、友達とはフェイスブックでつながっている。

すべてが光の速さで進んでいくのだ。しかし神の国では、物事は、地面に植えられた種が実を結ぶ前に根を下ろしていくようなスピードで進む。私はミレニアル世代が大好きだし、私がおもに牧会しているのはこの世代の人たちだ。彼らの情熱や正義感、違いを生み出したいという願い、そして実用的な理想主義が私は大好きである。同時に、この世代には忍耐力が欠けていることに気づいていて、それを心配もしているし、うしろめたく思ってもいる。私たちは両親の世代が持っているものを、半分の時間、半分の努力で手に入れたいのだ。だが、希望や夢がかなうまでには、最初に考えたよりも長い時間がかかることはほぼ間違いない。

つまり私が言いたいのはこういうことだ。私たちはあまりにも簡単に、あまりにも早くあきらめてしまう。聖霊と足並みをそろえる代わりに、しばしば神より前に出ようとしてしまうのだ。あるいは、ストレスのせいで遅れをとってしまう。

神のタイミングを見極めるのは簡単ではないし、それを信頼するのはさらに難しい。神のみわざが一日だけ間に合わなそうだとか、一ドルだけ足りなそうだと感じる時は特にそうだ。しかし、もしあなたが神のタイミングに疑いを持っているなら、調整する必要があるのはあなたの時計のほうかもしれない。神のささやきに波長を合わせ、神の時に自分の時計を合わせなければならない。

ダビデに免じて

旧約聖書には「ダビデに免じて」というフレーズが何か所か出てくる（I列王一一・一二、三二、一五・四参照）。これは私たちが不誠実なときでさえ神は誠実であられるということの証しである。

紀元前八百五十三年、ヨラムという名の王が即位した。彼は南ユダ王国の五代めの王で、主の目に悪であることを行った。彼は自分の王座を守るために兄弟を殺すということまでしたのである。ただちに神のさばきが下されそうなものではないだろうか？　だがそんなにすぐにはさばきは下されなかった。

「しかし、主はそのしもべダビデに免じて、ユダを滅ぼすことを望まれなかった」（Ⅱ列王八・一九）

これはダビデの死後百十七年後のことである！　ダビデがいなくなってからそれだけの年月が過ぎても、神は彼への約束を忘れなかったのだ。神は非常に記憶力がいい。ご自分の民を忘れることはなく、ご自分の約束を忘れることもない。神が唯一忘れるのは、お赦しになった罪だけなのだ。

あなたの人生においても、誰かに免じて神がしてくださったことというものがあるだろうか？　私にはある。私には、エルマー・ジョンソンという祈りの人である祖父がいた。祖父は夜になると補聴器を外してベッドの横にひざまずき、祈った。その声は祖父自身には聞こえなかったが、家の中にいるほかの者にはみな聞こえた。それは私のいちばん古い記憶の一部となっている。

祖父は私が六歳の時に亡くなった。だが、祖父の祈りはなくならなかった。これまでの人生で何回か分不相応の祝福を受けたとはっきりわかる瞬間があって、そういう時には聖霊がこうささやくのだ。「マーク、おまえの祖父の祈りが今、おまえの人生の中で答えられたよ」。

鳥肌が立つようなことではないだろうか。神はこれらのことを「エルマーのために」（訳注・英語では、「〜に免じて」と「〜のために」は同じことばを使う）してくださったのだ。

私たちは、まったく知らない人々の祈りの受益者である。神は、私たちがその場に居合わせるようになるずっと前から働いてくださっていたし、私たちを次の世代のために備える者として用いてくださる。

私たちは、「目の前にあること」、「今この瞬間」についてのみ考える傾向がある。神は国々と何世代にもわたる人々のことを考えておられる。

自分の人生が歴史の流れをどう変えていくことになるか自分ではまったくわからないが、私たちが下す決断の一つひとつが聖なるドミノ効果を生むのだ。神の促しに従うことの潜在的な影響力を軽く見積もってはいけない。それらは永遠にこだまするささやきなのだから！

答えられなかった祈り

教会開拓を始めた初期の頃、うちの教会のオフィスは私の家の客用寝室だった。娘のサマーが生まれると、そこは日中は教会のオフィス、夜は娘の寝室ということになった。だが、そのやり方はすぐに通用しなくなったので、私たちはオフィスにできる物件を探し始めた。私はキャピトル・ヒルに二つのテラスハウスを見つけ、それは理想的な物件に思えたので、神にそう言った。しかしどちらのドアも劇的なかたちで閉じてしまった。二つとも、他の人に先を越され、私たちが申し込む直前に契約を結ばれてしまったのだ。

神は祈りに答えてくださらないだけではなく、私たちの努力を拒絶しておられるように感じた。とても混乱し、ストレスがたまり、私はもう少しで物件探しをやめるところだった。

数週間後のある日、Ｆストリート二〇五を歩いている時、私はとても奇妙な促しを感じた。まるで聖霊が記憶をつついて、ある名前を浮かび上がらせたかのようだった。そのテラスハウスのオーナーとは一年前に会ったことがあったが、名前は覚えていなかった。だがその時、潜在意識の中から彼の名前が浮かんできたのだった。まだグーグルのない時代だったので電話帳で調べなければならなかったが、同じ名前が八件も出ていた。家の前には「売り家」という看板すらなかった。それでも彼に電話すべきだろうか？　したところで、いったい何と言えばいいのだろうか？　それでも私はその促しにしたがって、本当に彼かどうかも確かではない相手に電話をしてみた。

誰かが電話に出たので私は短く自己紹介を始めた。相手は私が最後まで言い終わらないうちにこう言い始めた。「ちょうどあなたのことを考えていたんですよ！　Ｆストリート二〇五を売りに出そうかと思っているんですけど、それを市場に出す前にあなたに買う気があるかどうか知りたくて」

これこそカイロスだ！

そのテラスハウスが私たちの最初のオフィスとなった。だがオフィスができたということ自体よりもっと重要だったのが、その場所だった。というのも、Ｆストリート二〇五はＦストリート二〇一の隣にあって、そこに立っていた古いコカイン密売所がエベニーザーズ・コーヒーハウスになったのだから！ もし神が、私たちが「理想的だ」と思った二件のテラスハウスについての最初の祈りに答えてくださっていたら、私たちがＦストリート二〇一を買ってコーヒーハウスを建てることにはならなかっただろう。だから私は答えられなかった祈りのゆえに神の御名をほめたたえるのだ！

天の父はあまりにも賢いので、私たちが欲しい時に欲しいものを与えるようなことはなさらない。あまりにも私たちを愛しておられるので、そんなことはできないのだ。だからすぐに手に入るもので妥協してはならない。二番めに良いもので妥協してはならない。神が与えてくださることのできるものに手を伸ばそう。そしてそれをつかむのだ。

超自然的な不眠症

神のタイミングと促しについて聖書が示しているすばらしい例は、超自然的な不眠症かもしれない。エステル記には、ユダヤ民族がハマンという邪悪な男の立てた計略によって集団虐殺の危機に瀕《ひん》していたことが記されている。ハマンの最大の敵は女王エステルのいとこであるモルデカイだった。ハマンはモルデカイを憎むあまり、彼を突き刺すための二十メートル以上の柱を立てた。だがモルデカイの処刑の前の晩、神が現れ、みわざを示されたのである。

「その夜、王は眠れなかったので、記録の書、年代記を持って来るように命じた。そしてそれは王の前で読まれた。その中に、入り口を守っていた王の二人の宦官ビグタナとテレシュが、クセルクセス王を殺そうとしていることをモルデカイが報告した、と書かれているのを見つけた」（エステル六・一～二）

話の続きはエステル記を読んで確認していただきたいのだが、神はハマンの筋書きを一撃でひっくり返してしまわれた。王の馬に乗り、王の服をまとったモルデカイは、英雄としてスサの通りをパレードし、ハマンは自分が立てた柱につるされたのである！

このストーリーにはいくつか留意すべき点がある。

まず、神はいつも善い行いに直ちに報いるとは限らない。あなたには自分のした良いことが人に気づかれなかったという経験があるだろうか？　それは、その時点ではいらいらすることかもしれない。だが私は、神の時間軸に信頼することを学んだ。神はいつでもその時にその場で報いてくださるとは限らないのだ。だが私は次のことを断言できる。神はあなたの誠実さに、どういうかたちにしろ、どのようにしてでも、いつの日か必ず報いてくださる。モルデカイは暗殺計画をくじくことでクセルクセス王の命を救ったが、あたかもその良い行いが忘れられたように感じていたことだろう。だが、神はそれがいちばんいい時に、ちょうどぎりぎりのところで思い出されるようにしてくださっていたのである。

次に、夜眠れないのは、時に、神が何か話したいと思っておられることのサインである。私は、変な時間に変な理由で目を覚ました時には、それを「祈れ」という促しだと受け止めることにしている。もちろん、夕食で食べたものが悪かったから、という場合もあるが、いつもではない。もう一度眠りにつくまで祈ればいいではないか。羊を数えるよりそちらのほうがよほどいい。

三つめに、神は、あなたが生涯をかけて達成すること以上のことを一日のうちに達成できる。

エステル記のストーリーを少し楽しんでみよう。モルデカイの処刑の前夜にクセルクセス王が眠れなくなるという確率はどれほどのものだろうか。話を単純にするために、三百六十五分の一ということにしよう。支配者である王として、クセルクセス王は恐らくペルシアでいちばん大きな図書館を持っていたことだろう。そこにどんな本が収められていたか知る由もないが、その王立図書館がアッシュルバニパル（訳注・アッシリア王。彼がニネベに建設した図書館が遺跡で発見された）のものと同程度だったとしても不思議ではない。

英国博物館によると、アッシュルバニパルの図書館は三万九百四十三の巻物と粘土板を所蔵していたという。[9]それを基準にして考えるならば、クセルクセス王がその夜読んだ記録の書と年代記を選ぶ確率は三万九百四十三分の一だ。

最後に、その年代記がどれほどの長さのものだったかはわからないが、それはきっと漫画より百科事典に近いものだっただろう。アメリカでは、議会の会期中は毎日、一日の終わりに議事録が「議会議事録」に掲載される。そこには開会の祈りと忠誠の誓い、請願、推薦、修正文、共同決議などが記されている。第一一五回議会の初日の記録は百一ページの長さに及んだ。[10]もちろん、そこには下院議長選挙も含まれていたので、いつもより少し多い回だったかもしれない。それにペルシア人の議事は私たちのものほど多くはなかっただろう。だがクセルクセス王の治世は二十一年続いたのだ。

つまり、私が言いたいのはこういうことだ。クセルクセス王がその夜読んだ本は長かった！　控えめに見積もることにして、モルデカイのことが書かれているその本のその段落が開かれる確率を千分の一としよう。これらの数字を掛け合わせると、クセルクセス王がその晩、モルデカイの良い行いが記されているページに行き当たる確率は一一、二九四、一九五、〇〇〇分の一ということになる。こうなると、神がこの方程式の一部に加わっていたことがわかるだろう。

偶然と神の摂理の違いの見分け方を数式に要約することはできないが、神はあらゆる確率に反して不可能を可能にすることが大好きなのだ。そして神は、その資格要件からかけ離れた人を通してご自身の計画と目的を果たされることも大好きである。

非常識な促し

一九五八年二月二十四日、ライフ誌は「ティーンエイジ・ギャングの大量殺人裁判」というタイトルの記事を掲載した。それは、小児麻痺のために体の不自由な十五歳の少年、マイケル・ファーマーを殺害した罪に問われている七人のギャングについての記事だった。その裁判は、それから約四十年近く後に開かれたO・J・シンプソンの裁判のように国中の関心を集めた。そしてこの記事はペンシルベニアの牧師、デヴィッド・ウィルカーソンを完全に打ちのめしたのである。彼は七人の中でもいちばん意地悪そうな少年の顔が記憶に焼きついて忘れられなくなってしまった。ほかの人たちは記事を読むだけだったが、ウィルカーソンはそれを読んでわけもわからないままに号泣した。

ウィルカーソンはその後、ティーン・チャレンジという世界規模のミニストリーを立ち上げ、ニューヨーク・タイムズのベストセラー本に選ばれた『十字架と飛び出しナイフ』（堀田和男訳、国際福音宣教団出版部、一九七一年）を書き、タイムズ・スクエア・チャーチを始めることになる。これらはすべて、雑誌の記事という一つの促しから始まったことだ。

パウロが助けを求めるマケドニアの男の幻に応答したように、ウィルカーソンも自分が聞いた神のささやきを無視することはできなかった。一九五八年二月、日曜日の夜遅く、自分の書斎に座っていたウィルカーソンは、神がこうささやくのを聞いたのだ。「ニューヨークに行ってあの少年たちを助けなさい」[11]

のどかなペンシルベニアを去り、ニューヨークのギャングたちを助けに行けというのは非常識な促しだったが、聖書の中にはもっと非常識な促しも記されている。バビロンの献酌官をエルサレムの城壁再建に導いた促しは非常識だった。ピリピとエチオピアの宦官を荒野で出会わせた促しは非常識だった。アナニヤをサウロという名のテロリストのために祈らせた促しは非常識だった。そして、ペテロという名のユダヤ人の使徒とコルネリウスという名のイタリアの兵士に聖なる役割を与えた促しも非常識だったのである。[12]

ライフ誌の記事を読む前に、デヴィッド・ウィルカーソンはアルゼンチンに宣教旅行に行っていたのだが、その旅行は彼の霊に落ち着かない何かを生み出していた。[13]それがどのようなものかを言い表すのは難しいのだが、神がどこか別のところで別の働きに自分を遣わす準備をしている、という第六感のようなものだった。「自分が召されているのはここではないと悟るために、あなたはいつか地球を半周しなければならなくなる」と彼の息子ゲイリーは言っている。[14]

その宣教旅行によってもたらされたのは霊に感じる落ち着かなさだけではなく、「どこにでも行って何でもする」という開かれた心の状態だった。私の経験からすると、宣教旅行とはそういうものだ。自分にとって居心地のいいなじみの場所から離れる時、神の声がもっとはっきり聞こえるのだ。それがしばしば次のドアへと導くドアになる。あるいは、次の促しに導く促しと言ってもいいかもしれない。

有効頻度

ここで少し全体的な視点をもって大切なことを学びたい。神の促しを識別することを学ぶには、訓練が必要である。新しい言語を学ぶときのことを考えてみてほしい。最初はよく聞き取れないことばもあるだろう。だが時が経つにつれてヒアリングが上達し、かすかなささやきも聞き取れるようになる。そしてありがたいことに、神は忍耐強い。神の王国では「スリーストライク、アウト！」ということにはならない。七を七十倍するくらい、次のチャンスが与えられるのだ（マタイ一八・二二参照）。

広告活動には、有効頻度として知られる現象がある。これは、何回メッセージを聞けばその広告に反応するか、という数のことだ。七という数字が長いあいだ目安となっていたが、最近ではその数字ももっと大きくなっているようだ。私たちの関心を引こうとする声があまりにも多いからかもしれない。

「Just do it. なりふりなんて」

「ポトン、ポトン、シュー、シュー、ああ、すっきり！」

「朝食の王者」

何の広告かは言わなくてもおわかりだろう。ナイキ、アルカセルツァー、ウィーティーズである。これらの広告キャンペーンがそれぞれ、二十六回、四十三回、八十七回も行われたことをご存じだろうか？[15]　これが有効頻度のいい例であり、私には神もご自分の計画と目的を知らせるために同じような手段を使われるように思えてならない。神は忍耐強く何度も何度も繰り返し促してくださるのである。そしてしばしば、さまざまな言語を用いてそれをなさる。

聖書の中で神がそれぞれ違った方法で誰かの注意を引いておられることにあなたは気づいているだろうか？　また、気づかれるまでに神は何回それをなさっておられるだろうか？　これは有効頻度の研究だ。サムエルの場合は、有効頻度は四回にわたる夜中のささやきだった。ペテロの場合は、二回にわたる早朝のニワトリの鳴き声だった。サウロの場合は白昼の幻と声だ。[16]

あなたが私と似たタイプなら、あなたの関心を完全に引きつけるためには、神は何度か同じようになさらないといけないだろう。だから神はステレオ音声で話される。つまり、一つ以上の言語でささやかれるのだ。そのようにして、神が投げられたものを私たちがちゃんと拾えるように二重にも三重にも念を押される。そして理解するのに少し時間がかかる者たちのためには、二度三度、いや四度でも確認させてくださるほど、神は恵み深い。パウロがその証拠物件Aであり、アナニアは重要な証人である。

「立って、『まっすぐ』と呼ばれる通りに行き、ユダの家にいるサウロという名のタルソ人を訪ねなさい。彼はそこで祈っています。彼は幻の中で、アナニアという名の人が入って来て、自分の上に手を置き、再び見えるようにしてくれるのを見たのです」（使徒九・一一～一二）

サウロをパウロに変えるには、ダマスコへ向かう道で彼を馬から叩《たた》き落とすだけで充分だったのではないだろうか？　だが、パウロの有効頻度はそれでは少し足りなかったようだ。まず、神は耳に聞こえる声で天から語りかけた。次に神は、サウロがアナニアの幻を見て、アナニアがサウロの幻を見るという二重の幻を通して語りかけた。さらに神は、アナニアに「まっすぐ」という通りでサウロを見つけるための非常に具体的な指示を与えた。そして最後に、サウロの見えなくなった目を癒やすという奇跡を通して語りかけたのだ。これが有効頻度だ。サウロが神の声を聞くように四重の確認をしたのである。

現状維持バイアス

聖書の中で、聖霊は多くの役割を担っている。聖霊は水の面を動き、与え、罪を示し、啓示し、思い出させる。そして、私たちを決まりきった行動から抜け出させたい時、聖霊はしばしば私たちを奮い立たせる。

「主が……ゼルバベルの……霊を奮い立たせたので」（ハガイ一・一四）

聖霊に霊を奮い立たせられた時は、デヴィッド・ウィルカーソンが経験したように落ち着かなさを感じることもある。それは時に神に与えられた願いとして始まり、骨の中で燃え盛る火となる。それはどんどん強くなり、抑えきれなくなる思いである。また、神が人生を揺り動かし、場合によってはひっくり返すこともある。

聖霊のこうした働きはかすかな通信音とも言えるし、そっと突つかれることや合図とも言えるし、印象ともいえる。私はそれを促しと言って聖霊に脇腹を突つかれることになぞらえている。私たちはお互いに良い行いをするために励まし合うように召されているが、聖霊も同じように私たちをしばしば奮い立たせる。それが何かをやめたり、始めたり、変えたりする動機となるのだ。

これはちょっと奇妙に聞こえるかもしれない個人的などうでもいい情報だが、私はアラームをセットするときは、偶数の時間にしている。自分でも理由がよくわからないが、こうするのが私だけではないことを知っている。私がこの変なくせを告白するたびに、自分も「偶数人間」だと打ち明けてくれる人々がいるからだ。「奇数人間」だという人たちもいる！　どちらにしろ、人間とは習慣の動物だ。自然な傾向として、それまでやってきたことをやり、それまで考えてきたように考え、それまで言ってきたように言うのだ。

私がアラームをかけるときに偶数を好むというような現象を、現状維持バイアスという。これは三十年近く前に、ウィリアム・サミュエルソンとリチャード・ゼックハウザーという二人の心理学者によって「*Journal of Risk and Uncertainty*」誌の中で提唱されたもので[17]、簡単に言えば、深く考えずにそれまでやってきたとおりのことをする傾向のことだ。

あなたは雑誌の一年間無料購読キャンペーンに申し込んだことはないだろうか？　一年間無料だなんて、気前のいい話ではないか。ところが、実は違うのだ！　雑誌のキャンペーンや、携帯電話やケーブルテレビやクレジットカードの会社はみんな、現状維持バイアスを知っているだけなのだ。キャンペーン価格の期間が過ぎても、客は購読をキャンセルするのを忘れるし、たとえ忘れなくても面倒くさがってキャンセルの電話をかけないということをわかっているのだ。

これが、それまでと同じことを続けてしまうという人間の性質であり、ここに問題がある。これまでどおりのことをしているなら、これまでどおりのものしか得られない、ということだ。それ以外のことを期待するのはばかげたことである。

現状維持バイアスは、霊的成長を妨げる大きな要因となる。また、気をつけないと私たちを神の促しから遠ざけるものにもなりうる。

コンピュータのソフトウェアのアプリケーションやコンピュータ・プログラムやスマートフォンには最初から初期設定が施されている。これらの既成の設定はプリセットといって、その機械を最適に使う環境を整えるためのものである。

それと同じように、私たちにも私たちがする多くのことを決定するのに役立つ初期設定がある。目覚め方から食事の取り方から人との交流のしかたまで、生活のあらゆる分野においてパターンがある。それらの思考と行動は限られた初期設定によって決定されているのである。だが、そのプリセットを少し変えるだけで大きな違いを生み出すことができるのだ。

数年前、私は少し体重を減らそうとしたのだが、なかなか減らすことができずにとても苦労した。ある晩、スターバックスでいちばん大きなサイズのキャラメル・マキアートを飲みながら友達にそのことで愚痴をこぼしていると、彼は私が飲んでいるものを見つめながらこう言った。「自分で自分のダイエットを妨害してるってことはわかってるんだろ?」

いちばん大きなサイズのキャラメル・マキアートは二百五十キロカロリーで、それはその日二杯めのものだった! 私はいったい何をしていたのだろう。そこで私は、体重を落としたいなら絶対にしなければならないことをした。飲み物に関する初期設定を変えたのだ。

今日、小さな促しに心を留めるなら、明日、大きな効果を目にすることになる。

説得の行動科学

二〇一〇年、イギリス政府は七人からなるチームに、行動科学に基づいて政府のプログラムを改善するようにという任務を与えた。公式には行動の洞察チームと呼ばれていたチームは、ナッジ・ユニットとして知られるようになった(訳注・ナッジ＝nudge 人の注意を引くために軽く突くこと。あるいは丁寧に人を説得すること)。チームには控えめな予算と、期日までに結果を出せなければプロジェクトは廃止という条件がつけられた。

チームリーダーのデヴィッド・ハルパーンは、デヴィッド・キャメロンが首相に就任してから二十か月後に最初の公式報告を行った。閣僚たちはやや冷ややかな態度で聞いていたが、そんな彼らをハルパーンは四枚のスライドで圧倒した。

最初のスライドは、ことばを少し変えるだけで、税金の徴収額が数千万ポンド増加したことを示していた。二枚めのスライドは、人々に屋根裏の断熱をしてもらうためには、「屋根裏掃除サービス」を提供するのがいちばんいいと述べていた。三枚目のスライドは、道路脇のカメラで撮影された車の画像を取り入れると、交通違反の違反金支払いが大幅に増加することを示していた。そして四枚めのスライドは、期限を過ぎても罰金を払わない違反者にテキストメッセージを送ると応答率が倍になることを示していたのである。[18]

ナッジ・ユニットという名前は、『NUDGE 実践行動経済学 完全版』(遠藤真美訳、日経BP、二〇二二年)というベストセラーになった本の中でこの概念を生み出した著者のリチャード・セイラーとキャス・サンスティーンに敬意を表してつけられたものだ。ナッジは、命令したり指示したりすることなく、人の行動を励ましたり導いたりする方法である。そしてこれは情報やアドバイスの提供が、結果に劇的な変化をもたらすということを証明している。

その有名な例がアムステルダムのスキポール空港にある男性用トイレである。そのトイレをデザインしたアド・キーブームは、男性用小便器の一つひとつに黒いハエの絵を描いた。それが尿の飛び散りを八十パーセント減少させたのである。キーブーム氏いわく「男はハエを見つけると、それを狙いたくなるもの」[19]だからだ。

ほかにもこんな例がある。シカゴのレイクショア・ドライブという道路はS字カーブが連続しており、運転手が時速二十五マイル（約四十キロ）というスピード制限を見落とすと、とても危ない。そこでシカゴ市は何をしただろうか？　カーブの手前の道路に白いストライプを描き、その幅を徐々に狭めていって車のスピードが上がっているような錯覚を与えたのだ。運転手はどう反応するだろうか？　もちろん、スピードを落とす。[20]

セイラーとサンスティーンはこう解説する。「われわれはこのカーブを何度も走っているが、ここを通ると、白線がわれわれに語りかけ、カーブの頂点に達する前に、ブレーキを踏むようにそっとやさしくうながしているように感じる。われわれはずっとナッジされていたのである」[21]

私の経験から言うと、神も同じような方法で私たちに優しくナッジしてくださる。ふっと思い浮かぶ考えや、急に高まるアドレナリンなどを通して。あるいは、デヴィッド・ウィルカーソンの場合のように、落ち着かなさや、苦悶《くもん》を通して。

セイラーとサンスティーンはこういったナッジをしかける人たちを「選択アーキテクト（選択の設計者）」と呼んでいる。[22]そしてこのことにかけては聖霊の右に出る者はない。

神に促されたときには、ひたすら祈ろう。

神に促されたときには、ひたすら仕えよう。

神に促されたときには、ひたすらささげよう。

神があなたに備えをしてくださるが、あなたはその促しに従わなければならない。そして促されたものが祈りであれ、奉仕であれ、ささげものであれ、あなたが従順に従うとき、それがほかの人の奇跡につながるかもしれないのだ。

セス・ボルトは曲を作り、ニードトゥブリーズというバンドと共に世界中の街をまわって演奏することで生計を立てていた。それが彼の情熱を傾けるものであり、召しだった。だが、セスがバンドと仕事をしていない時は妻のトリと共に別のプロジェクトをしており、その仕事にも同じように情熱を傾けていたことを知る人は少ない。

セスと彼の父は、二〇一五年にサウスカロライナの北部に豪華なツリーハウスを建てた。セスとトリはそこで結婚し、ハネムーンもそこで過ごした。そしてその時からこのツリーハウスは、世界中からやってきてその枝の上で揺れながら滞在する客たちにとって祝福となってきた。

結婚後まもなく、セスとトリは自分たち自身のツリーハウスをサウスカロライナのチャールストンに建てることを夢みるようになった。仕事がない時に自分たちが休むためだけでなく、ほかの人たちも神と再び深く交わることのできる場所にしたかったのである。『サークル・メーカー』を読んだあと、セスとトリはチャールストンの近くのワドマロー島にある十二万平方メートルの地所に円を描き始めた。

二人はその地所とそこに生えている苔《こけ》むした樫の木に一目ぼれしていたが、すぐに現実にぶち当たった。その地所の値段は彼らの予算を超えていたのだ。それも、はるかに。彼らが支払えるのは、その土地の半分の値段だったが、入札の競争が始まると土地全体に対する全額の入札がされた。その時、セスとトリに信仰を持って踏み出すようにという促しがあったのだ。

この話の続きを紹介する前に、私の信念について少し分かち合わせていただきたい。信仰とは、経済的なことも含め、現実を無視するものではない。信仰は、実際にかかる費用も、機会費用も計算する。だが、その計算が成り立たないからといって、必ずしも打ち負かされて手を引くとは限らないのが信仰だ。たとえどんなに費用が足りないとしても、神がその足りない分を埋められると知っているのが信仰なのだ。なぜなら、神は千の丘で牛を飼っておられるからだ！　そして神はビジョンを与えてくださるとき、その資金も提供してくださる。

セスとトリは一年以上彼らの約束の地を探し続け、神にしるしを与えてくださるように願った。彼らの羊毛は何だっただろうか？　二人は神に白頭鷲《はくとうわし》を送ってくださいと祈ったのだ。

人生を左右する難しい決断――土地購入の申し込みをするか、あきらめて去るか――をしなければならなかったその日、彼らから十五メートルほど離れたところに生えている苔むした樫の木に、一羽の白頭鷲が舞い降りた。セスとトリにはそれが偶然ではないことがわかっていた。それは御心だった。二人は信仰によって契約書にサインをした。彼らがサインをし終わった時に、その鷲は飛び去っていった。これこそ神のタイミングではないだろうか？だが、その翌日に起こったことに比べれば、これはまだそれほど驚くべきことではなかった。

セスとトリが信仰を持って一歩を踏み出した時、彼らが知らなかったことがある。それは、その十二万平方メートルの土地の周りに円を描いて祈っていたのは彼らだけではなかったということである。別のカップルが同じ土地の周りで同じ時に円を描いていた。だがそのカップルはそこを買おうとして円を描いていたのではない。ただ単に、そこが神のご計画にしたがって、神の目的のために用いられるために円を描いて祈っていたのである。

セスとトリが一度だけ、しかも短時間会ったことがあるだけのこの夫婦は、ボルト夫妻に神から与えられたこの土地に対する夢を知ると、土地購入のための不足額を提供すると申し出た！「貸す」ではない。「提供する」と言ったのだ。誰がそんなことをするだろう？誰がほとんど初対面の他人の夢をかなえるために大金を提供したりするだろう？それは、神の静かな小さな声を聞き、それに従う人だ！

トリに言わせれば「こんなこと、作り話でもあり得ない！でも神は祈りに答えてくださる！」のである。

六十秒後のリターン

私の最も大胆な祈りと、いくつかの答えられなかった祈りについてはすでにご紹介した。ここでは、最も早く答えられた祈りについても分かち合わせていただきたい。私たちが最初にワシントンに引っ越した時、私はアーバン・バイブル・トレーニング・センターという都心部のパラチャーチ・ミニストリーの指導をしていた。ローラと私は給料支払小切手をもらってから次の給料支払小切手をもらうまでの間を何とかしのぐような生活をしていた。あるいは、献金から献金の間を、と言ってもいいかもしれない。その頃の私は巡回伝道者だったからだ。

そのミニストリーは自立しているとはとても言えなかったが、そんな時に私は、市内の別のパラチャーチ・ミニストリーに献金をするように促されていると感じた。経済的な観点からは理にかなわない促しだった。持っていないものをどうしてささげることができるだろうか。三百五十ドルの小切手を切るには信仰が必要で、郵便局の外にあるポストにそれを投函する間、左脳の論理的思考を遮断しなければならなかった。

投函し終わると、私は私書箱に届いている郵便物を受け取るために郵便局の中に入って行った。私書箱には、からしだね基金から一万ドルの小切手が入った手紙が届いていた。わずか六十秒で二、八五七パーセントのリターンがあったのだ。

私は「宣言すれば実現する」という考え方を信じない。

人が神より多くを与えることができるとも信じない。

だが、たった六十秒で与えることが受けることに変わる時、そこに因果関係を認めずにはいられない。これはルカ六章三八節の世界だ。「与えなさい。そうすれば、あなたがたも与えられます。詰め込んだり、揺すって入れたり、盛り上げたりして、気前良く量って懐に入れてもらえます。あなたがたが量るその秤《はかり》で、あなたがたも量り返してもらえるからです」

神はスロットマシーンではない。また、私たちが期待する報いは永遠のものであって物質的なものではない。だが、神はより多く与えずにはいられないのだ。悪い動機でささげたものは神の王国では数に入れられない。しかし正しい動機でささげるなら、ゲーム開始だ！

Lストリート・ノース・ウェスト四五にある私書箱は私の燃える柴の一つだ。そこで神が大きくはっきりとささやいたのだ！

促しの力

ここで再びデヴィッド・ウィルカーソンに話を戻したい。ニューヨークに引っ越すようにという促しに従ったあと、ウィルカーソンは悪名高きギャング団、マウマウスのリーダー、ニッキー・クルーズをキリストに導いた。「ガイドポスト」誌の編集者であるジョン・シェリルはその証しを同誌が初めて掲載する連載記事にした。そしてこの「ガイドポスト」の記事が後に千五百万部も売れたニューヨーク・タイムズのベストセラー本『十字架と飛び出しナイフ』になったのである。本を書く者の一人として、私はこの本の出版契約が成立した経緯が大好きだ。これは一つの促しが持つ力の証しだ。キリスト教の出版社を探す代わりに、デヴィッド・ウィルカーソンとジョン・シェリルは一九六〇年代のセンセーショナルな出版の先駆者であるバーナード・ガイスに連絡を取った。ガイスはヘレン・ガーリー・ブラウンの『*Sex and the Single Girl*』[23]の出版をしようとしているところだった。これは出版後三週間で二百万部売れた本である！　彼は本を売るために演出をしかけ、論争を巻き起こす達人だった。そんな出版者が、デヴィッド・ウィルカーソンのような伝道者に何を期待するだろうか？

契約にこぎつけるまでの道のりは、控えめに言っても長かった。それでウィルカーソンはシェリルに、主の前に羊毛を置きたいと言った。シェリルは羊毛が何を意味するのかさえ知らなかった。そこでウィルカーソンは、私が七章でやったのとまったく同じことをした。つまり、ギデオンが神の御心を知るために非常に具体的かつ実際的な条件を出したことを説明したのである。

ウィルカーソンは祈りの中で主の前に二枚の羊毛を敷いた。最初の羊毛は、多忙を極める重要人物であるガイスが、その日のうち――金曜日――に彼らと会ってくれることだった。本の企画書を出したことがある人なら、出版社がそんなふうには動かないことをご存じだろう。普通は、もっとずっと長い段階を踏むものだ。

二枚めの羊毛は、ガイスが彼らにその場で五千ドルの前払い金を申し出ることだった。その時のことを振り返ってシェリルはこう語っている。「大したことない額のように聞こえるかもしれないが、当時はそれで家を一軒買えたんだ[24]」

最初の条件は、ガイスがその日の午後「十分なら」と言ってくれた時に満たされた。だが、彼は二人の売り込みに困惑しているようすだった。そんな彼の注意を引いたものは何だったか。彼は、命をかけてニューヨークのギャングに近づいていったウィルカーソンの胆力に敬服した。また、ガイスは無神論者だったが、ギャングやヘロインの依存症者たちが宗教に目覚めたことに信じられない思いだった。そこでガイスはこう言った。「企画書を書いてくれ。それが通ったら五千ドル払う[25]」

だが、この話はここで終わらない。

鳥肌が立つ時

一九六八年、ハリウッドの俳優で歌手のパット・ブーンはバーナード・ガイスが出版したこの本を読み、「鳥肌が立った」[26]と言った。私が「鳥肌テスト」と呼ぶもののあらましについてはすでに記したが、ここではもう一歩踏み込んだ説明をしたいと思う。心理学的に言うなら、鳥肌は強い感情に伴う無意識の反応だ。パット・ブーンの例で言えば、その鳥肌は聖霊に触れられたことの最初の身体的なしるしだったと思う。その感覚こそ、促しだ。そしてそれがパット・ブーンがデヴィッド・ウィルカーソンの役を演じる『十字架と飛び出しナイフ』映画版へとつながった。ハリウッド外国人記者協会からゴールデングローブ賞をもらうことはできなかったが、この映画は世界で最も多く見られた映画の一つとなり、百五十の国で五千万人が視聴したのである。[27]

鳥肌テストは、知性を重視する人たち向きのテストではないかもしれないし、感情が高ぶった状態で人生を左右するような決断をすることは私もお勧めしない。だが、直観力を軽視するべきでもない。実際、毛が逆立つようなことには細心の注意を払うべきなのである。

リンダ・キャプラン・セイラーは「大人になんかなりたくない　ぼくらはトイザらスキッズ」というコマーシャルソングを生み出した広告の第一人者だ。彼女はまた「コダック・モーメント」[28]（訳注・「コダック・モーメント」は後に「需要が激減しビジネスが成り立たなくなる瞬間」という意味も持つようになるが、この場合は、シャッターチャンスの意味）というフレーズの生みの親でもある。リンダはどのようにして、ヒットするものとしないものを見分けていたのだろうか。彼女は悪びれもせずにこう言っている。「私がコダックの仕事をする際に頼りにしたのは『ゾクッとする感覚』です[29]」

私はテストマーケティングや戦略立案、計画を立てることを強くお勧めする。だが、ビジネスにおける最高のアイディアは鳥肌から始まることがある。そしてそれは天の父のわざについても同じことが言える。鳥肌は、私が本書で紹介している七つの言語には含まれないが、方言ではある。あなたをゾクッとさせるものを無視してはならない。もしかしたらあなたは、ジョン・ウェスレーの心を「温めた」のと同じ聖霊の声を聞いているのかもしれないのだ。

誰かの人生が及ぼす影響のすべてを知ることはできない。なぜなら、人の影響力とは、その人自身の命より長く続くものだからだ。それは映画も、本も、組織も同じことだ。だが、デヴィッド・ウィルカーソンの影響力は、彼自身の想像力をはるかに超えていたと言っていいと思う。そしてほかのたくさんの奇跡と同じように、これもささやきとして始まったことなのだ。

もし彼が、一九五八年のライフ誌の記事を通して感じた促しを無視していたら、それに付随するどれだけ多くの物語が語られることなく終わっただろうか。パット・ブーンが鳥肌を通して感じた促しもまた然りだ。

人生の終わりには、自分が犯した失敗について後悔するだろう。だが、逃したチャンスのためにする後悔はそれより大きいに違いないと私は思う。それが、私たちが神の栄光を受けられない理由となり、その瞬間となるからだ。

ではは神から与えられた機会を絶対逃さないようにするには、どうしたらいいのだろうか？

神の小さな静かな声のボリュームを上げ、自分の人生における最も大きな声にすることである。

第十一章　操作棒――第七の言語・痛み

「人も住民も家畜もいない、荒れすたれたユダの町々とエルサレムの通りで、楽しみの声と喜びの……声が、再び聞かれるようになる」（エレミヤ三三・一〇～一一）

マーティン・ピストリウスは幸せで健康な幼い男の子だった。だが彼が十二歳の時、不可解な病気によって三年間の昏睡状態に陥った。やっと意識を取り戻しても、彼は動くことも話すこともできなかった。閉じ込め症候群がすべての随意筋を麻痺させてしまっていたのだ。一つの興味深い例外を残して。それは垂直眼球運動だった。マーティンは遷延《せんえん》性意識障害という状態になってしまったのである。専門家たちはマーティンの両親に、彼は知能と認識力を失ったと告げた。

けれども、専門家たちは間違っていたのである。それなのにマーティンはそれを知らせるすべを持たなかった。自分の考えや感じていることを伝えることができないマーティンは、自分自身の体の中に閉じ込められてしまっていたのだ。

マーティンは毎日、毎週、毎月、十三年半もの間、送り迎えされてメディカルケアセンターに通った。熱すぎる食べ物を食べさせられてどんなにつらくても、声を上げることはできなかった。助けが必要なときに、赤ん坊のように泣くことさえできなかった。また、専門家たちは彼の知能は幼児並みだと思っていたので、マーティンは子ども番組にチャンネルを合わせたテレビの前に置かれていた。

　黙って周りの世界を見つめるだけのマーティンは、完全な孤独と無力感を感じていた。いや、感じるはずだった。マーティンは回想録にこう書いている。「私は完全に葬られていた。役立たずの肉体の殻の中に少年が存在することを知っていたのは神だけだった。そして私は神の存在をどうしてそんなに強く感じるのか、まるでわからなかった。私の心が元どおりになるまで、神は私と一緒にいてくれた。空気のように、呼吸のように、いつでもそこにいてくれた[1]」

　彼の母親や父親も含め、誰もがマーティンなどいないかのように振舞っていた。誰も、彼がそこにいるとは思わなかったのだ。ヴァーナという名の看護師を除いては。ヴァーナはみんなが思うよりずっと、マーティンはいろいろなことがわかっていると信じていた。ヴァーナは、脳卒中のために話せなくなった患者が電子機器の助けを借りてコミュニケーションを可能にする新しい技術についてのテレビ番組を見た。それで彼女はマーティンにこんな希望のことばをささやいたのだ。「マーティン、あなたにもできると思わない？　私、絶対できると思うの！[2]」

ヴァーナの粘り強さのおかげで、マーティンは南アフリカのプレトリア大学代替医療センターに送られることになった。そこでは目の動きを追う赤外線センサーを用いて、医師がマーティンにスクリーンに現れる写真が示すものを認識できるか尋ねた。最初はボール、次に犬、テレビ。マーティンは、自分が唯一コントロールできる目の動きを用いてすべてのものを認識できることを、一つひとつ示していった。

病気によって自分の体の中に閉じ込められてから十三年後に、マーティンは操作棒を用いてコンピュータ音声でコミュニケーションをとるすべを身につけた。そしてそれから二年後に、初めての仕事を得た。彼は大学に行き、自分の会社を設立した。結婚もし、本も書いた。それらすべてを操作棒を用いて成し遂げたのである。

この本の読者の中にも、マーティンのような気持ちを味わっている方がおられるかもしれない。落胆し、恐れやストレスを感じ、周囲から誤解されている方が。そういうときは、大勢の人の中にいても孤独だろう。いい日もあったが、それらは長続きしなかった。憂鬱はいつ襲いかかってくるかわからない。

あなたは、あなたが一人ではないことを知る必要がある。

恥にまみれた秘密や、心と体をむしばむ恐怖や、苦い記憶と格闘したことがない者はいない。統計が正しければ、私たちのうち六・七パーセントがうつと戦い、八・七パーセントが何らかの恐怖症を持っており、十八パーセントに不安障害があるという。[3] これらの感情面での困難は現実である。だが、希望もまた現実なのである。

どん底の中で

聖書は、現実の問題を抱える現実の人々が現実の痛みを経験することについての書物である。それはエデンの園で下された一つの罪深い決断から始まった。最初に与えられた結果は、出産の苦痛と食糧を得るための仕事の苦痛だった（創世三・一六―一七参照）。しかし実際の影響は、肉体、感情、霊のすべてに痛みが生じたことだ。幸いなことに、御国は痛みのない場所だが（黙示録二一・四参照）、そこに行くまでは痛みは間違いなくつきまとう。

聖書の中で最も古い書物はヨブ記だが、ヨブの人生は痛みと苦しみそのものだった。彼は大惨事によって家族を失い、富と健康を失い、いちばん悪いことに希望を失った。打ちのめされた彼は、ついに神に自分の命を取ってくださるように願った。だが、これ以上ないくらいの悲劇的な状況の中で、彼はか細い一筋の喜びを持っていたのである。「それはなおも私にとって慰めであり、容赦ない激痛の中でも、私は小躍りして喜ぶ。私は聖なる方のことばを、拒んだことはない」（ヨブ六・一〇）

ＮＡＳＢ訳では、この箇所は「私は過酷な痛みの中で喜ぶ」となっている。

ＨＣＳＢ訳では「容赦ない痛みの中で、私は喜びのために飛び跳ねる」となっている。ＥＳＶ訳では「私は過酷な痛みの中で歓喜の声を上げる」となっている。

この「喜び」を表すヘブル語が聖書の中で使われているのはこの箇所だけである。これは「めったにない喜び」、「極度の喜び」を意味する。現実を否定するのではなく、現実に対抗する喜びだ。そして途方もない損失に直面しながら勝利を収めた喜びである。最も直訳的な翻訳では「馬のように跳ね、石が火花を散らす」となる。[4]単に喜んで飛び跳ねるのではなく、失望の上で踊るのだ。

苦痛の中にありながら、ヨブはどういうわけかささやかな喜びを感じていた。もしできるものなら、彼はその状況を変えただろうか？　すぐにでも変えただろう。だがヨブは、あるシンプルな事実の中に喜びを見出していたのだ。それは、自分が聖なる方のことばを拒んでいないということである。

厳しくつらい状況のさなかで、私たちはあたかも全能者に背を向けられているように感じるかもしれない。そういう場合、私たちは何をしたくなるだろうか？　自分も神に背を向けたくなるのである。だがそういう時こそ、神にもたれかかり、頼るべき時なのだ。それがまさにヨブのしたことだ。彼は神と絶縁しなかった。神に聞くことをやめなかった。

ヨブと同じようにしてみようではないか。

多分神は、ほかの方法では聞くことのできない何かを語ってくださっている。

この章は、私にとって書くのがいちばん難しい章だった。読者にとっても、受け止めるのがいちばん難しい章かもしれない。痛みは心地よいものではないからだ。だがC・S・ルイスは次のように真理を言い当てている。「神は、楽しみにおいてわたしたちにささやきかけられます。……しかし苦痛においては、わたしたちに向かって激しく呼びかけたもうのです」[5]

これから申し上げることに耳を傾けていただきたい。人が知るすべての喜びは神からの贈り物だ。

セックス？　神の発明品だ。

食べ物？　神の発明品だ。

レクリエーション？　神の発明品だ。

これらの楽しみも誤用や濫用をすれば苦痛に変わる。だが、そういった間違いを犯さずにすべての楽しみをそのいちばん純粋なかたちで味わうなら、それは神からの贈り物なのだ。正当なニーズを不当な方法で満たそうとするとき、神からの贈り物を罪深い欲望の追求に変えてしまうこともあるが、本来楽しみは神からの贈り物なのである。

神はこれらの楽しみを通してささやかれ、私たちはそのことに感謝すべきだ。だが、痛みにも注意を払うべきなのだ。

痛みという贈り物

話を先に進める前に、痛みが贈り物になり得ることについて述べさせていただきたい。もし痛みがなかったら、私たちは何度も同じ方法で自分を傷つけることになるだろう。痛みがなかったら、私たちは単に現状維持に努めるだろう。痛みがなかったら、私たちは私たちを死に導きかねない問題さえ無視するだろう。

実際、二〇〇〇年七月二十三日に、私は痛みに命を救われた。その土曜日、私は腹部に激しい痛みを感じて目を覚ました。だが、私はそれを無視してしまったのである。翌日の日曜日、私は説教をしようとしたが、最後まで話すことができなかった。話し始めて五分後、痛みのために体をくの字に折り曲げてうずくまってしまったのだ。結局、ワシントン・ホスピタル・センターの救急救命室でＭＲＩ検査を受けた結果、腸管破裂であることがわかった。ただちに手術室に担ぎ込まれたが、そこで死んでもおかしくなかった。そして、あの痛みが無視できないほど激しいものでなかったら、私は間違いなく死んでいた。

私は二日間、人工呼吸器につながれて命も危険な状態にあった。七日間で十一キロも体重が減った。だが、これは理想的な体重の減らし方とは言えない。そして副産物として、私の腹部を上から下まで二分する三十センチの傷跡が残った。

時には、最悪の痛みのあとに最大の喜びが訪れることがある。新生児の母親たちがそれを証明してくれる。アスリートほど自分に苦痛を課す人たちはいないが、身震いするような勝利の喜びが苦痛を忘れさせる。

あの死の淵をのぞくような体験をもう一度したいかと聞かれれば、二度とごめんだと答える。だが、あれは何にも代えがたい経験だった。あれ以降、一日たりとも、あたりまえだと思って過ごした日はないからだ。そしてあの苦痛に満ちた日々に感じた神の臨在は、それまで感じたことがないほどにリアルだった。それは痛みの中でこそ最もはっきり感じられる臨在であり、聞こえる声であった。

旧約聖書のヨセフを思い出してほしい。彼はティーンエイジャーの頃は心の知能指数がゼロだった。それはまったくめずらしいことではない。だが、十三年の苦しみを経て、彼は共感力において修士号を取得した。それは仲間の囚人の顔に浮かんだ落胆の表情に気づくという共感の行為であり、それが最終的には二つの国を救うことになったのである。

痛みは、神学の教授になり得る。

痛みは、結婚カウンセラーになり得る。

痛みは、人生のコーチになり得る。

痛みほど人間の全神経を集中させるものはない。痛みは偽りの偶像を打ちこわし、偽りの動機を純化する。私たちが癒やしを必要とするところと成長すべき点を明らかにする。また、何にも増して優先順位を再確認させる。痛みとは、私たちの人生において、神がなしてくださる聖化のプロセスの一部なのだ。

聖書に登場する男性も女性も、魂の暗夜を耐え忍んでいる。ヨブはすべてを失った。サラは不妊の悩みと格闘した。モーセは四十年間逃亡者だった。ダビデは義理の父に殺されかけた。マグダラのマリアは悪霊につかれていた。ペテロはイエスを知っているということさえ否認したあと、自分という人間が信じられなくなりもがき苦しんだ。そしてパウロには魂に焼きつけられた殺人の記憶があった。

これらの人々に共通することが一つある。それは、彼らは人生の中で最も暗い日々に、神のささやきを聞いたということである。そして彼らはみな、神の恵みによって「あちら側」から出てきたのだ。

私は皆さんのために、「一切痛みを経験しないように」ではなく、「痛みのさなかで、神の愛に満ちた声を聞き分けることを学べるように」と祈る。神があなたに教えようとしていることが何かあるだろうか？　あなたの性格の中に、痛みを通してでなければ培えない部分があるだろうか？

私は、すべての痛みは神が引き起こしたものだと言うつもりはまったくない。痛みは、呪いの結果であり、たいていの場合、それは罪の症状である。だが時には、神からの贈り物である場合もあるのだ。それは無視できない言語である。あなたは聖書をベッドの脇のテーブルに置いたままにして手も触れずにいられる。願いも、夢も、ドアも、促しも、人々も無視できる。だが、痛みは無視できない。そうではないだろうか？

　私がこれから申し上げることは、この先数ページをしっかり読んでくだされば ちゃんと意味が理解できるということをお約束する。神は時に、ご自身の栄光と私たちの益のために、痛みを下さる。それを用いて私たちを依存的な行動から抜け出させてくださるのである。あるいはまた、痛みを用いて困難な状況から抜け出させてくださる。痛みを用いて虐待的な関係から抜け出させてくださる。注意を払って、そこから抜け出そう。

　イエスが最もたくさん行われた奇跡は、恐らくツァラアトの癒やしである。あなたは、この奇跡が何を成し遂げたか、じっくり考えたことがあるだろうか？　この奇跡が意味するものはいろいろあるが、とりわけ大きな意味を持つのは、触覚が回復されたことである。ツァラアトの呪いの一つは、感覚を失うことだ。ツァラアトに冒された者は、痛みも心地よさも感じることができないのだ。彼らの周りの物質的な世界において、彼らは無感覚になっている。それは生きていくうえで危険なことだ。それでイエスは彼らにもう一度触覚という贈り物をされた。心地よさも痛みも両方伴う贈り物だ。

「痛みなくして得るものなし」(No pain, no gain) ということわざは、多くの人が思うより昔からあるもので、一九八〇年代のジェーン・フォンダのフィットネス・ビデオが生みの親ではない。もともとは二世紀のユダヤ教のラビの「痛みに応じて得るものがある」[6]ということばからきているのである。

正直に言えば、たいていの人は「痛みなくして痛みなし」のほうがいいと思うのではないだろうか。私たちはできるだけ障害物のない道を選ぶものだが、それでは神が私たちを連れて行きたいと思う場所には到達できないのである。だからと言って痛みを追求するべきだと言っているのではない。そんなことをしなくても、痛みのほうからこちらにやってきてくれるだろう。だが、痛みが来た時、それを回避しようとすべきではない。むしろ、その痛みをくぐり抜けながら、神が痛みを通して、嘆きを通して、苦しみを通して何を語っておられるのかを聞き分けるすべを学ぶ必要があるのである。

もしそれがより高い目的のためにあるのなら、痛みは一定の喜びをもたらす場合がある。神が私の最も大胆な祈りに答えて喘息を癒やしてくださったとき、私はその奇跡を喜び祝い、味わうために、人生初のマラソンを目指してトレーニングすることにした。十八週間に及ぶトレーニングプランは、私がそれまでやり遂げたことの中でも最もきつかったことの一つだ。走る距離を長くしていくにつれて、私が自分に課す苦痛も大きくなっていった。だが、シカゴマラソンのゴールを切る時、その苦痛は過去のものになる。そしてそれを達成したという記憶は永遠のものになるだろう。

私がトレーニングをする時のBGMの一つは映画「ロッキー4」の「トレーニング・モンタージュ」だった。この曲によって私は何回か余分にエクササイズをすることができ、少し余分に頑張ることができた。何回も何回もこの映画を観たので、曲を聞けばロッキー・バルボアが雪に覆われた山を駆け巡る姿を思い浮かべることができたのだ。

ロッキーはのこぎりで丸太を切り、薪を割る。クマのようにはいつくばって犬ぞりを引いて歩く。木の梁《はり》をかついで腰の高さまで積もった雪の中を突き進む。古い納屋の中でトレーニングベンチを使ってやるような腹筋をし、牛のくびきをかついでコアトレーニングをする。そして馬車を使ってショルダープレスをするのだ。基本的に、あなたのトレーニングのルーティンと同じではないだろうか？　それとも違うだろうか？　どちらにしろ、あなたならどうやってイヴァン・ドラゴを倒すだろうか。

ロッキーのトレーナーであるデュークが何度も何度も繰り返し言うことばをご存じだろうか。私は時折、トレーニングをしていて壁にぶち当たる時、このことばを頭の中で聞く。納屋の中で四回、リングで二回、デュークはこう言う。「痛みじゃない、痛みじゃない、痛みじゃない！」これは、ロッキーが自分に課しているすさまじい苦痛を否定していることばではないと私は思う。その痛みを超える目標があることを思い出させることばなのだ。苦痛の向こう側には勝利がある。

トンネルの向こうに光があるのなら、人はどんなことでも乗り越えられる。そしてキリストに従う者にとって、光はいつもあるのである。だが私は、こうアドバイスしたい。「困難な状況から抜け出すことに集中するあまり、そこから何も得られずに終わってはならない」。時には、私たちが変えようと努力している環境は、神が私たちを変えるために用いておられる環境である場合がある。だから痛み止めを飲む前に、その困難な時を通して神が何を言っておられるのか、注意深く耳を傾ける必要があるのだ。

ここでヨブ記と、いくつかの全体的な教えに話を戻そう。

第一に、痛みが存在しないふりをするのはやめよう。

何をするにしても、成功させるためにごまかしをしてはいけない。それは誰の益にもならない。大丈夫でなくても大丈夫なのだ！　大丈夫でないことを認めることこそ、癒やしへの第一歩だ。アメリカ人は一般的に、深く悔いて悲しむことが得意ではない。だが、嘆きのために衣を引き裂き、髪をそり、地にひれ伏して礼拝するのにふさわしい時というものがある（ヨブ一・二〇参照）。充分に嘆くことができないと、傷は閉じることなくそのまま残る。嘆きは癒やしのプロセスの一部なのだ。それは傷を清潔にするための感情的な殺菌となる。そして人によって嘆き方はさまざまなので、それに関しては寛容であってほしい。

第二に、わかりきった陳腐なことばで痛みを説明するのはやめよう。

ヨブの友人たちは、その口を閉ざしている限りヨブにとって大きな慰めだった。誰かが苦しみや嘆きの中にある時、私たちは何か正しいことを言わなければならないというプレッシャーを感じるものだ。だが私は、話すことは控えてたくさん聞くようにとアドバイスしたい。ことばを少なくすることによって多くを語れるものだ。

暗夜

マザー・テレサはインドのカルカッタのスラムで、病人や貧しい者や、死にゆく人々を愛することに生涯をささげた。そして一九七九年、ノーベル平和賞を受賞した。二〇〇三年にはカトリック教会において列福された（訳注・徳が認められ、聖人に次ぐ福者という地位にあげられること）。このような賞賛を受けた人を、疑いも失望も超越したほかに類を見ない特別な人だと考えることは簡単だ。

だが、マザー・テレサの個人的な日記に記されていることを見ると、そうではなかったことがわかる。彼女はこう書いている。「神は私の中に生きていると言われる。――だがそれでも、暗闇と冷え冷えとした思いとむなしさという現実がとても大きいので、何も私の魂に触れることができない」[7]

これはヨブのことばのように聞こえないだろうか？

イエスでさえ「わが神、わが神、どうしてわたしをお見捨てになったのですか」(マタイ二七・四六)と言われた。十字架の上におられた時、イエスは天の父から最も遠く離れているように感じた。だがそれは、神の目的を達成するのに最も近いところにおられた時だったのだ。だまされてはいけない。神が私たちを失望させているように思える時、神は、私たちがその時点では理解できないかもしれない何かのために、私たちを準備させているのだ。

これが励ますことになるのか、失望させることになるのかわからないが、多分その両方なのだろう。もしマザー・テレサでさえ魂の暗夜を免れなかったのなら、恐らく私たちもそうだろう。イエスが父なる神を遠く感じた瞬間があるなら、私たちにもあるだろう。次のことを思い出してほしい。信仰とは、嵐の上を飛んでいかせてくれるものではなく、嵐を切り抜けさせてくれるものだ。信仰とは、神の手の内がわからない時にもその御心に信頼することだ。そして信仰とは、障害だと思ったものが道になることもあると理解することなのだ。

神があなたをどこで用いてくださるのかを知りたければ、痛みにこそ目を向けるべきだ。人は自分が傷ついたことに関してこそ、他者の助けになれるからだ。自分の受けた試練が、他者のための機会となるのだ。私たちの弱さこそ、私たちの強さだ。そこに神の力が完全に現わされるのだから(Ⅱコリント一二・七―一〇参照)。

ヨブに労苦の夜が定められ、徒労の月日が割り当てられているなら(ヨブ七・三参照)、私たちにもそういう日々がきっとあるだろう。だがヨブのように、更なる祝福の注がれる向こう側に出ることができる。

「主はヨブの後の半生を前の半生に増して祝福された」（ヨブ四二・一二）

あなたや私の上にも同じことが起こると、大胆に信じていいのだろうか？　私は、私たちの人生が痛みのないものになるとは約束できないし、もしできたとしてもしないだろう。だが、良きみわざを始めてくださった方は、それを成し遂げてくださるということなら約束できる（ピリピ一・六参照）。また、その方のご臨在は喜びで満ちているということも約束できる（詩篇一六・一一参照）。しかし、私たちの霊的な旅路は決して直線的なものではない。ジグザグに曲がりくねり、アップダウンもある。二歩進んで一歩下がるようなこともよくある。だが、それでも神は人生のどんな季節においても私たちを愛することを決してやめない。

私たちが知っていようといまいと、神はご自身のご計画を成し遂げておられる。私たちは私たちの救いを「恐れおののいて」（ピリピ二・一二）達成しなければならない。そして「成し遂げる」というと、私はロッキー・バルボアのロシアでの姿を思い浮かべるのだ。神からの贈り物は無料だが、受け取るのは簡単ではない。約束の地は神に選ばれた民への神からの贈り物だったが、それでも彼らはその土地を取るために巨人たちと戦わなければならなかった。私たちも同じことだ。そして彼らと同じように、戦いによる傷もできるだろう。

痛みは呪いの一部だが、だからと言って、神がそれを贖えないということではない。それを良いことのために用いられないということでもない。そして、それを通して語れないということでもない。間違いなく聞き取ることが難しい言語ではある。だが、ほかのすべての言語と同じように、これも愛の言語なのである。そして私たちには、ご自分の前に置かれた喜びのために十字架を耐え忍ばれた苦難に満ちた救い主がおられることを忘れてはならない（ヘブル一二・二参照）。

御心に沿った目的を追求するための痛みは耐えられるものであることは、十字架が証明している。十字架の痛みのうち最も激烈だったものは、結び目のある九本のむち（マタイ二七・二六参照）によるものではなく、十八センチの釘[8]によるものでもなかった。それは、イエスの罪のない肩にのしかかった人類のすべての罪の重みだった。罪を知らない方が私たちのために罪人になってくださったのだ（Ⅱコリント五・二一参照）。そしてその彼を支えたものがあなたなのである。私たちの罪がイエスを十字架につけた。だが、私たちに対するイエスの愛が、イエスをそこに留まらせたのである。つまり、あなたはキリストにとって、十字架にかかる価値がある存在だったということだ。

イエスが十字架にかかることをよしとしてくださったのなら、私たちも必ず、自分の十字架を担えるはずだ。神のことばであるイエスは、私たちに対するご自身の愛を大きくはっきりとささやくために最も激しい苦痛を伴う死を遂げることを選ばれたのだ。

死の影に脅かされても

女性下院議員ジェイミー・ヘレーラ・ボイトラーと彼女の夫のダンは、自分たちの赤ん坊の鼓動を聞くのが待ちきれなかった。それはいつもの妊婦検診だったのだが、その日、超音波検査技師の顔に浮かんだ表情は、何か悪いこと、それも非常に悪いことが起こっていることを物語っていた。こうして彼らは、おなかの中にいる女の赤ちゃんにポッター症候群があることを知ったのである。それは羊水不足のために肺がうまく発達しないめずらしい病気だった。ジェイミーの赤ちゃんの場合、両側の腎臓の機能不全という最も重い症状が現れていた。ジェイミーは医師から、中絶しないなら流産か死産をするか、生まれても呼吸不全のため、腕の中で看取ることになるだろうと告げられた。

こんな知らせに心の準備ができている者はいない。

生まれてくる赤ん坊が生き延びる確率はゼロだと医師に言われたら、あなたならどうするだろうか。赤ん坊の病気は百パーセント致死的なものだと言われたら？　医師のその見解にこれまで例外はなかったと言われたら？

医師がそのことをジェイミーに説明している時、彼女はおなかの中で赤ん坊が動くのを感じた。「あれが私へのしるしだったんです。中絶はしないと決めました」と彼女は語っている。致死率百パーセントだったにもかかわらず、ジェイミーとダンは奇跡を招くためにその妊娠を丸ごと神にゆだねることにした。二人はまた、聖書の中から神のことばを受け取った。

病気の子どもほど両親をひざまずかせるものはない。それはまさにバテシェバとの姦淫のあとにダビデの身に起こったことだった。自分自身の恥辱を取り除こうとしていた時に、彼は息子が病気で瀕死《ひんし》の状態だと知らされた。ダビデはその時何をしただろうか？ 子どものために神と戦ったのだ。この聖書の物語はハッピーエンドでは終わらなかった。ダビデは七日間、荒布をまとい、食事をしなかった。できる限りのことをした彼の努力にもかかわらず、彼の息子は七日後に死んだ（Ⅱサムエル一二・一六―一八参照）。

ジェイミーとダンは赤ん坊のために戦うことを決めた。後に彼らはその時期のことを振返って「戦いの期間」と呼んでいる。彼らの気持ちは悲嘆に傾きがちだったが、あらゆる絶望感と戦った。もし同じような状況に立たされることがあったら、彼らの姿勢に倣ってほしいと思う。ダンはこんなことばを残している。「神から奇跡を行うチャンスを奪わないようにしよう」

彼らのまだ生まれていない赤ん坊がポッター症候群だと知らされてからしばらくして、USAトゥデイがボイトラー夫妻とその胎児についての特集を組んだ。広報活動のプロであるロブ・ボルマーは、普段はUSAトゥデイを読まないのだが、その日はホテルのロビーでクライエントを待つ間に「たまたま」その記事を読み、とても注意を引かれた。というのも、彼と妻の間にも似たような症状を持つ子どもがいて、その子は羊水への生理食塩水注入という方法で命を救われたからだった。

たまたまだろうか？　とんでもない！　神は新聞記事を通して語ることができるほどに偉大な存在なのだ。神は、まったくの他人同士を結びつけることができるほどに偉大な存在なのだ。このケースにおいては、神はその両方をなさった。

ロブは共通の知人を通してジェイミーと連絡を取った。そしてボイトラー夫妻にメリーランド州ボルティモアにあるジョンズ・ホプキンズ病院の周産期医学博士、ジェシカ・ビエンストックを紹介した。初めて超音波検査をした時、ビエンストック博士は予後を楽観視できなかった。胎児には明らかな奇形が見られたからである。だが最初の生理食塩水注入から一週間後、変形の見られた頭、内向きに曲がっていた足、小さすぎた肺が、正常になっているように見えたのである。

一筋の希望の光が射した。ダンはこう言っている。「〇パーセントの希望と、〇・〇〇〇一パーセントの希望の違いは莫大だ」。残りの妊娠期間の間、ジェイミーとダンは死の影の谷を歩いた。だがその間も彼らは希望の地にテントを張った（使徒二・二六／The Message 訳参照）。彼らの戦いは二〇一三年十一月まで続いたが、その月のその日、女の赤ちゃんが予定日より二か月早く誕生した。彼らの娘アビゲイルの体重は約千五百グラムだった。だが彼女は泣き声を上げた。もし、肺が機能していなかったら上げるはずのない泣き声を！　ジェイミーの頭に最初に浮かんだことばは「これがぼくたちの奇跡だ！」[9]だった。

戦いの季節

受け入れがたい診断をされた時、夢が悪夢に変わった時、結婚生活がぼろぼろに引き裂かれた時、あなたには選択肢がある。あきらめて手を引くか、神の約束に立つか、という選択肢である。罪悪感や恐れや怒りに負けて、あきらめることもできる。あるいは、完全に神次第の事柄ではあるが、完全に自分次第であるかのように祈ることによってそれらのものと戦うこともできる。

ジェイミーにとっての戦いとは、明け方四時に起きてボルティモアまで移動し、生理食塩水注入の治療を受け、その後、議会に出席する長い日々を送ることだった。ダンにとっての戦いとは、アビゲイルが毎晩必要とする人工透析を管理するために法科大学院を休学し、最終的には自分の腎臓を一つ娘に与えることだった。

信じるもののために戦うことは、恐怖を感じるもののために戦いから逃げることより難しい。だが、信仰によって生きたいと願うなら、戦うしかないのだ。

あなたはどこで神をあきらめただろうか？

あなたはどこで希望を失っただろうか？
あなたはそこを希望の地としてテントを張らなければならない。
あなたはそこで、もっとも大胆な祈りをしなければならない。
今こそ、戦うべき時なのだ。
結婚のために戦おう。
子どもたちのために戦おう。
健康のために戦おう。
夢のために戦おう。
信仰のために戦おう。
失われた友のために戦おう。
宣教地のために戦おう。

戦いは簡単ではない。だが、良い知らせがある。神があなたのために戦ってくださるのだ！　あなたが目を覚ますずっと前から、聖霊があなたのためにとりなしをしてくださっており、あなたが眠りについたずっと後まで、聖霊はとりなしてくださっている。そして今もあなたのためにとりなしてくださっているのだ。聖霊は私たちと争うものと戦ってくださる（詩篇三五・一参照）。あなたがもし、義のために戦っているなら、神があなたのために戦ってくださることを私が保証する！　信仰によって、神は私たちの戦いを戦ってくださるのだ。私が一章でふれた音波の盾のことを覚えておられるだろうか？　詩篇の著者によると、神はいつでもどこでも私たちを救いの歌で取り囲んでくださっている（詩篇三二・七参照）。この私たちを取り囲む歌を、私たちの第一の防御線と考えよう。聖霊のとりなしが第二の防御線だ。そして第三の防御線もある。それは、イエスが父なる神の右の座に座り、私たちのためにとりなしをしてくださっていることだ（ローマ八・三四参照）。

イエスがいまだに十字架に釘づけにされているかのように生きるのはやめよう。十字架に釘づけにされているのは、私たちの罪だけなのだから（コロサイ二・一四参照）。

神は片時たりともあなたから目を離されないことをご存じだろうか？　それはなぜだかおわかりだろうか？　あなたが、神にとって目に入れても痛くないほどに愛しい存在だからである（詩篇一七・八参照）！　それだけでなく、神の耳もあなたに向けられている。あなたに向かって耳を澄ましておられるので、ことば以上のものを聞き取られる。

「私のことばに耳を傾けてください。主よ。私のため息を考慮してください」（詩篇五・一／HCSB訳）

ため息とは、長い深い息であり、悲しみに対する心理的な反応である。そしてこれは静かな小さい声の優しいささやきにとてもよく似ている。ため息とは、言うべきことばが見つからない時につくものだ。だが詩篇の著者によれば、それは低周波の遭難信号以上のもので、ことばにならない祈りなのだ。

私の義父であるボブ・シュミットゴールの死は、私の人生の中でも最もショックな出来事の一つだった。まだ五十五歳で、人生の最盛期にあった。心臓発作で天に召される二日前に、医師から健康証明書を出してもらっていたほどだった。激しい悲嘆の中にあった日々、私はひっきりなしにため息をついていた。その時私は聖書の中でも最も慰めになる一言に出会ったのだ。「私のため息を考慮してください」

私たちの最も深い痛みの中で、神は耳を傾けてくださっていた。とても親密に、私たちのほうに身を傾け、ことばにならないため息を聞いてくださっていたのだ。それだけでなく、聖霊はことばにならないうめきをもって私たちのためにとりなしをしてくださっていた(ローマ八・二六参照)。それこそが、私たちがもう少しよく聞くことのできる者であれば聞こえるはずのものだった。もう少しよく聞くことができれば、私たちを取り囲む救いの歌も聞こえるだろう。神のあわれみが朝ごとに新しくされるように(哀歌三・二二―二三参照)、神の愛のとりなしは決して止むことがない。

ヨブはどのようにしてこの世の地獄のような状況を生き延びることができたのだろうか？地に伏して礼拝したのである（ヨブ一・二〇参照）。

あなたがもしつらい時期を乗り越えたいなら、神に賛美のいけにえをささげなければならない。言うは易し、行うは難しだということはわかっている。だが、ほかに道はないのだ。

ヨブはこうして魂の暗夜を生き延びた。

ダビデはこうして何年にも及ぶ荒野の生活を生き延びた。

パウロとシラスはこうして牢獄から出た。

私には、教会でいつも繰り返し唱える決まり文句がある。「自分の悪いところを理由にして、神の正しい行いをほめたたえることから遠ざかってはいけない」。自責の念が上げる声のために、神を礼拝することから遠ざからないようにしよう。賛美でそれを覆いつくそう。もし、自分が成し遂げたことに基づいて神をたたえるのなら、それはどのみち神をほめたたえていることにはならないのだ。それは、一種の自己賛美にほかならない。神がどういう方かということより、自分が何をしたかに基づいているのだから。

痛みを押し流す唯一の方法は、賛美でそれを圧倒することだけだ。トマティス効果のことを覚えておられるだろうか？　賛美し続けるためには、神のささやきを聞かなければならない。

腸管破裂後の長い回復期間の間に、私は一つの歌をその歌詞を本当に信じるようになるまで繰り返し歌うことで神を礼拝するすべを学んだ。例えば、ダレル・エヴァンスの歌の一つは何百回も歌った。この歌は私のサウンドトラックとなり、ついには私の現実となった。

私は病気を交換する。
私は痛みを交換する。[10]
私はそれらを主の喜びと交換する。

礼拝することについての私の考えを述べさせていただきたい。

第一に、つらく苦しいときの賛美こそ最高の賛美である。神は私たちが愛されるとは到底思えないときや愛されるのにふさわしくないときに私たちを愛してくださる。だが、私たちはその愛に応えるのが難しい時がある。もし、神を賛美したいときだけ賛美するなら、だんだん賛美しなくなっていくだろう。だがもし、最もつらい時に神を賛美するなら、あなたの最善の時はこれから来るということだ。あなたという存在は神の喜びであることを忘れないでほしい。神はあなたにとって喜びだろうか?

第二に、あなたが賛美に変えないものは何であれ、痛みに変わる。痛みを内に秘めるなら、さらに痛みが増していくだけだ。ちょっと気分を害されたようなことが、時が経つにつれて根深い恨みに変わることもある。そしてあなたがそれに気づく前に、あなたは苦痛の世界に生きるようになっているのだ。また、あなたがそれについて不平を言うなら、それは複合的な傷となる。あなたの魂の敵は、あなたが神からも人からも遠ざかるように、あなたを閉じ込めておきたいのだ。だから痛みに対処する最も良い方法は、その痛みを主に向かって言語化することだ。歌い続けよう。歌い抜こう。

本書のそもそものスタート地点に戻るが、もしあなたの人生の音程が外れているとしたら、それはあなたの耳が、神のことばに立ち入るすきを与えない否定的な独り言によって聞こえなくなっているからかもしれない。あまりにも長い間恥の声を聞き続けたために、自分についてほかの何も信じられなくなっているのかもしれない。あるいは、あなたの耳をふさいでいるのは、あなたがどんな人なのかについて嘘をつき続ける敵の非難の声なのかもしれない。

あなたの中で痛みが叫び声を上げている時に神の声を聞くのは難しい。その叫び声を静かにさせる方法は、痛みの中でも賛美することなのだ。

最後に、歌っている内容を信じながら賛美しよう。私たちは自分が歌っている賛美歌の歌詞を本当に信じているだろうか？　それならそれを顔にも出すべきではないだろうか。歌詞のとおりだと信じて賛美する時、それを手でも足でも表そう。胸が高鳴る時に、じっと立っていることは難しい。私の友人のディック・イーストマンのように木立の中で踊る必要はない。だが、歌っていることを本当に信じているなら、ただ歌うだけでなく、高らかに宣言しよう。

信仰を宣言する

私は、自分が最も大胆な祈りをして神が喘息を癒やしてくださったあとの週に歌った歌を、決して忘れない。それはAll Sons and Daughtersの「Great Are You, Lord」だった。その歌詞にこうある。「私たちの肺にはあなたの息がある。だから私たちは賛美を注ぎ出す[11]」。私はもう少しで号泣しそうになった。その歌詞を心から信じられたからである。

私たちは信仰を「自白」するのではない。

信仰を「宣言」するのだ。

コロラド・ロッキーズのピッチング・コーチであるスティーブ・フォスターが最近、ある話をして私を大笑いさせてくれた。三十年ほど前、彼がシンシナティ・レッズからの招聘に応じてメジャーリーグに移った時、チームはモントリオール・エキスポズと試合をしていた。それでスティーブはカナダでチームに会わなければならなかったのだが、彼は国外に出たことがなかった。通関の職員は彼に、誰にでもする普通の質問をした。「フォスターさん、ここに来た理由は？」スティーブは答えた。「モントリオール・エキスポズと対戦するためです」。職員は納得できないような顔をした。彼は一人きりでそこに立っていたからだ。だが、次の質問に移った。「申告（declare）することはありますか？」通関手続きをしたことのある人にとってはあたりまえの質問だ。だがスティーブには質問の意図がわからなかった（訳注・ここで使われている英語declareには、申告という意味と宣言という意味の両方がある）。そこで「なんですって？」と聞き返したが、職員は同じ質問を繰り返すだけだった。「Declareすることは？」そこでスティーブはこう答えた。「アメリカ人であることを誇りに思います？」なんという答えだろう！　彼は手錠をかけられ、尋問をされたために、メジャーリーグ初の試合に遅刻することになってしまった！

私にいくつかの宣言をさせていただきたい。

あなたは、あなたが犯した過ちとイコールではない。あなたは、あなたに貼られたレッテルとイコールではない。あなたは、敵があなたに押しつけようとしている嘘とイコールではない。

あなたは、神が言われるとおりのあなただ。

あなたは、神の子どもだ。

あなたは、神の愛しい愛しい存在だ。

あなたは、求められている存在だ。

あなたは、勝利者だ。

あなたは、キリストにある新しい創造だ。

あなたは、キリストの義だ。

そしてもう一つ。あなたは、あなたを強めてくださるキリストにあってどんなことでもできる。[12] 私たちのアイデンティティーの問題はすべて、神がどんなお方であるかについての根本的な誤解から生じる。

罪の問題は、神の恵みについての誤解から生じる。

支配欲の問題は、神の主権についての誤解から生じる。

怒りの問題は、神のあわれみについての誤解から生じる。

高慢の問題は、神の偉大さについての誤解から生じる。

信頼できないという問題は、神の善なるご性質についての誤解から生じる。

あなたがもし、これらの問題と格闘しているのなら、今こそ神の声をあなたの人生の中でいちばん大きな声にすべき時である！

エピローグ――ささやきのテスト

「神は愛です」（Ⅰヨハネ四・一六）

一九三七年十一月一日、六万ドルの助成金を得て、ハーバード大学である研究が始まった。それは八十年経った今でもまだ続いている。

二百六十八人の大学二年生が、その研究のために選ばれた。二十歳のジョン・F・ケネディもその中の一人だった。研究に参加した学生たちは研究開始後、二年ごとに医学的な検査を受け、心理学のテストを受け、個人面談を受け、その結果分厚い辞書のようなケースファイルができた。ボストンのフェンウェイ・パークの裏にあるオフィスの特別室に保管されているこのファイルは、人間の発達に関する継続的研究としては歴史上最も長期にわたるもので、その分野の研究者にとっては聖杯のようなものとなった。

四十年近くの間、ジョージ・バイヤン博士がその聖杯の管理人だった。彼は、自身の著書『*Triumphs of Experience*』の中でその保管室を開けていくつかの秘密を公開している。たとえば、「後の人生において幸福になることを指し示すもっと大きな要因は、子ども時代の『あたたかな人間関係』である」といったことだ。[1] また、子ども時代にあたたかな人間関係の中で育まれた人たちは、子ども時代に愛情不足だった人たちより年収が平均で十四万千ドル多かった。[2] もっと単刀直入に言おう。

バイヤンがこの研究の結論として言った一言が最も印象的だった。彼は八十年と二千万ドルをかけたこの研究結果をたった一言に要約したのである。「幸福とは、愛である。以上」[3] 本当にこの一言なのだ！　バイヤンはこうも言っている。「幸せとは荷馬車だ。愛が、馬だ」[4]

このことを忘れないようにしよう。

聖書は六十六巻からなる大きな書物だ。そして前述したように十五世紀にわたって書かれた書物でもある。端的に言って、これは人間の性質と神のご性質についてのずば抜けた考察を伴う比類なき継続的研究なのである。そして、この大著を単純化しすぎるつもりはないが、聖書の物語もたった一言に要約できると思う。「神は愛である。以上」

真理の中の真理

聖書には神を指し示す名前が四百以上もある。神は、不思議な助言者、全能の神、平和の君である。父なる神、子なる神、聖霊なる神でもある。道であり、真理であり、いのちでもある（イザヤ九・六、マタイ二八・一九、ヨハネ一四・六参照）。神は、これらすべてであり、人間の理解をはるかに超える方なのだ。しかし、神について最も真実なことは何かと聞かれれば、私はヨハネがすべてを要約した一言を引用してこう答える。「神は愛である」

確かに、神は力強い。確かに、神は善い方だ。確かに、神は光である。だが何にも勝って、神は愛である。これが真理の中の真理だ。

天の父なる神の私たちに対する愛を説明するには、私の三人の子どもたちに対する私の愛にたとえることがいちばん近い例になると思う。私には、娘が幼い頃から彼女の耳にささやき続けてきた決まり文句がある。「もし、世界中の女の子が目の前に並んでいるとして、その中からたった一人をパパの娘にできるんだとしたら、パパはおまえを選ぶよ」

私の娘、サマーは完璧だろうか？　彼女の父と同程度に完璧だといえるだろう。だが、彼女の最悪の日にも、私は彼女のために非難を受けることに甘んじるだろう。なぜなら、私は彼女の父親で、彼女は私の娘だからだ。二人の息子についても同じことが言える。これが地上の限界のある愛で子どもたちを愛する父親としての感じ方だ。だが、この愛でさえ、神の愛と比べることはおこがましい。なぜなら、天の父なる神の私たちに対する愛には限界がないからだ。レベルがまるで違う！

「人々」という言語について書いた章で、私はエニアグラムを人間の性格のタイプを知る助けとなるものとして紹介した。ちなみに、私は三番めの「達成する人」のタイプである。

どのタイプもそうであるように、このタイプにも良い面と悪い面がある。私の悪い面は、神の愛は私の功績に左右されるものではないということを理解するのが難しい時があることだ。だがもちろん、私の功績次第で変わる愛なら、大切なのは私が何をするかだということになってしまう。

神は、私たちがどういう人間であるかによって私たちを愛するのではない。神は、ご自分の性質によって私たちを愛してくださる。

私たちが成功するとき、神は「愛している」と言ってくださる。
私たちが失敗するとき、神は「愛している」と言ってくださる。
私たちに信仰があるとき、神は「愛している」と言ってくださる。
私たちに疑いがあるとき、神は「愛している」と言ってくださる。

愛が、すべてのことに対する神の答えなのである。なぜなら、神は愛だからだ。神により多く愛してもらうために、あるいは神により少なく愛してもらうために、できることは何もない。神はあなたを完璧な愛で愛している。神はあなたを永遠に愛しているのだ。

A・W・トウザーはこう言っている。「神のことを考える時に思い浮かぶことが、その人についてもっとも重要なことだ[5]」。もし、最初に思い浮かぶものが愛でないなら、その人は神という方について間違った印象を持っている。よく聞いてほしい。確かに神の愛には厳しい側面もある。その厳しい語りかけを、私たちはそのさなかで楽しむことはできないかもしれない。だが神はいつでも、私たちの最善を考えてくださっているのだ。

私がイギリスで、カンタベリー大主教ジャスティン・ウェルビーのすぐあとに講演をしたと書いたことを覚えておられるだろうか？　ウェルビーは話し終わったあとに、キリストに従う者にとっていちばん大きな試みは何だと思うか、と質問をされた。一瞬の間も置かず、大主教は迷いなくこう答えた。「私がこれまで会ったすべてのクリスチャンは、神に愛されているということを完全に信じ切ることができていませんでした」[6]

あなたが信じるにせよ信じないにせよ、神はあなたを愛している。

本当のところ、神はあなたを好きなのだ。

実際、彼は、あなたのことが特別に大好きなのだ。

だから彼は、あなたにささやく。

私はどうして必死になってこの事実をあなたに信じさせせようとしているのだろうか？　それは、それを信じるのが難しい時があるからである。この問題の一部は、多くの人々が、神のご性質を誤解させるようなかたちで神を表現してきたことによる。その影響を受けてしまった人々には、残念なことだったと申し上げたい。そしてどうか私のことばを聞いていただきたい。今まで述べてきた七つの言語は、愛の言語なのである！

神は私たちにご自分のことばを聞いてほしいと願っておられる。そして私たちはそのことばを心に留めなければならない。だがそれ以上に、神は私たちにご自分の心を聞いてほしいと願っておられるのである。だから神は静かに静かにささやかれる。私たちが近くに近くに寄っていかなければならないように。そして私たちがようやく充分にそばまで近づくと、神は私たちを腕の中に包み込み、「愛している」と言ってくださるのだ。

人生を変える一言

メアリー・アン・バードは一九二八年八月、ニューヨークのブルックリンで生まれた。重度の口蓋裂《こうがいれつ》のために十七回の手術を受けなければならなかった。だが、それよりはるかにつらかったのは、心の痛みだった。メアリー・アンは、風船を膨らませるとか、冷水器から水を飲むといった単純なことができなかった。中でもいちばんつらかったのは、クラスメートから情け容赦なくからかわれることだった。[7]

メアリー・アンはまた、片方の耳が聞こえなかった。そのため、年に一度行われる聴力検査の日が、彼女は大嫌いだった。その種の聴力検査は、現在はもう学校で行われていないので、それがどんなものだったか少しご説明しよう。教師が生徒を一人ずつ自分の机に呼んで、片方の耳を覆うように言う。それから教師が「空は青い」とか、「あなたは新しい靴を履いている」というようなことを言う。生徒がそのことばを間違いなく繰り返せたら、検査に合格、となる。

検査に不合格になるという屈辱を避けるため、メアリー・アンは聞こえるほうの耳をゆるく囲むだけにして教師のことばが聞こえるようにした。だが、学校でいちばん人気のあったミス・レナードが担任だった年は、そうする必要がなかった。

「私はそのことばを待っていたんです。神様が先生の口に備えてくださった一言が、私の人生を変えました」[8]とメアリー・アンは語っている。ミス・レナードは適当なことばを選ばなかった。彼女は机から身を乗り出し、メアリー・アンの聞こえるほうの耳に口を寄せて、こうささやいたのだ。「あなたが私の娘だったらよかったのに」[9]

天の父なる神はまさに今、これとまったく同じことばをあなたにささやいておられる。神は、あなたが生まれる前からこのことばをささやいておられるのだ。

すりこみ現象

一九七三年、オーストリアの生物学者コンラート・ローレンツはガチョウの研究でノーベル賞を受賞した。生後数日の間に、ガチョウの子には「すりこみ」と言われる現象が起こる。すりこみの過程で、ガチョウの子の脳にはついていくべき相手がすりこまれる。その期間に誰かと結びつくことができないと、ガチョウの子は誰についていけばいいのかわからなくなる。さらに悪いことに、正常でないすりこみが行われると、彼らは間違った声についていってしまう。

同じように、人間の赤ん坊も、母親の声によってすりこまれる。内耳は最初に発達する感覚器官であり、子宮の中で五か月めまでには完全に機能するようになる。七か月めまでには、胎児は母親の声を認識して、特定の筋肉の動きでそれに反応する。驚くことに、その筋肉の反応は、母親の声が聞こえた瞬間に引き起こされるのである。さらに、母親の声は脳内の報酬回路や、感情をつかさどる偏桃体を活性化することによって、他人の声によるのとは違う独特な影響を与えることも神経画像によって明らかになった。[10] つまり、母親の声紋は、赤ちゃんの脳にすりこまれ、神経指紋として残るのである。

私はこの本の冒頭において、大胆な宣言をさせていただいた。私たちが認識する人間関係の、あるいは感情的、霊的な問題は実際のところ、聞く能力の問題によるものである。正常なすりこみがされなかったという問題である。私たちは、迎合させようとする声、非難の声、糾弾の声によって、そしてまた孤独や恥や不安の副作用によって、耳が聞こえなくなっている。

だが、良い知らせがある。あなたは神によってすりこみがされているのだ。あなたは神のかたちを持っているだけではなく、神の声を知っている。母の胎の中であなたを組み立てたのは神の声である。あなたの人生がまだ一日も始まらないうちから、そこに目的と計画を与えたのは神の声である。良いわざを始めたのは神の声であり、それを完成させるのも神の声である（詩篇一三九・一三、一六、ピリピ一・六参照）。

あなたがそれを認識していようといまいと、あなたの人生における最初の声は神なのである。

神はあなたの人生における最大の声になっているだろうか？

それが問題だ。

その答えこそ、あなたの運命を決める！

信仰生活への適用のために

プロローグ——トマティス効果

1、著者は「神の声を聞く方法を学ぶなら、何千もの問題を解決することができる」（6ページ）と書いています。あなたにとって、それについて神に語っていただきたいと願う課題はどんなものですか？

2、あなたはあなたの人生を変えるかもしれない祈り、「主よ、お話しください。しもべは聞いております」（Ⅰサムエル三・九）を、祈るつもりはありますか？

第一章　最も大胆な祈り

1、神はなぜ、はっきり聞こえる大きな声で話すより、ささやき声で私たちに語りかけられるのだと思いますか？

2、神の声を聞くことは、あなたにとって比較的簡単なことですか？　それとも難しいことですか？

3、あなたは、聖霊の促しを感じて、自分でもちょっとどうかしていると思うようなことをしたことがありますか？　もしあるなら、それはどんなことでしたか？

4、著者が「あなたの生活は騒々しすぎる。あなたのスケジュールは詰め込まれすぎている」（24ページ）と言っていることに対し、あなたならどう答えますか？

5、詩篇（四六・一〇）には「やめよ。（英語版ではBe still ＝静まれ）知れ。わたしこそ神」とあります。静まるということは、あなたの霊的な旅路においてどんな役割を果たしますか？

6、神があなたに求めておられるかもしれない大胆な祈りはどんな祈りですか？

第二章　声

1、著者は、「一つだけ、神が外にいるご自分をご覧になっている場所がある。それは、あなたの心のドアの前だ。もし神の声を聞きたいと思うなら、あなたは神のノックに応じなければならない」（55ページ）と言っています。あなたは、神に対してドアを開くことをためらっていますか？

2、あなたはどのようにしてあなたに対する神の愛に気づくことができましたか？　いくつか具体的な出来事を挙げてみてください。

3、神に何を言われるだろうということが怖くて、神がささやいておられるように感じることを聞きたくないと思ったことはありますか？　自分の人生の中で神のささやきをかき消してしまうことは、どうして間違っているのでしょうか？

4、神がいつでもどこでも共にいてくださることがあなたの日常生活にどのような影響を及ぼしているか、リストアップしてみてください。

5、あなたの人生の中で、神があなたを助けられるほどに偉大な存在だということを認めていない領域はありますか？

1、あなたは神が「予測できない方であることは予測どおり」（66ページ）であると思ったことはありますか？

2、あなたの感情は、霊的生活においてどのような役割を果たしていますか？

3、イエスはしばしば「耳のある者は聞きなさい」と言いましたが、それはどういう意味だったのでしょうか。

4、著者は自分にとって神の声をよりはっきり聞きやすくなるささやきスポットをいくつか紹介しています。あなたにもそのようなささやきスポットはありますか？　もしないとしたら、どのようにして見つけられるでしょうか？

5、あなたは神をほめたたえることや神と交わりを持つことについて、独自の方法を持っていますか？

6、著者は「気分を変える＋場所を変える＝視点が変わる」（87ページ）と言っています。このアドバイスに従うことによって、神のささやきを聞く機会を得られると思いますか？

第四章　御心を伝える言語

1、神はさまざまな方法で語りかけてくださいますが、あなたはどのように語りかけられたことがありますか？　複数あれば複数答えてください。

2、著者は「私たちは、ただ耳だけで聞くのではない。私たちは目で聞くこともできるし、心で聞くこともできる」（99ページ）と言っていますが、これはどういう意味だと思いますか？

3、神の声を聞く際、識別力が非常に重要になってくるのはなぜでしょうか。

4、著者は「聖書は私たちに指針を与えてくれるが、具体的な導きを与えてくれるのは聖霊なのである」（104ページ）と言っていますが、これはどういう意味だと思いますか？

5、人を介する間接的な霊性、霊的な共依存にはどのようなものがあるでしょうか。

第五章　鍵の鍵——第一の言語・聖書

1、イエスに従う者として、聖書は「神の霊感によることば」であると信じることが、なぜそんなに重要なのですか。

2、著者は「何かを許容するために真理を犠牲にするなら、それは、全員を勝者にすることのように見えるかもしれないが、実際には全員を敗者にしているのだ」（111ページ）と言っていますが、あなたはこのことばにどう応答しますか？　あるいは、このような経験をしたことがありますか？

3、著名な説教者であり執筆家であるチャールズ・スポルジョンは「バラバラになった聖書は普通、バラバラにならなかった人の所有物である」（115ページ）と言いました。このことばが今もなお真実であるのはなぜでしょうか。

4、聖書を読んだり学んだりするときに、聖霊に関わっていただくことが重要なのはなぜですか？

5、あなたには、聖霊に息吹を吹きかけられた時のどんな思い出がありますか？

6、あなたは、どのような具体的な方法でみことばに留まることができますか？

第六章　喜びの声――第二の言語・願い

1、あなたは、C・S・ルイスの「主は、わたしたちの願望を強すぎるどころか弱すぎると見ておられる」（135ページ）ということばに共感しますか？　それはなぜですか？

2、あなたの心にある願いはどのようなものですか？

3、あなたが、自分の心の願いよりも他者の期待に応えることを優先しているかもしれないと思うのは、人生のどの領域のことですか？

4、あなたは、自分の賜物と願いが一致している何かを見つけたと思いますか？

5、あなたには神があなたの感情を通して語りかけてくださったという経験がありますか？　それはどんなものでしたか？

6、あなたがあまりにも常識的になりすぎてしまい、神に与えられた願いや自由を制限してしまうと思うのは、人生のどの領域のことですか？

第七章　ドアからドアへ——第三の言語・ドア

1、神は通常、人が決断をしたり、行動を起こしたあとにしるしをくださることがあるようです。それはどうしてだと思いますか？

2、神の御心を行うことより、神の御心を識別することのほうがはるかに多くの要素を考慮しなければならないのはなぜでしょうか？

3、神からの平安に満たされているとき、どのようにしてそれがわかりますか？

4、著者は、神の御心を知るために次のようなテストを挙げています。鳥肌テスト、平安テスト、助言テスト、クレイジーテスト、何かから解放され、何かに召されるテスト。あなたにはどのテストがいちばん効果的だと思いますか？

5、あなたは、著者の「信仰とは、ばかげて見えることをする意思である」（175～176ページ）という意見についてどう思いますか？

6、あなたの人生を導くために、神がドアを開けたり閉めたりしたことがあれば、それを教えてください。

第八章　白日夢を見る者——第四の言語・夢

1、著者は、「私たちの夢の大きさというものは、私たちの神の大きさを表すものなのだ」（206ページ）と言っています。あなたはこれについてどう思いますか？

2、あなたが祈っている時、聖霊は心に描く絵を与えてくださいますか？　その絵をどうしますか？

3、あなたは、神に対する飢え渇きをどのようにして増すことができますか？

4、神が夢を通して語りかけてくださったと思ったことがありますか？　それはどんな時でしたか？

5、あなたはどのような神様サイズの夢を与えられましたか？　それが実現するという期待を持ち続けていますか？

第九章　隠された人物たち――第五の言語・人々

1、あなたの人生の中で、あなたが「ひとりでいるときの欺瞞」や、「孤立した監禁状態」に陥るのを防いでくれるのはどんな人々ですか？

2、ヘブル一二・一には「多くの証人たちが、雲のように私たちを取り巻いている」とありますが、同じように、あなたが雲のような証人の一人として仕えることができる人、つまり、励まし、良い影響を与えることができる人々は誰ですか？

3、私たちはみな、見せかけの後ろに隠している部分があります。あなたの人生において、隠された部分で、神がそれを癒やしてあなたをもっと自由にしたいと願っておられるのはどんなところでしょうか？

4、あなたには、自分の盲点になっているところを、愛をもって指摘してくれる人はいますか？　また、あなた自身が誰かにとってのそのような存在になれますか？

5、あなたは、自分の霊的賜物を躊躇せずに用いることができますか？　それともためらいを感じますか？　それはなぜですか？

6、あなたは自分のことを預言者、あるいは少なくとも訓練中の預言者と見なすことができますか？　それはどうしてですか？

第十章　神のタイミング――第六の言語・促し

1、著者はこの章で「タイミングがすべて」という古い格言を引用しています（258ページ）。あなたは正しい時に正しい場所にいたという経験がありますか？　その時、そこに神の御手を感じましたか？

2、あなたの人生には、どんな特別なカイロスの（時間軸にとらわれない、質的な）瞬間がありましたか？　それはあなたにどんな影響を与えましたか？

3、あなたは聖霊から非常識な促しを受けたことはありますか？　あなたはそれに応答しましたか？　その結果、どうなりましたか？

4、あなたの人生の中で、神の小さな声のボリュームを、どうしたら上げることができるでしょうか？

5、最近、神にナッジされたり（注意を引くために軽く突つかれたり）、促されたと感じたことはありますか？　それはどんなことですか？

第十一章　操作棒――第七の言語・痛み

1、人生の中で、あなたの注意を引きつけたのはどのような試練だったでしょうか？

2、つらい経験を通して、あなたはどのようなことを学びましたか？

3、あなたが経験した痛みは、痛みに苦しむ他者を助けるために、神にどのように用いられましたか？

4、あなたは、神が遠く離れてしまったように感じる「魂の暗夜」を経験したことはありますか？　もしあるなら、そこから何を学びましたか？

5、神をたたえることはどうして、痛みに対する霊的で健全な応答なのでしょうか？

6、あなたの人生には、あきらめる代わりに、神の奇跡のうちに希望のテントを張った場所がありますか？

エピローグ――ささやきのテスト

1、著者は「神は、私たちがどういう人間であるかによって私たちを愛するのではない。神は、ご自分の性質によって私たちを愛してくださる」（328ページ）と言っています。あなたにとって神の愛とはどんなものか、あなた自身のことばで語ってください。

2、神によってすりこまれたことは、あなたにとってどんな意味のあることですか？ それはあなたの人生をどのように変えましたか？

3、本書は、神がさまざまな方法でささやかれることについての本です。神はあなたを近くに引き寄せるためにささやくのだということを忘れないでください。今日、神はあなたに何をささやかれましたか？

原注

プロローグ

1 Alfred A.Tomatis, *The Conscious Ear: My Life of Transformation Through Listening* (Barrytown, NY: Station Hill, 1991), 42.

2 Alfred A.Tomatis, quoted in Don Campbell, *The Mozart Effect: Tapping the Power of Music toHeal the Body, Strengthen the Mind, and Unlock the Creative Spirit* (New York: HarperCollins, 2001), 18.

第1章

1 Maggie Koerth-Baker, "The Loudest Sound in the World Would Kill You on the Spot," FiveThirtyEight, July 7, 2016, https://fivethirtyeight.com/features/the-loudest-sound-in-the-world-would-kill-you-on-the-spot/.

2 Decibel Equivalent Table, www.decibelcar.com/menugeneric/87.html.

3 Koerth-Baker,"Loudest Sound."

4 Decibel Equivalent Table, www.decibelcar.com/menugeneric/87.html.

5 "Humpback Whales," Journey North, www.learner.org/jnorth/tm/hwhale/SingingHumpback.html.

6 "Noise Sources and Their Effects," www.chem.purdue.edu/chemsafety/Training/PPETrain/dblevels.htm.

7 Dr. Pete R. Jones, "What's the Quietest Sound a Human Can Hear? (A.k.a. '"Why Omega-3 Fatty Acids Might Not Cure Dyslexia"')," University College London, November 20, 2014, 1, www.ucl.ac.uk/~smgxprj/public/askscience_v1_8.pdf.

8 “1827. demamah,” Bible Hub, http://biblehub.com/hebrew/1827.htm.

9 オズワルド・チェンバーズ『限りなき主の栄光を求めて』尾崎富雄訳、いのちのことば社、二〇一二年、二六八頁

10 右同書、二六八頁

11 Gordon Hempton, “The Last Quiet Places: Silence and the Presence of Everything,” interview by Krista Tippett, *On Being*, December 25, 2014, https://onbeing.org/programs/gordon-hempton-the-last-quiet-places-silence-and-the-presence-of-everything/.

12 Hempton, “Last Quiet Places.”

13 Blaise Pascal, *Pensées,* trans. A. J. Krailsheimer (London: Penguin, 1995), 37.

14 “Audio Noise,” WhatIs.com, http://whatis.techtarget.com/definition/audio-noise.

15 ダイアン・アッカーマン『感覚の博物誌』岩崎徹・原田大介訳、河出書房新社、一九九六年、二三六頁

16 John Donne, “From a Sermon Preached 12 December 1626,” *in John Donne: The Major Works*, ed. John Carey (New York: Oxford University Press, 1990), 373.

17 ヘンリ・ナーウェン『愛されている者の生活』小渕春夫訳、あめんどう、一九九九年、三六頁

18 Ella Morton, “How Long Could You Endure the World’s Quietest Place?” *Slate*, May 5, 2014, www.slate.com/blogs/atlas_obscura/2014/05/05/orfield_laboratories_in_minneapolis_is_the_world_s_quietest_place.html and “The Quietest Place on Earth,” www.orfieldlabs.com/pdfs/chamber.pdf.

19 Matthew Guerrieri, *The First Four Notes: Beethoven’s Fifth and the Human Imagination* (New York: Vintage, 2012), 5.

20 Halvor Gregusson, “The Science Behind Task Interruption and Time Management,” *Yast Blog*, www.yast.com/time_management/science-task-interruption-time-management/.

第二章

1 Nola Taylor Redd, “How Fast Does Light Travel? The Speed of Light,” Space.com, May 22, 2012, www.space.

com/15830-light-speed.html.

2 Francesca E. Duncan et al., "The Zinc Spark Is an Inorganic Signature of Human Egg Activation," Nature.com, April 26, 2016, www.nature.com/articles/srep24737.

3 Corey S. Powell, "January 1, 1925: The Day We Discovered the Universe," *Discover*, January 2, 2017, http://blogs.discovermagazine.com/outthere/2017/01/02/the-day-we-discovered-the-universe/#.WNpS1BC

wRTE.

4 〝Hubble Reveals Observable Universe Contains 10 Times More Galaxies Than Previously Thought,〟NASA, October 13, 2016, www.nasa.gov/feature/goddard/2016/hubble-reveals-observable-universe-contains-10-times-more-galaxies-than-previously-thought.

5 "Observable Universe," *Wikipedia*, https://en.wikipedia.org/wiki/Observable_universe.

6 出エジプト一四章、ヨハネ一〇章、マタイ一二・九―一三、二一・一八―一九、ヨハネ二・一―一一、ルカ一八・三五―四三、ヨハネ一一・三八―四四参照

7 出エジプト三章、民数二一・二一―三一、マタイ二・一―一二、ダニエル五章・六章・三章、マルコ四・三五―四一参照

8 ラビの伝承は聖書と同等ではないが、聖書の美しい背景であり、聖書をより深く理解するための助けになると、私は思う。

9 Hayim Nahman Bialik and Yehoshua Hana Ravnitzky, ed. *The Book of Legends: Legends from the Talmud and Midrash,* trans. William G. Braude (New York: Schocken Books, 1992), 80.

10 Leonard Bernstein, quoted in Leonard Sweet, *Summoned to Lead* (Grand Rapids: Zondervan, 2004), 64–65.

11 Cornelius W. May, *Shh . . . Listening for God: Hearing the Sacred in the Silent* (Macedonia, OH: Xulon Press, 2011), 59.

12 Lewis Thomas, quoted in Marilyn Berger, "Lewis Thomas, Whose Essays Clarified the Mysteries of Biology, Is Dead at 80," *New York Times*, December 4, 1993, www.nytimes.com/1993/12/04/obituaries/lewis-thomas-whose-essays-clarified-the-mysteries-of-biology-is-dead-at-80.html?pagewanted=all&mcubz=2.

13 Alfred A. Tomatis, *The Ear and the Voice* (Lanham, MD: Scarecrow, 2005), 13.

14 "Hearing Range," *Wikipedia*, https://en.wikipedia.org/wiki/Hearing_range.

15 ギルバート・キース・チェスタトン『正統とは何か』〈新装版〉、安西徹雄訳、春秋社、一九九五年、二七頁

16 Bialik and Ravnitzky, *The Book of Legends*, 80.

17 Ed Visvanathan, *Am I a Hindu? The Hinduism Primer* (New Delhi, India: Rupa, 1993).

18 ダイアン・アッカーマン『感覚の博物誌』岩崎徹・原田大介訳、河出書房新社、一九九六年、一三五頁

19 Alfred A. Tomatis, *The Conscious Ear: My Life of Transformation Through Listening* (Barrytown, NY: Station Hill, 1991), 72.

20 Brandon Hatmaker, *A Mile Wide: Trading a Shallow Religion for a Deeper Faith* (Nashville: Thomas Nelson, 2016), 26–27.

21 Hatmaker, *A Mile Wide*, 28.

22 ミネアポリスにある教会で日曜日の夜にこの映画が上映されたことがきっかけで、私はキリストへの信仰を持った。

23 A. W. Tozer, *The Attributes of God, Volume 1 with Study Guide: A Journey into the Father's Heart* (Camp Hill, PA: WingSpread, 2007),22.

24 Tomatis, *The Conscious Ear*, 116.

25 Walker Meade, "Every Breath You Take," *Herald Tribune*, January 12, 2010, www.heraldtribune.com/news/20100112/every-breath-you-take.

26 "Bidden or Not, God Is Present," *Redondo Writer's Sacred Ordinary*, February 4, 2008, http://redondowriter.typepad.com/sacredordinary/2008/02/bidden-or-not-b.html.

27 Christopher Forbes, "Images of Christ in the Nineteenth-Century," *Magazine Antiques* 160, no. 6 (December 2001): 794.

28 "Veni Creator Spiritus," *Wikipedia*, https://en.wikipedia.org/wiki/Veni_Creator_Spiritus.

第三章

1 "Dr. William Thornton," Architect of the Capitol, www.aoc.gov/architect-of-the-capitol/dr-william-thornton.

2 "The First Cornerstone," Architect of the Capitol, www.aoc.gov/first-cornerstone.

3 "Baltimore-Washington Telegraph Line," *Wikipedia*, https://en.wikipedia.org/wiki/Baltimore-Washington_telegraph_line.

4 "Abraham Lincoln and the U.S. Capitol," Abraham Lincoln Online, www.abrahamlincolnonline.org/lincoln/sites/uscapitol.htm.

5 History Matters, http://historymatters.gmu.edu/d/5166/.

6 多くの歴史家が、クリストファー・コロンブスの壮大な旅の動機について異論を持っていることは充分に承知している。その出来事から五百年後の今、真の目的を知ることは難しい。コロンブスは完璧な人だったか？ とんでもない。だがそれでも、彼が新大陸発見に際してそれを聖別し、ひざまずき、祈った事実に変わりはないのである。

7 "Car of History Clock," Architect of the Capitol, www.aoc.gov/art/other/car-history-clock.

8 創世一三・一八、二四章、二八・一〇―二二、出エジプト三・二、ヨシュア五・二―九、士師六・一一、Ｉサムエル三章、二三・一、Ｉ列王一八章、エステル二章、エゼキエル一・一、ダニエル六・一〇、ヨナ二章、三章

9 私はこのストーリーを二〇一六年八月三日にニューヨークで行われたヒルソング・カンファレンスの時に知った。カンファレンスのパンフレットの中表紙には次のように記されていた。「ゴードン・ノイズ牧師の話――ウェスレー・ミッション」

10 Dan Graves, "John Wesley's Heart Strangely Warmed," Christianity.com, www.christianity.com/church/church-history/timeline/1701-1800/john-wesleys-heart-strangely-warmed-11630227.html.

11 Online Etymology Dictionary, s.v. "obey," www.etymonline.com/index.php?term=obey.

12 José Ortegay Gasset, *Man and Crisis, trans. Mildred Adams* (New York: W. W. Norton, 1958), 94.

13 ダイアン・アッカーマン『感覚の博物誌』岩崎徹・原田大介訳、河出書房新社、一九九六年、二二五頁

14 前掲書、二三九頁

15 "Inverse Square Law, Sound," HyperPhysics, http://hyperphysics.phy-astr.gsu.edu/hbase/Acoustic/invsqs.html.

16 Sigurd Olson, quoted in David Hendy, *Noise: A Human History of Sound and Listening* (New York:Harper Collins, 2013), 20.

17 Marina Slayton and Gregory W. Slayton, *Be the Best Mom You Can Be:A Practical Guide to Raising Whole Children in a Broken Generation* (Nashville: Thomas Nelson, 2015), 166.

18 "Thomas Edison," World-Wide-Matel, http://johnsonmatel.com/blog1/2011/05/post_80.html.

19 Bell Homestead, www.bellhomestead.ca/Pages/default.aspx.

20 Mason Currey, "Rise and Shine: The Daily Routines of History's Most Creative Minds," *Guardian*, October 5, 2013, www.theguardian.com/science/2013/oct/05/daily-rituals-creative-minds-mason-currey.

21 Mason Currey, *Daily Rituals: How Artists Work* (New York: Knopf, 2016), 17.

22 オズワルド・チェンバーズ『限りなき主の栄光を求めて』尾崎富雄訳、いのちのことば社、二〇一二年、一九七頁

第四章

1 Charlotte Gray, *Reluctant Genius: The Passionate Life and Inventive Mind of Alexander* Graham Bell (New York: HarperCollins, 2006), 73.

2 Gray, *Reluctant Genius*, 124.

3 "The 20 Most Influential Americans of All Time," *Time*, July 24, 2012, http://newsfeed.time.com/2012/07/25/the-20-most-influential-americans-of-all-time/slide/alexander-g-bell/.

4 Gray, *Reluctant Genius*, 137–38.

5 Gray, *Reluctant Genius*, 138.

6 Gray, *Reluctant Genius*, 159.

7 Howard Gardner, *Frames of Mind: The Theory of Multiple Intelligences* (New York: Basic Books, 2011).

8 トーマス・アームストロング『人生を変える7つの超「脳」力』本田紀久子訳、ディーエイチシー、一九九六年、九三頁

9 “Zacharias Dase,” *Wikipedia*, https://en.wikipedia.org/wiki/Zacharias_Dase.

10 ケン・ロビンソン、ルー・アロニカ『才能を引き出すエレメントの法則』秋岡史訳、祥伝社、二〇〇九年

11 ダイアン・アッカーマン『感覚の博物誌』岩崎徹・原田大介訳、河出書房新社、一九九六年、二四一頁

12 右同書、一一頁

13 Philip Yaffe, “The 7% Rule: Fact, Fiction, or Misunderstanding,” *Ubiquity* 2011, (October 2011), http://ubiquity.acm.org/article.cfm?id=2043156.

14 Alfred A. Tomatis, *The Conscious Ear: My Life of Transformation Through Listening* (Barrytown, NY: Station Hill, 1991), 70.

15 “Language Acquisition—The Basic Components of Human Language, Methods for Studying Language Acquisition, Phases in Language Development,” StateUniversity.com, http://education.stateuniversity.com/pages/2153/Language-Acquisition.html.

16 “Language Acquisition,” Encyclopedia.com, www.encyclopedia.com/literature-and-arts/language-linguistics-and-literary-terms/language-and-linguistics/language.

17 “Language Acquisition,” Encyclopedia.com.

18 Queen, “We Will Rock You,” *News of the World*, copyright © 1977,Sony/ATV Music Publishing.

第五章

1 "Letter from George Washington to John Augustine Washington (July 18, 1755)," *EncyclopediaViriginia*, www.encyclopediavirginia.org/Letter_from_George_Washington_to_John_Augustine_Washington_July_18_1755#.

2 Ronald W. Clark, *Einstein: The Life and Times* (New York: Avon Books, 1971).

3 Clark, *Einstein*, 755.

4 Lawrence Kushner, *Eyes Remade for Wonder* (Woodstock, VT: Jewish Lights, 1998), 50.

5 私のこの主張には議論の余地があることはわかっている。聖書には矛盾する記述があるようにも読める。だが、それらはさまざまな見地から解決できるものだと私は思っている。本書ではそれについて詳しく説明することはできないが、この意見に同意できない懐疑的な読者たちにも、どうか続けて先を読んでいただきたいと願う。

6 "Charles Haddon Spurgeon," Goodreads, www.goodreads.com/quotes/397346-a-bible-that-s-falling-apart-usually-belongs-to-someone-who?page=3.

7 J. I. Packer, quoted in "Time with God: An Interview with J. I. Packer," *Knowing & Doing*, C. S. Lewis Institute, September 26, 2008, www.cslewisinstitute.org/webfm_send/351.

8 C・S・ルイス『悲しみをみつめて』〈新装版 C・S・ルイス宗教著作集 6〉西村徹訳、新教出版社、一九九四年、九七頁

9 「主われを愛す」／『教会福音讃美歌』五二一番

10 *The Physics Factbook: An Encyclopedia of Scientific Essays*, http://hypertextbook.com/facts/2004/SamanthaCharles.shtml.

11 "Alpha Wave," *Wikipedia*, https://en.wikipedia.org/wiki/Alpha_wave.

12 G. K. Chesterton, quoted in Dallas Willard, *The Spirit of the Disciplines: Understanding How God Changes Lives* (New York: HarperOne, 1999), 1.

13 Peter Marshall, Mr. Jones, *Meet the Master: Sermons and Prayers of Peter Marshall* (Grand Rapids: Revell, 1982), 143.

第六章

1 Ken Robinson, "Do Schools Kill Creativity?," filmed February 2006,TED video, 19:24, www.ted.com/talks/ken_robinson_says_schools_kill_creativity.

2 Robinson, "Do Schools Kill Creativity?"

3 Robinson, "Do Schools Kill Creativity?"

4 Abraham Maslow, quoted in Jim Cathcart, *The Acorn Principle: Know Yourself, Grow Yourself* (New York: St. Martins, 1999), 115.

5 C・S・ルイス『栄光の重み』〈新装版 C・S・ルイス宗教著作集 8〉西村徹訳、新教出版社、二〇〇四年、六頁

6 右同書、六頁

7 創世一・四、一〇、一二、一八、二一、二五、三一 参照

8 Walter A. Elwell, *Evangelical Dictionary of Biblical Theology* (Grand Rapids: Baker, 1996), s.v. "good, goodness."

9「ウェストミンスター小教理問答」(日本キリスト改革派教会公認訳)より

10 "Eric Liddell—Olympic Athlete and Missionary to China," January 5, 2015, http://blog.truthforlife.org/eric-liddell-olympic-athlete-and-missionary.

11 "A Short Biography of Eric H. Liddell (1902–1945)" Eric Liddell Centre, www.ericliddell.org/about-us/eric-liddell/biography/.

12 "*Chariots of Fire* Quotes," imdb.com, www.imdb.com/title/tt0082158/quotes.

13 もし、ジョン・パイパーの『*Desiring God:Meditations of a Christian Hedomist*』(New York:Multnomah,2011)をまだ読んでいないなら、すぐに注文してほしい。

14 John Piper, *Desiring God: Meditations of a Christian Hedonist* (New York: Multnomah, 2003), 10.

15 Frederick Buechner, *Wishful Thinking: A Seeker's ABC* (New York: HarperOne, 1993), 118.

16 "Passion Is More Important for Professional Success Than Talent," NoCamels, Israeli Innovation News, November 4, 2015, http://nocamels.com/2015/11/passion-important-for-career/.

17 Bible Study Tools, s.v. "haplotes," www.biblestudytools.com/lexicons/greek/nas/haplotes.html.

18 Bible Study Tools, s.v. "hilarotes," www.biblestudytools.com/lexicons/greek/kjv/hilarotes.html.

19 Bible Study Tools, s.v. "spoude," www.biblestudytools.com/lexicons/greek/kjv/spoude.html.

20 "Martin Luther," Goodreads, www.goodreads.com/quotes/924405-the-christian-shoemaker-does-his-duty-not-by-putting-little.

21 Dorothy Sayers, *Letters to a Diminished Church: Passionate Arguments for the Relevance of Christian Doctrine* (Nashville: W Publishing, 2004), 132.

22 約束の地に入ろうとするイスラエルの最初の試みは、十二人送った斥候のうち、十人が否定的な報告をしたために失敗した。

23 "Robert Plutchik's Wheel of Emotions," Study.com, http://study.com/academy/lesson/robert-plutchiks-wheel-of-emotions-lesson-quiz.html.

24 "Emotion Annotation and Representation Language," https://socialselves.files.wordpress.com/2013/03/earl.pdf.

25 Dea Birkett, "I Know Just How You Feel," *Guardian*, September 3, 2002, www.theguardian.com/education/2002/sep/03/science.highereducation.

26 "Michelangelo," Goodreads, www.goodreads.com/quotes/497577-critique-by-creating.

27 Maria Konnikova, "The Lost Art of the Unsent Angry Letter," *New York Times*, March 22, 2014, www.nytimes.com/2014/03/23/opinion/sunday/the-lost-art-of-the-unsent-angry-letter.html.

28 Daniel Goleman, *Emotional Intelligence: Why It Can Matter More Than IQ* (New York: Bantam Books, 2005), 34.

29 Daniel Goleman, "Emotional Intelligence (Goleman)," Learning Theories, www.learning-theories.com/emotional-intelligence-goleman.html.

30 Caitlin Johnson, "Cutting Through Advertising Clutter," Sunday Morning, *CBS News*, September 17, 2006, www.cbsnews.com/news/cutting-through-advertising-clutter/.

31 Blue Letter Bible, s.v. "syschematizo," www.blueletterbible.org/lang/lexicon/lexicon.cfm?t=kjv&strongs=g4964.

32 Kamran Abbasi, "A Riot of Divergent Thinking," *Journal of the Royal Society of Medicine* 104, no. 10 (October 2011): 391, www.ncbi.nlm.nih.gov/pmc/articles/PMC3184540/.

33 Journalist Malcolm Gladwell writes about this idea in his brilliant book *Outliers: The Story of Success* (New York: Little, Brown, 2008), 69–90.

34 John Putzier, *Get Weird! 101 Innovative Ways to Make Your Company a Great Place to Work* (New York: AMACOM, 2001), 7–8.

35 Gordon MacKenzie, *Orbiting the Giant Hairball: A Corporate Fool's Guide to Surviving with Grace* (New York: Viking, 1996), 23.

36 MacKenzie, *Giant Hairball*, 9.

第七章

1 "Twenty Largest Earthquakes in the World," United States Geological Survey, https://earthquake.usgs.gov/earthquakes/browse/largest-world.php.

2 "The Deadliest Tsunami in History?," *News, National Geographic*, January 7, 2005, http://news.nationalgeographic.com/news/2004/12/1227_041226_tsunami.html.

3 "Indian Ocean Tsunami: Facts and Figures," ITV Report, December 26, 2014, www.itv.com/news/2014-12-26/indian-ocean-tsunami-facts-and-figures/; "Timeline of the 2004 Indian Ocean Earthquake," *Wikipedia*, https://en.wikipedia.org/wiki/Timeline_of_the_2004_Indian_Ocean_earthquake; "11 Facts About the 2004 Indian Ocean Tsunami,"DoSomething.org, www.dosomething.org/facts/11-facts-about-2004-indian-ocean-tsunami.

4 "December 26, 2004, Sumatra Indonesia Earthquake and Tsunami," National Geophysical Data Center, www.ngdc.noaa.gov/hazardimages/event/show/51.

5 "Moken," *Wikipedia*, https://en.wikipedia.org/wiki/Moken_people.

6 Rebecca Leung, "Sea Gypsies Saw Signs in the Waves: How Moken People in Asia Saved Themselves from Deadly Tsunami," *CBS News*, March 18, 2005, 1, www.cbsnews.com/news/sea-gypsies-saw-signs-in-the-waves/.

7 Leung, "Sea Gypsies," 2.

8 Leung, "Sea Gypsies," 2.

9 Leung, "Sea Gypsies," 2.

10 "No Word for Worry," ProjectMoken.com, http://projectmoken.com/no-word-for-worry-2/.

11 "What Does It Mean . . . ?," This Is Church.com, www.thisischurch.com/christian_teaching/celticchristianity.htm.

12 "Peter Marshall: A Man Called Peter," www.kamglobal.org/BiographicalSketches/petermarshall.html.

13 Carol M. Highsmith and Ted Landphair, *Union Station: A History of Washington's Grand Terminal* (Washington, DC: Archetype, 1998), 15.

14 Bible Study Tools, s.v."yarat," www.biblestudytools.com/lexicons/hebrew/nas/yarat.html.

15 Jack Deere, *Surprised by the Voice of God: How God Speaks Today Through Prophecies, Dreams, and Visions* (Grand Rapids: Zondervan, 1996), 297.

第八章

1 "Icedream Cone," Chick-fil-A, www.chick-fil-a.com/Menu-Items/Icedream—Cone.

2 "Orchidaceae," *Wikipedia*, https://en.wikipedia.org/wiki/Orchidaceae.

3 Kevin Ashton, *How to Fly a Horse: The Secret History of Creation, Invention, and Discovery* (New York, Doubleday, 2015), 5.

4 Robert Krulwich, "The Little Boy Who Should've Vanished, but Didn't," Phenomena, *National Geographic*, June 16, 2015, http://phenomena.nationalgeographic.com/2015/06/16/the-little-boy-who-shouldve-vanished-but-didnt/.

5 Ashton, *How toFly a Horse*, 2.

6 Ashton, *How toFly a Horse*, 4.

7 Krulwich, "The Little Boy."

8 Francis Collins spoke at the semiannual board meeting of the National Association of Evangelicals on March 9, 2017.

9 "YWAM History," YWAM, www.ywam.org/wp/about-us/history/.

10 Loren Cunningham with Janice Rogers, *Is That Really You, God? Hearing the Voice of God* (Seattle: YWAM, 1984), 28.

11 "About Us," YWAM, www.ywam.org/wp/about-us/.

12 "Toymaker's Dream Tours USSR," The Forerunner, December 1, 1988, www.forerunner.com/forerunner/X0704_Toymaker_in_USSR.html.

13 Joel Houston, "Salvation Is Here," *The I Heart Revolution: With Hearts as One*, copyright © 2004, Hillsong.

14 Bill Johnson with Jennifer Miskov, *Defining Moments: God-Encounters with Ordinary People Who Changed the World* (New Kensington, PA: Whitaker, 2016), 153–54.

15 Johnson with Miskov,*Defining Moments*, 159.

16 "A Man of Healing," Healing Rooms Ministries, healingrooms.com/?page_id=422.

第九章

1 “Godspeed, John Glenn,” *USA Today*, December 8, 2016, www.usatoday.com/story/news/2016/12/08/short-list-thursday/95136358/.

2 “Mercury-Atlas 6,” NASA, November 20, 2006, www.nasa.gov/mission_pages/mercury/missions/friendship7.html.

3 マーゴット・リー・シェタリー『ドリーム――NASAを支えた名もなき計算手たち』山北めぐみ訳、ハーパーコリンズ・ジャパン、二〇一七年、三三〇頁（訳注・原題は『*Hidden Figures*』〈隠された人物たち〉）

4 “Katherine Johnson Receives Presidential Medal of Freedom,” NASA, November 24, 2015, www.nasa.gov/image-feature/langley/katherine-johnson-receives-presidential-medal-of-freedom.

5 John Donne, “Meditation XVII,” www.online-literature.com/donne/409/.

6 C・S・ルイス『偉大なる奇跡』〈C・S・ルイス宗教著作集 別巻1〉本多峰子訳、新教出版社、一九九八年、七〇頁

7 右同書、七一頁

8 Catherine Thimmesh, *Team Moon: How 400,000 People Landed Apollo 11 on the Moon* (New York: Houghton Mifflin, 2015).

9 Bible Study Tools, s.v. “deilia,” www.bibletools.org/index.cfm/fuseaction/Lexicon.show/ID/G1167/deilia.htm.

10 “Saint Timothy,” *Wikipedia*, https://en.wikipedia.org/wiki/Saint_Timothy.

11 “Henry Wadsworth Longfellow,” Goodreads, www.goodreads.com/quotes/24180-if-we-could-read-the-secret-history-of-our-enemies.

12 John Calvin, quoted in Ian Cron and Suzanne Stabile, *The Road Backto You: An Enneagram Journey to Self-Discovery* (Downers Grove, IL: InterVarsity, 2016), 15.

13 要参照：マーカス・バッキンガム、ドナルド・O・クリフトン『さあ、才能に目覚めよう――あなたの5つの強みを見出し、活かす』田口俊樹訳、日本経済新聞出版、二〇〇一年

14 Cron and Stabile, *The Road Back to You*, 31.

15 ロリ・フロストのこのすばらしいことばと、力強い原則に感謝する。

16 トム・ケリー、デイヴィッド・ケリー『クリエイティブ・マインドセット──想像力・好奇心・勇気が目覚める驚異の思考法』千葉敏生訳、日経ＢＰ社、二〇一四年、八九頁

17 "Johann Wolfgang von Goethe," Goodreads, www.goodreads.com/quotes/33242-if-you-treat-an-individual-as-he-is-he-will.

18 Erwin McManus, "The Artisan Soul," YouTube video, 16:40, from a TED Talk given November 15, 2014, posted April 14, 2015, www.youtube.com/watch?v=XsJBGxmFQkU.

19 Elise Harris,"Mary Magdalene–'Apostle to the Apostles'–Gets Upgraded Feast Day," Catholic News Agency, July 22, 2016, www.catholicnewsagency.com/news/mary-magdalene-apostle-to-the-apostles-gets-upgraded-feast-day-77857.

20 Carlos Whittaker,*Moment Maker: You Can Live Your Life or It Will Live You* (Grand Rapids: Zondervan, 2013), 9.

21 Whittaker, *Moment Maker*, 10.

22 Whittaker, *Moment Maker*, 10.

23 私にこの考え方を最初に教えてくれたのは、エルウィン・マクマナス牧師だった。

24 Amit Amin, "The Power of Positivity, in Moderation: The Losada Ratio," Happier Human, http://happierhuman.com/losada-ratio/.

第十章

1 "History Lesson 1908," Barefoot's World, www.barefootsworld.net/history_lesson_1908.html.

2 "List of Largest Peaceful Gatherings in History," *Wikipedia*, https://en.wikipedia.org/wiki/List_of_largest_

peaceful_gatherings_in_history.

3 "How Much Time Does It Take for a 95 M.P.H. Fastball to Reach Home Plate?," Phoenix Bats, www.phoenixbats.com/baseball-bat-infographic.html.

4デイヴィッド・エプスタイン『スポーツ遺伝子は勝者を決めるか？――アスリートの科学』川又政治訳、福典之監修、早川書房、二〇一四年、二五頁

5 William Harris,"How the Physics of Baseball Works," How Stuff Works: Entertainment, http://entertainment.howstuffworks.com/physics-of-baseball3.htm.

6 Sarah Kaplan, "The Surprising Science of Why a Curveball Curves," *Washington Post*, July 12, 2016, www.washingtonpost.com/news/speaking-of-science/wp/2016/07/12/the-surprising-science-of-why-a-curveball-curves/?utm_term=.f40dd50097be.

7 Calvin Miller, *Into the Depths of God: Where Eyes See the Invisible, Ears Hear the Inaudible, and Minds Conceive the Inconceivable* (Bloomington, MN: Bethany, 2000), 50.

8 "Kairos," *Wikipedia*, https://en.wikipedia.org/wiki/Kairos.

9 "Eleven Most Impressive Libraries from the Ancient World," OnlineCollege.org, May 30, 2011, www.onlinecollege.org/2011/05/30/11-most-impressive-libraries-from-the-ancient-world/.

10 "Congressional Record," January 3, 2017, vol. 163, no. 1, www.congress.gov/crec/2017/01/03/CREC-2017-01-03.pdf.

11 Gary Wilkerson, *David Wilkerson: The Cross, the Switchblade, and the Man Who Believed* (Grand Rapids: Zondervan, 2014), .

12 ネヘミヤ一・一一―二・五、使徒八・二六―四〇、九・一〇―一九、一〇・一―四四参照

13 Wilkerson, *David Wilkerson*, 35.

14 Wilkerson, *David Wilkerson*, 76.

15 Jeffry Pilcher, "Say It Again: Messages Are More Effective When Repeated," The Financial Brand, September 23, 2014, https://thefinancial brand.com/42323/advertising-marketing-messages-effective-frequency/.

16 Ｉサムエル三・二一一〇、マルコ一四・七二、使徒九・一―一二参照

17 William Samuelson and Richard Zeckhauser, "Status Quo Bias in Decision Making," *Journal of Risk and Uncertainty* 1 (1988): 7–59,www.hks.harvard.edu/fs/rzeckhau/SQBDM.pdf.

18 David Halpern,*Inside the Nudge Unit: How Small Changes Can Makea Big Difference* (London: WH Allen, 2015), 3–4.

19 リチャード・セイラー、キャス・サンスティーン『NUDGE 実践 行動経済学 完全版』遠藤真美訳、日経ＢＰ、二〇二二年、二六頁

20 右同書、八四頁

21 右同書、八四頁

22 右同書、二四頁

23 "Sex and the Single Girl," *Wikipedia*, https://en.wikipedia.org/wiki/Sex_and_the_Single_Girl.

24 Wilkerson, *David Wilkerson*, 114.

25 Wilkerson, *David Wilkerson*, 114–15.

26 Wilkerson, *David Wilkerson*, 132.

27 "The Cross and the Switchblade," *Wikipedia*, https://en.wikipedia.org/wiki/The_Cross_and_the_Switchblade.

28 "Linda Kaplan Thaler," *Wikipedia*, https://en.wikipedia.org/wiki/Linda_Kaplan_Thaler.

29 Linda Kaplan Thaler and Robin Koval,*The Power of Small: Why Little Things Make All the Difference* (New York: Broadway Books, 2009), 78.

第十一章

1 マーティン・ピストリウス、ミーガン・ロイド・デイヴィス『ゴースト・ボーイ』長澤あかね訳、ＰＨＰ研究所、二〇一五年、本書原書『*Whisper*』より訳者による翻訳

2 前掲書、三四頁

3 "Facts and Statistics," Anxiety and Depression Association of America, www.adaa.org/about-adaa/press-room/facts-statistics.

4 Logos Bible Software, Job 6:10, Gesenius's Hebrew and Chaldee Lexicon to the Old Testament Scriptures.

5 C・S・ルイス『痛みの問題』〈改訂新版 C・S・ルイス宗教著作集 3〉中村妙子訳、新教出版社、二〇〇四年、一一八頁

6 "No Pain, No Gain," *Wikipedia*, https://en.wikipedia.org/wiki/No_pain,_no_gain#cite_note-5.

7 David Scott, "Mother Teresa's Long Dark Night," Catholic Education Resource Center, www.catholiceducation.org/en/faith-and-character/faith-and-character/mother-teresas-long-dark-night.html.

8 "Jesus' Nails," All About Jesus Christ, www.allaboutjesuschrist.org/jesus-nails-faq.htm.

9 この話はダン・ボイトラーが著者に話してくれたもので、ボイトラー夫妻の許可を得て掲載する。

10 Darrell Evans, "Trading My Sorrows," Integrity's Hosanna! Music, 1998.

11 Jason Ingram, David Leonard, and Leslie Jordan, "Great Are You, Lord," Integrity's Alleluia! Music, 2012.

12 ヨハネ一・一二、詩篇一七・八、ルカ一九・一〇、ローマ八・三七、Ⅱコリント五・一七、ピリピ三・八―九、四・一三参照

エピローグ

1 George Vaillant, *Triumphs of Experience: The Men of the Harvard Grant Study* (Cambridge, MA: Belknap Press of Harvard University Press, 2012), 43.

2 Vaillant, *Triumphs of Experience*, 42.

3 Vaillant, *Triumphs of Experience*, 52.

4 Vaillant, *Triumphs of Experience*, 50.

5 A.W.Tozer, *The Knowledge of the Holy* (New York: HarperOne, 1961), 1.

6 Justin Welby, " 'The Only Certainty in the World Is Jesus Christ'—Archbishop Speaks at New Wine Conference," Archbishop of Canterbury, March 7, 2016, www.archbishopofcanterbury.org/articles.php/5680/the-only-certainty-in-the-world-is-jesus-christ-archbishop-speaks-at-new-wine-conference.

7 この話はいろいろなところで引用されており、それらの中には間違ったものもあるが、私はEメールを通してバードの娘たちに確認したことにより、この話が事実であると信じている。それらのEメールは以下のリンクで見られる。"On Compassion: The Whisper Test," Leader Helps, February 6, 2017, http://leaderhelps.com/2017/02/06/on-compassion-the-whisper-test/.

8 Mary Ann Bird, quoted in Brian, "On Compassion."

9 Bird, quoted in Brian, "On Compassion."

10 "How a Mother's Voice Shapes Her Baby's Developing Brain," Aeon, https://aeon.co/ideas/how-a-mother-s-voice-shapes-her-baby-s-developing-brain.

訳者あとがき

『サークル・メーカー』に続き、二冊めとなるマーク・バターソン師の著書の翻訳に携わらせていただき、今回も個人的に大変教えられ、励まされたが、本書にはドキッとさせられる一文があった。「たいていの人はある時点で、人を通して神の声を聞く霊性に落ち着いてしまう。だが、神の声を聞く人のことばを聞くことは、自分自身で神を求めることの代わりにはならないのだ。……神は、あなたに話しかけたいのだ。そう、あなたに！」

キリスト教書籍の編集者として長年働いてきた身としては、このことばの意味がよくわかる。毎日、仕事の中で聖書にふれ、聖書のことばを解き明かす著者たちの文章にふれていれば、(大変恥ずかしい告白だが) 自分のディボーションが豊かとは言えなくても、霊的に完全に枯渇することをなんとか免れ、クリスチャンとして生きていくことはできる。だが、それは「生き延びている」というような状態であって、クリスチャンとしての本分を生きている、あるいは、その恵みを味わいつくしている、とはとても言えない。

『サークル・メーカー』や、『神のささやき』を読むと、バターソン師が、まれにみるほど、その本分を生き抜いている人だということがわかる。この二冊の本の中には、驚くほどの奇跡が数多く紹介されているが、それは、神の御声を聞き、その御心を知ることを何よりも願い求め、ささやかれたことばに誠実に従っていった著者の周りで起きた「必然」だったのだと思う。

そして著者は、それらの奇跡をすべて、「神の栄光を表すものだから」という理由で喜び、さらなる奇跡を求め続けている。ひたすら純粋に、神ご自身をほかの何よりも慕い求めることにおいて、抜きんでた人物なのだ。

私自身、神との交わりの中で御声を聞き、御心を示されることはあるものの、それはとても乏しい経験なので、著者のこの生き方には襟を正されると同時に憧れを覚える。そして、この憧れを、憧れで終わらせたくないとも思う。

御声を聞くことに対する飢え渇きがある以上、私は神から、もっと深い密な交わりに招かれているはずだ。そしてそれは、この本のタイトルや紹介文などの中に引かれるものを感じ、手に取り、読んでくださったすべての読者にも言えることなのだと思う。

私たちは、マーク・バターソンという著者を通して、神からの招待状を受け取った。本書を読み始めた時から、それに応えていく日々を過ごすことができたら幸せだと思う。

最後に、私の不充分な英語力をサポートしてくださった宇賀飛翔さんと、編集及び細々とした実務を一手に引き受け、この本を世に送り出してくださったいのちのことば社の藤原亜紀子さんに感謝をささげます。

二〇二四年　秋

結城絵美子

マーク・バターソン（Mark Batterson）

ワシントンD.C.にあるナショナル・コミュニティー・チャーチの牧師。リージェント大学で牧会学の博士号を取得。ニューヨーク・タイムズが選ぶベストセラー作家で、2024年現在、24冊の著書がある。家族は妻と3人の子どもたち。『サークル・メーカー』（いのちのことば社／原題：The Circle Maker）は米国ではミリオンセラーとなった話題作で、関連書籍も多く出版されている。
ウェブサイト https://www.markbatterson.com

神のささやき
御声を聞きたいと切望する人のために

2024年12月1日発行

著者　マーク・バターソン

訳者　結城絵美子

発行　いのちのことば社
〒164-0001　東京都中野区中野2-1- 5
編集　Tel.03-5341-6924　Fax.03-5341-6932
営業　Tel.03-5341-6920　Fax.03-5341-6921

印刷・製本　モリモト印刷株式会社

ISBN978-4-264-04521-2